Knaur

W0463143

Von Dieter Knapp und Gisela Ulmer sind außerdem erschienen:

Gewinnen, wenn der Euro kommt
99 Fragen zur Steuerreform

Von Dieter Knapp und Dorina Rechter sind erschienen:

Börse. Die 100 besten Tipps
Praxis-Handbuch für Vermieter

Über die Autoren:

Dieter Knapp, Jahrgang 1957, begann unmittelbar nach der Ausbildung zum Bankkaufmann ein Volontariat. In der Folge war er für regionale Tageszeitungen als Wirtschaftsredakteur tätig. Berufsbegleitend absolvierte er ein betriebswirtschaftliches Studium. Heute lebt er als freier Journalist in Frankfurt a. M. und verfasst Bücher, vorwiegend im Bereich Geldanlagen.

Gisela Ulmer, Jahrgang 1969, Diplom-Volkswirtin, war mehrere Jahre für ein Hamburger Wirtschaftsmagazin tätig. Gegenwärtig arbeitet sie als freie Wirtschaftsjournalistin und Buchautorin im Bereich Geld, Steuern, Recht.

Dieter Knapp/Gisela Ulmer

1000 Tipps für erfolgreiche Börsengeschäfte

Gewinnen mit Aktien

Aktiengeschäfte leicht gemacht –
Ihre individuelle Strategie –
die neuesten Trends,
die besten Tricks

Knaur

Hinweis für unsere Leser

Alle Ratschläge in diesem Buch haben wir sorgfältig geprüft und zusammengestellt – aber für den Erfolg bei Börsengeschäften gibt es nun mal (leider) keine Garantie. Deshalb können Autoren, Produzent und Verlag keine Haftung für eventuelle Vermögensschäden übernehmen, die aus der Anwendung der hier gegebenen Tipps resultieren.

Besuchen Sie uns im Internet:
www.droemer-weltbild.de

Originalausgabe Juli 2000
Copyright © 2000 bei
Droemersche Verlagsanstalt Th. Knaur Nachf., München
Alle Rechte vorbehalten. Das Werk darf – auch teilweise –
nur mit Genehmigung des Verlages wiedergegeben werden.
Redaktion: Verlagsbüro Dr. Andreas Gößling und Oliver Neumann GbR
Konzeption und Realisation: Livingston Media, Hamburg
Mitarbeit und Beratung: Dipl. Volkswirtin Dorina Rechter
Umschlaggestaltung: Agentur Zero, München
Satz: Ventura Publisher im Verlag
Druck und Bindung: Ebner Ulm
Printed in Germany
ISBN 3-426-82322-5

2 4 5 3 1

Inhalt

KAPITEL 3

Börsenpraxis – Tipps für jeden Aktionär
77

KAPITEL 4

Die Beziehung zwischen Kurs und Zins – eine Abhängigkeit, die man kennen sollte
103

KAPITEL 5

Chartanalysen – Insiderwissen für das Börsengeschäft
111

KAPITEL 6

Indizes – Stimmungsbarometer für Anleger
125

KAPITEL 7

Optionsscheine – Spekulieren mit Risiko
153

KAPITEL 8

Fonds – eine sichere Alternative im Aktiengeschäft
163

KAPITEL 9

Die Rolle der Banken bei Aktiengeschäften 191

KAPITEL 10

Börsengeschäfte im Internet 215

KAPITEL 11

Der Neue Markt – Wachstum und Enttäuschung liegen dicht beieinander 227

KAPITEL 12

Wirtschaftspolitische Signale, die man im Börsengeschäft kennen sollte
237

KAPITEL 13

Ihr Recht im Börsengeschäft
253

KAPITEL 14

Die Steuertricks im Aktiengeschäft
277

KAPITEL 15

Das Börsen-ABC
313

Register
363

Vorwort

Knapp zwanzig Prozent aller Deutschen über achtzehn Jahre besitzen Aktien, und zwar sowohl Aktienfonds als auch Wertpapiere einzelner Unternehmen. Aber: Während von den Bundesbürgern mit einem monatlichen Nettoeinkommen von über 5000 DM schon jeder Dritte an der Börse setzt, sind es bei Normal- und Geringverdienern mit unter 2500 DM Nettoeinkommen nur sieben Prozent. Schade eigentlich – denn gerade für Geringverdiener wären Aktienfonds der beste Weg zur Vermögensbildung. Erfreulich aber ist, dass mittlerweile viele Sparer vom Börsenboom wachgerüttelt wurden.

Doch das Geschäft an der Börse läuft nicht von allein. Wer spekulieren will, sollte sich auskennen, wer blind investiert, erleidet leicht Schiffbruch. Der Aktionär sollte die grundlegenden Zusammenhänge auf den Finanzmärkten kennen, und er sollte überlegt handeln. Dazu verraten wir Ihnen die wichtigsten Regeln und geben Ihnen eine Menge Tipps. Lernen Sie die Zeichen kennen, die Kurssteigerungen und Kursstürze implizieren, und vor allem: Reagieren Sie in diesen Situationen richtig! Niemand weiß hundertprozentig, was der nächste Tag an der Börse bringt, deshalb sollten Sie Ihr Geld klug anlegen und richtig verteilen. So minimieren Sie das Risiko und profitieren trotzdem von den Gewinnen.

In diesem Buch erfahren Sie alles über die Geldanlage im Börsengeschäft. Wir stellen Ihnen das für jeden Aktionär notwendige Basiswissen zur Verfügung und nennen Ihnen zahlreiche Strategien; wir erzählen

Ihnen alles über die neuesten Entwicklungen auf dem Parkett und in der elektronischen Computerbörse und geben Ihnen Steuertipps, damit Sie von Ihren Börsengewinnen einen größeren Anteil behalten können.

Wir wünschen Ihnen viel Spaß – und viel Erfolg!

Die Autoren

KAPITEL 1

Was passiert eigentlich an der Börse?

Wer Aktien kauft, wird Miteigentümer eines Unternehmens. Wächst die Wirtschaft und schneidet das Unternehmen entsprechend gut ab, dann steigt auch der Kurs der Aktie. Der Aktionär erhält seinen jährlichen Gewinnanteil, die Dividende. 1

TIPP:

Vor jedem Aktienkauf sollten einige grundsätzliche Fragen geklärt sein 2

Vor einem Aktienkauf sollte sich jeder Anleger zunächst Gedanken darüber machen, welche Anlageziele er verfolgt, wie lange er das Geld anlegen möchte bzw. kann und welches Risiko er eingehen will.

Dabei gilt die Faustregel: Wer sein Geld mindestens zehn Jahre 3
im Depot lässt, reduziert sein Verlustrisiko praktisch auf null. Trotzdem scheuen sich immer noch viele Anleger, ihr Geld an der Börse zu investieren. Sie haben Angst vor großen Verlusten und undurchschaubaren Vorgängen auf dem Parkett – völlig zu Unrecht, denn für den Handel an der Börse gibt es strenge gesetzliche Vorschriften. Der amtliche Börsenhandel unterliegt einer öffentlichen Aufsicht, und jede Börse hat eigene Kontrollorgane. Die Börse ist ein öffentlicher und streng gesetzlich organisierter Markt, an dem Preise für Effekten gebildet und diese Effekten gehandelt werden. Mit Effekten sind Wertpapiere gemeint, also Urkunden über Kapitalanlagen. Zu diesen Urkunden gehört auch die Aktie.

Teilnehmer und Kontrolle der Börse

4 Die Gründung einer Börse muss von der jeweiligen Landesregierung genehmigt werden. Die Landesregierung ist es auch, die die Aufsicht über die Börse ausübt. Das 1896 in Kraft gesetzte und seitdem geltende, aber mehrmals geänderte Börsengesetz schreibt vor, dass jeder Börsenvorstand eine Börsenordnung erlassen muss, die von der Landesregierung genehmigt wird. Dabei ist der Börsenvorstand das leitende und oberste Organ der Börse. Hier werden die Gesetze und Verordnungen überwacht, das Börsengeschehen organisiert, die Ordnung in den Börsenräumen kontrolliert, Geschäftsbedingungen er- und Geschäftsführer bestellt und die Teilnehmer zum Börsenhandel zugelassen. Dabei handelt es sich nicht nur um die namentliche Zulassung der Unternehmen, sondern auch um die für diese Unternehmen tätigen Personen. Das sind einerseits die selbständigen Teilnehmer am Börsenhandel wie Geschäftsinhaber oder -leiter, andererseits können es auch »börsenberechtigte« Angestellte eines zugelassenen Unternehmens sein.

5 Die wichtigsten Regelungen im Börsengesetz betreffen den Aufbau und die Organisation der Börse sowie den Ablauf des Börsenhandels – also die Zulassung von Wertpapieren, die Feststellung des Börsenpreises und die Vorschriften für das Maklerwesen.

TIPP:

6 **Auf schwarze Schafe an der Börse achten**

Beobachten Sie das Börsengeschehen aufmerksam, denn auch unter den Aktiengesellschaften oder den Kreditinstituten kann es schwarze Schafe geben.

Dabei kommt es darauf an, wie man den Begriff »Schwindel« auslegen will. Es ist zwar weitgehend ausgeschlossen, dass am amtlich kontrollierten Handel Unternehmen teilnehmen, bei denen jede Form der Beteiligung einem finanziellen Verlust gleichkäme. Ein absolut untadeliges Verhalten gegenüber Öffentlichkeit und Inhabern (Aktionären) ist jedoch nicht immer grundsätzlich gegeben. Die Aktiengesellschaften unterliegen – je nachdem, an welcher Form des Handels sie teilnehmen – zum Teil strengen Rechts- und Zulassungsvorschriften. Als Schwindel könnte man jedoch auch folgendes Verhalten der am streng kontrollierten amtlichen Handel teilnehmenden Firmen bewerten: **7**

- irreführende Angaben zum erwarteten Geschäftsverlauf
- verschwiegene hohe Rückstellungen und Beteiligungen zulasten der Dividendenzahlung an die Aktionäre
- eine unheimliche Bankenallianz durch schlichtes Überstimmen von Kleinaktionären, um eventuelle Managementfehler eigener Vertreter abzusegnen.

Grundsätzlich soll die Börse unabhängig von einem Einzelunternehmen (Bank) die Möglichkeit bieten, sich Kapital zu beschaffen oder Kapital anzulegen. Dabei werden an der deutschen Börse nicht nur Aktien von deutschen Unternehmen gehandelt. Auch eine Reihe großer internationaler Unternehmen ist an der Börse vertreten. Werden ausländische Aktien an der deutschen Börse platziert, müssen die gleichen Zugangsvoraussetzungen erfüllt werden wie bei einem deutschen Emittenten. Ebenso werden natürlich auch die Aktien deutscher Firmen an ausländischen Börsen gehandelt. Sie können Ihrer Bank also den Auftrag erteilen, auch solche Aktien zu kaufen. Ist das an einer deutschen Börse nicht möglich, wird Ihre Bank für Sie im Ausland aktiv. Das ist für Sie genauso einfach wie der Kauf in Deutschland – aber teurer. **8**

9 Das Kreditinstitut, welches als Vermittler für Sie zuständig ist, verlangt dafür Gebühren. Diese bestehen aus Mindestgebühren, Provision und Spesen (Erstattung der Kosten).

TIPP:

10 **Ein Gebührenvergleich lohnt sich**

Kreditinstitute bieten ihre Vermittlertätigkeit im Aktiengeschäft zu unterschiedlichen Konditionen an. Vergleichen Sie deshalb unbedingt die jeweiligen Gebühren und informieren Sie sich über die Preise der Direktbanken (siehe Kapitel 9).

Börsengeschichte und -geschehen

11 Die Börse bestimmt das Finanzgeschehen schon seit langem. Ihre Geschichte reicht bis ins 15. Jahrhundert zurück. Hier ein kurzer Überblick:

Die Börsengeschichte

1409: Die erste Börse der Welt eröffnet in Brügge. Sie erhält den Namen der Kaufmannsfamilie van der Buerse.

1540: Fast zur gleichen Zeit werden die ersten beiden deutschen Börsen in Nürnberg und Augsburg gegründet.

1554: Die Londoner Börse (Royal Exchange) wird ins Leben gerufen.

1602: An der damals weltweit wichtigsten Börse in Amsterdam wird das Wertpapier der Niederländischen Ostindischen Kompanie gehandelt – nach heutigem Begriffsverständnis als vermutlich erste Aktie der Welt.

1720: Es kommt zum ersten aktenkundigen Börsencrash der Geschichte, ausgelöst durch zu hohe britische Staatsschulden. Die South Sea Company wird überbewertet, weil ein Teil der Schulden dieser Gesellschaft in Aktien umgewandelt wurde.

1756: In Berlin werden die ersten deutschen Aktien gehandelt.

1792: Die New York Stock Exchange wird eröffnet.

1820: Der Aktienhandel an der Börse in Frankfurt/Main beginnt.

1840: In Deutschland gibt es den ersten Börsenboom; der Aktienhandel kommt durch den fortschreitenden Eisenbahnbau und den dafür erforderlichen Geldbedarf in Schwung.

1873: Die erste Börsenschließung in der Geschichte findet in New York statt. Dort melden mehrere amerikanische Eisenbahngesellschaften Zahlungsunfähigkeit an.

1929: Die »goldenen zwanziger Jahre« gehen zu Ende, und dieses Ende wird markiert durch den »Schwarzen Freitag«, den bisher größten Börsencrash. Der Dow-Jones-Index fällt in den darauf folgenden drei Jahren um über 900 Prozent – alle Börsen der Welt werden mitgerissen. Die Weltwirtschaftskrise beginnt.

1971: In New York wird die erste elektronische Börse der Welt gegründet: National Association System of Deales Automated Quotation (NASDAQ).

1987: Ein neuer »Schwarzer Freitag« geht in die Geschichte ein, auch wenn der Crash diesmal auf einen Montag im Oktober fällt: Nach langer Kurseuphorie bricht der überhitzte Markt in New York zusammen. Der Börsencrash hat weltweite Auswirkungen. Der Dow Jones fällt innerhalb von vier Wochen um 25 Prozent, der DAX folgt ihm fast übereinstimmend.

1997: Einführung der deutschen Computerbörse in Frankfurt. »Exchange Electronic Trading«, abgekürzt Xetra, heißt das neue Handelssystem, mit dem unabhängig vom Parketthandel und von den normalen Börsenzeiten Wertpapiergeschäfte abgewickelt werden.

1999: Einführung der neuen europäischen Einheitswährung Euro. An der deutschen Börse wurden zum 4. Januar 1999 die Kursnotierungen auf Euro umgestellt, die Aktiengesellschaften haben bis Ende 2001 Zeit, ihre Aktien auf Euro umzustellen.

12 Die folgende Übersicht zeigt die Elemente der Börse, den Präsenzhandel und das elektronische Computerhandelssystem Xetra, das im November 1997 an der Börse eingeführt wurde.

Der Börsenhandel		
↓		↓
Präsenzhandel (klassische Form des Wertpapierhandels, findet im Börsensaal statt)		**Exchange Electronic Trading (Xetra)** (neues elektronisches Marktsystem, Börsenhandel findet per Computer statt)
↓		
↓ →	**amtlicher Handel** ◆ Es gelten strengste Formvorschriften ◆ Aktien können immer ge- und verkauft werden	
↓		
↓ →	**geregelter Markt** ◆ Für Emittenten geringere Auflagen ◆ Aktien mit höherem Risiko	
↓		
↓ →	**Freiverkehr** ◆ Börsengesetze gelten nicht ◆ Aktien mit höherem Risiko	

Der amtliche Handel

Der amtliche Handel wird durch das Börsengesetz geregelt. Hier 13
gelten die strengsten Formvorschriften für in- und ausländische Kapitalgesellschaften. Daran dürfen sich nur Makler (englisch: Broker) beteiligen, die von der jeweiligen Landesregierung bestellt werden.

TIPP:

14 **Im amtlichen Handel werden die höchsten Umsätze erzielt**
Der amtliche Handel gilt als das Herz des deutschen Börsengeschehens. Die hier notierten Aktien stammen häufig (aber nicht ausschließlich) von Unternehmen mit erstklassiger Bonität, den sogenannten Blue Chips.

Streng kontrolliert wird unter anderem, ob Insidergeschäfte getätigt werden. Mit anderen Worten, es wird untersucht, ob Spezialwissen zum eigenen Vorteil genutzt wurde und ob die Beteiligten einen Informationsvorsprung gegenüber anderen hatten. Weniger strenge Regeln gelten in den übrigen Segmenten des Aktienmarktes.

Der geregelte Markt

15 Der geregelte Markt gilt als Vorstufe zum amtlichen Handel. Er soll denjenigen Unternehmen den Gang an die Börse erleichtern, die die Anforderungen des amtlichen Handels nicht erfüllen.

TIPP:

16 **Beim geregelten Markt herrschen weniger strenge Zulassungsbedingungen für die Emittenten**
Während im amtlichen Handel das börsennotierte Unternehmen den Antrag für die Zulassung nur zusammen mit einem Kreditinstitut stellen kann, gibt es beim geregelten Markt mehrere Möglichkeiten.

Für den geregelten Markt gilt: 17

- Es existieren keine Vorschriften über das Mindestalter des Unternehmens und über die Zulassung aller Aktien einer Gattung.
- Der Emittent stellt zusammen mit einer Bank oder einem anderen Institut mit entsprechender Eignung und Zuverlässigkeit den Antrag. Der Zulassungsausschuss trifft die Entscheidung über eine Zulassung.
- Ein börsenbegleitendes Kreditinstitut ist nachzuweisen.
- Der geregelte Markt ist natürlich auch Börsengesetzen unterworfen, seine rechtlichen Grundlagen sind in der Börsenordnung festgeschrieben.

Der Freiverkehr

Beim Freiverkehr haben die Börsenvorstände lediglich eine Auf- 18
sichtspflicht zur Vorbeugung von Missbrauch. Zwar wurden von den Börsen auch in diesem Segment bestimmte Zugangsvoraussetzungen geschaffen, doch im Börsengesetz ist der Freiverkehr nicht genauer geregelt. Die Rahmenbedingungen des Freiverkehrs sind durch die entsprechende Börsenordnung festgelegt. Die wenigen formalen Zulassungsvoraussetzungen sollen den Anleger vor schwarzen Schafen schützen. Man unterscheidet zwischen dem geregelten Freiverkehr (keine amtliche Zulassung für notierte Firmen, unterliegt nicht den Börsengesetzen) und dem ungeregelten Freiverkehr (eine Art »undurchsichtiger Freiverkehr«, denn dort kann sich alles im rechtlichen Nirwana abspielen).

Xetra – die Computerbörse

Das elektronische Computerhandelssystem Xetra ist das Nach- 19
folgemodell von Ibis, dem Integrierten Börsenhandels- und In-

formationssystem. Ibis, ein vollcomputerisiertes Wertpapierhandelssystem, wurde im Jahre 1991 geschaffen und von der Deutschen Börse angeboten. Für den Ibis-Handel galten zwar die gleichen Gesetze und Vorschriften wie für den Parketthandel, trotzdem brachte der Computer wesentliche Änderungen mit sich: So wurde im Ibis-Handel der Kursmakler, der als Vermittler im Parketthandel tätig ist, überflüssig. Der Ibis-Teilnehmer hatte nunmehr sein eigenes Terminal, an dem er das Börsengeschehen verfolgen und seine Orders eingeben konnte. Die auf diese Weise erteilten Kauf- oder Verkaufsaufträge waren für jeden Börsenteilnehmer verbindlich.

Das elektronische Computerhandelssystem Xetra basiert auf der gleichen Grundlage, auch hier kann das Börsengeschehen per Computer beobachtet und können Aufträge per Mausklick und Tastatur sofort ausgeführt werden. Entsprechend entfällt auch die Maklercourtage. Xetra geht allerdings noch ein paar Schritte weiter. Mit der neuen Computerbörse soll der deutsche Kapitalmarkt vereint werden. Bislang gab es in Deutschland mehrere Börsenplätze und Teilmärkte. Das hat historische und technische Gründe – denn früher wäre es z. B. für einen Hamburger Kaufmann mangels Telekommunikationseinrichtungen und Verkehrsverbindungen kaum möglich gewesen, sich an der Frankfurter Börse zu beteiligen. Außerdem gibt es eine Reihe von Unternehmen, die nur an bestimmten Börsen die Zulassung zum Freiverkehr erhalten haben. Dabei spielte oft auch die regionale Bedeutung des Unternehmens eine Rolle.

20 Wegen der ständig zunehmenden Bedeutung des größten Börsenplatzes Frankfurt mit rund achtzig Prozent Marktanteil, der auch international als die Deutsche Börse angesehen wird, gab es allerdings um den Fortbestand der kleineren Börsenplätze (Berlin, Bremen, Düsseldorf, Hamburg, Hannover, München und Stuttgart) heiße Diskussionen. Als erster Schritt zur Verschmelzung kann angesehen werden, dass seit dem 1. Juli 1997 alle deutschen Börsen kooperieren und ein gemeinsames Orderbuch führen, durch das für die hundert wichtigsten Aktien quasi ein gemeinsamer Kurs festgelegt wird – unabhängig vom jeweiligen Ort des tatsächlichen Handels. Aus der Sicht des Anlegers ist dies zu begrüßen, weil er sich nicht mehr darum sorgen muss, ob sein Auftrag an der Börse mit dem aktuell niedrigsten Kauf- und höchsten Verkaufskurs ausgeführt wurde. Doch für die Regionalbörsen kann das bitter werden. Denn die Computerbörse Xetra soll den Präsenzhandel auf lange Sicht vollständig ablösen, mit dem Ergebnis, dass Frankfurt/Main der einzige Börsenplatz in Deutschland sein wird. Denn die Frankfurter Börse hält alle Fäden in der Hand.

Stand der Ibis-Handel ausschließlich den angeschlossenen Kre- **21**
ditinstituten und den Kursmaklern zur Verfügung, wird die neue Computerbörse Xetra künftig auch für den Kleinanleger geöffnet sein. So wird jeder Auftrag ab einer Aktie elektronisch erfasst, aber auch Optionsscheine und Anleihen können in Xetra per Computer gehandelt werden.

TIPP:

Fragen Sie Ihre Bank nach Xetra-Gebührenvorteilen **22**

Für die Banken wird der Börsenhandel durch Xetra sehr viel preisgünstiger. Die Maklercourtage entfällt, aber auch die Kosten der Auftragsbearbeitung selbst, wie Schlussnotengebühr oder Abwicklungskosten, verringern sich gegenüber dem Parketthandel auf ein Viertel bis ein Fünftel des ursprünglichen Preises. Wenn Ihre Bank demnächst in Xetra arbeitet, fragen Sie sie nach den Gebührenvorteilen. Es wäre zu begrüßen, wenn sie diese an den Anleger weitergeben würde.

23 Unabhängig von ihrem Standort können die Marktteilnehmer über Xetra gleichberechtigt am Handel teilnehmen. Börsenaufträge werden durch Xetra sehr viel schneller und kostengünstiger abgewickelt. Enttäuschungen wegen zu langsamer oder gescheiterter Platzierungen sollen, so die Deutsche Börse AG, der Vergangenheit angehören. Schließlich schafft das neue Börsensystem bis zu 110 Orders pro Sekunde und bis zu 900 000 Aufträge pro Tag. Besonders im Zeitalter des Euro soll mit Xetra der grenzüberschreitende Handel möglich werden.

Der außerbörsliche Handel

24 Neben dem Präsenz- und dem Computerhandel gibt es in Deutschland außerdem einen so genannten außerbörslichen Handel für Wertpapiere, den Telefonhandel. Er umfasst alle Wertpapiergeschäfte, die vor allem von Banken über das Telefon getätigt werden. Dabei werden sämtliche Wertpapiere gehandelt, auch die der drei Börsensegmente. Sie werden im Allgemeinen unter der Bezeichnung »Telefonpapiere« oder »Telefonwerte« notiert. Der außerbörsliche Handel ist grundsätzlich nicht gesetzlich geregelt.

Wissenswertes rund um die Aktie

25 Jede Aktie besteht aus Mantel und Bogen. Der Mantel trägt den Namen der Gesellschaft und weist einen Betrag als Nennwert aus. Die meisten deutschen Aktien haben einen Nennwert von 50 DM, es gibt allerdings auch Aktien im Mindestnennwert von 5 DM. Die Mindeststückzahl pro Geschäft wurde von früher fünfzig oder hundert Aktien im variablen Handel auf eine Aktie gesenkt. Als Besitzer der Aktie sind Sie am Grundkapital des Unternehmens beteiligt. Die Höhe Ihrer Beteiligung hängt vom Nennwert der Aktie ab.

TIPP:

Der Nenn- oder Stückwert aller Aktienvarianten bestimmt nicht den tatsächlichen Aktienwert 26

Der Wert einer Aktie wird durch ihren *Marktwert* bzw. *Börsenkurs* ausgedrückt. Er umfasst neben Angebot und Nachfrage auch die Gewinnaussichten der Gesellschaft und die gesamtwirtschaftliche Entwicklung. Dementsprechend liegt der tatsächliche Börsenwert der Aktie viel höher als ihr Nenn- oder Stückwert.

Eine Aktie kann man nicht zu ihrem Nennwert kaufen, denn der 27
Nennwert ist der Anteil am Grundkapital, für den die jeweilige Aktie steht. Der Wert eines Unternehmens als Verkaufspreis an einen möglichen Übernehmer richtet sich nicht nach dem Grundkapital, sondern nach Ertragswert (anhand von Gewinnen festgelegt) und Substanzwert (anhand der erworbenen Gegenstände) bzw. wird durch eine Mischung dieser beiden Größen ermittelt. Diese Summe sollte bei einem gesunden Unternehmen immer über dem Grundkapital liegen. Deshalb bekommen Sie keine Aktie zum Nennwert.

Nennwertlose Aktien (Quotenaktien) werden nicht auf einen bestimmten, in der Landeswährung ausgedrückten Nennwert bezeichnet, sondern als ein Bruchteil des Grundkapitals einer Aktiengesellschaft.

Der Bogen zum Mantel besteht aus zehn oder zwanzig Dividen- 28
denscheinen (Kupons) sowie einem Erneuerungsschein (Talon), für den Sie jeweils einen neuen Bogen bekommen (wenn die alten Kupons verbraucht sind). Gegen Vorlage eines Kupons wird Ihnen die jeweilige Dividende ausgezahlt. Das klingt nach Arbeit, ist es jedoch nicht. Denn Ihre Depotbank übernimmt sämtliche Tätigkeiten, die bei der Verwaltung Ihres Depots anfallen.

Das ist ihr Job, dafür gibt es die so genannte Girosammelverwahrung, und dafür entrichten Sie die Depotgebühren (siehe auch Kapitel 9).

Die Dividende

29 Die Höhe dieser jährlichen Ausschüttung richtet sich maßgeblich nach dem erzielten Gewinn der Aktiengesellschaft. In Jahren mit starken Erträgen kann die Dividende steigen – in schlechten Geschäftsjahren kann sie jedoch auch gekürzt werden oder sogar ganz ausfallen.

TIPP:

30 **Nicht nur die Dividende ist entscheidend**

Es gibt keine Garantie für die Dividendenerträge in der Zukunft. Auch wenn sie jahrelang ununterbrochen gezahlt wurde, müssen die Zahlungen nicht zwangsläufig fortgesetzt werden.

31 In der Satzung des Unternehmens ist die Aufteilung des Grundkapitals festgelegt. Dort ist auch verankert, wie viel Kapital des Unternehmens in Stammaktien und anderen Aktienvarianten verbrieft ist.

Die Stammaktie

32 Stammaktien sind in Deutschland die am meisten vertretene Aktienform, rund neunzig Prozent aller an deutschen Börsen notierten Aktien sind so genannte »Stämme«. Sie garantieren dem Aktienbesitzer alle Aktionärsrechte, vor allem das volle Stimmrecht. Es werden drei Arten von Stammaktien unterschieden, nämlich Inhaberaktien, Namensaktien und vinkulierte Namensaktien.

Inhaberaktien

Inhaberaktien lauten nicht auf einen bestimmten Namen, sondern auf den jeweiligen Inhaber. Daher ist ein Eigentumswechsel ohne besondere Formalitäten möglich. Die meisten deutschen Aktien werden – im Gegensatz zu denen vieler ausländischer Aktiengesellschaften – als Inhaberaktien emittiert. Der Grund: Das deutsche Aktiengesetz sieht die Inhaberaktie als Regelfall vor. 33

Namensaktien

Namensaktien lauten auf den Namen einer bestimmten natürlichen oder juristischen Person. Dem Unternehmen sind die Aktionäre namentlich bekannt, denn jeder Aktienbesitzer wird in das Aktienbuch der Gesellschaft eingetragen. Das hat zur Folge, dass das Handeln von Namensaktien mit gewissen Umständen verbunden ist. Denn bei einem Wechsel des Aktienbesitzers müssen sowohl der Aufdruck auf der Aktie als auch das Namenregister der Aktiengesellschaft geändert werden. Trotzdem stellen viele Unternehmen ihre Aktienstruktur von der Inhaber- auf die Namensaktie um. Der Vorteil für die Unternehmen: Sie haben Zugang zu den Daten ihrer Aktionäre, kennen Namen, Wohnort und Beruf. Diese Daten muss der Aktionär bei einer Namensaktie ins Aktienbuch eintragen lassen. Datenschützer betrachten diese Entwicklung mit Sorge, denn laut Vorschrift des Aktiengesetzes muss jedem Aktionär auf Verlangen Einsicht in das Aktienbuch gewährt werden. 34

Vinkulierte Namensaktien

Von vinkulierten Namensaktien spricht man, wenn der Verkauf der Aktie zusätzlich an die Zustimmung der Gesellschaft gebunden ist. Die Aktiengesellschaft zieht daraus den Vorteil, dass sie die Übersicht über den Kreis der Aktionäre behält. 35

Die Vorzugsaktie

36 Neben den Stammaktien gibt es die so genannte Vorzugsaktie, auch »Vorzüge« oder »Vz« genannt. Vorzugsaktien können mit oder ohne Stimmrecht emittiert werden; Letzteres ist die Regel. Ohne Stimmrecht dienen sie der Beschaffung von Eigenmitteln, ohne dass sich die Stimmrechtsverhältnisse in der Hauptversammlung verschieben. Ein besonderes Merkmal von Vorzugsaktien sind die Sonderrechte (z. B. eine garantierte oder höhere Dividende), die sie ihrem Besitzer einräumen.

Die Gratisaktie

37 Löst die Aktiengesellschaft ihre bilanzierten Rücklagen auf und wandelt diese in Grundkapital um, werden Gratisaktien (auch Zusatzaktien, Berichtigungsaktien) an Aktionäre ausgegeben. Dabei wird ihnen jedoch nichts geschenkt, denn die Gratisaktien werden aus Gewinnen finanziert, die in früheren Jahren erwirtschaftet, aber nicht an die Aktionäre ausgeschüttet wurden. Somit erhöht sich das Grundkapital, ohne dass von außen Geldmittel zufließen. Dabei bleibt dem Aktionär der Gesamtwert seiner Aktien erhalten. Möglicher Vorteil: Bleibt die Dividendenausschüttung gleich, erhält er die doppelte Dividende.

So wird eine Aktie gekauft

38 Wer Aktionär werden möchte, muss seiner Bank einen Auftrag (Order) zum Kauf der gewünschten Aktien erteilen. Denn nur die Bank kann stellvertretend für den Aktionär an der Börse die gewünschten Geschäfte abwickeln. Der weitere Weg zum Börsenhandel geht dann immer über Profis, offizielle Börsenmakler und Börsenhändler als Vertreter der Geldinstitute. An allen deutschen Börsen gilt die Handelszeit 9 Uhr bis 17.30 Uhr MESZ.

Die Vorhandelsphase über das Computersystem Xetra beginnt um 8.50 Uhr. Im Präsenzhandel beginnt die Berechnung der Schlusskurse um 17 Uhr, die Kassakurse werden weiterhin um 12 Uhr festgestellt. Den Auftrag sollte der Anleger mindestens fünfzehn bis dreißig Minuten vor Börsenschluss an die Bank geben. Nur dann wird er am selben Tag ausgeführt.

Es gibt drei Möglichkeiten, einen Kaufauftrag für Aktien zu stel- 39
len: persönlich am Schalter, per Telefon oder per Fax. Anfänger bzw. Einsteiger sollten sich auf jeden Fall für die erste Möglichkeit entscheiden.

TIPP:

Nutzen Sie den Service eines Wertpapierberaters 40

In der Bank ist ein Wertpapierberater für den Aktienkauf zuständig, und dieses Angebot sollte man als Neuling im Börsenhandel wahrnehmen. Als Kunde steht Ihnen diese Serviceleistung zu. Natürlich *müssen* Sie eventuelle Tipps nicht befolgen – aber es ist zumindest hilfreich, über die eigenen Pläne zu sprechen und dazu Ratschläge zu erhalten.

Der Wertpapierberater informiert Sie über die Vorteile und Risi- 41
ken des Aktiengeschäfts. Außerdem versucht er, mit Ihnen gemeinsam herauszufinden, welches Risiko Sie einzugehen bereit sind. Das ist wichtig, denn eine Fehleinschätzung kann schnell zur Unzufriedenheit des Anlegers führen. Die Konsequenz ist dann, dass der Anleger alle paar Wochen sein Depot umschichtet und sich anschließend wundert, dass er keinen Gewinn macht.

Banken unterscheiden bis zu sechs Typen von Anlegern, die wie- 42
derum drei Haupttypen zugeordnet werden können:

Der konservative Anleger (keine Risikobereitschaft)	
↓	↓
Typ 1: **Der sicherheitsorientierte Anleger** • bildet Startkapital, kein Substanzverlust • legt vor allem in Immobilien an, keine Spekulationspapiere	**Typ 2:** **Der rentenorientierte Anleger** • bildet Startkapital, sucht Altersvorsorge; • bevorzugt festverzinsliche Wertpapiere, keine Aktien

Der Durchschnittsanleger (geringe Risikobereitschaft)	
↓	↓
Typ 3: **Der vorsichtige Anleger** • Altersvorsorge, Rücklagen für Kinderausbildung • vor allem Festzinsanlagen mit geringem Risiko, maximal 30 % Aktien	**Typ 4:** **Der wachstumsorientierte Anleger** • Altersvorsorge, Zinseinkünfte sollen Einkommen vermehren, Risikobereitschaft vorhanden, bis zu 70 % Aktien

Der Spekulant (hohe Risikobereitschaft)	
↓	↓
Typ 5: **Der chancenorientierte Anleger** • Zinsen sind Einkommen, Spekulation ist ein Geschäft mit Verlustgefahr, hohe Risikobereitschaft, bis zu 100 % Aktien	**Typ 6:** **Der spekulative Anleger** • Spielernatur, Nervenkitzel wird gesucht, investiert nur in Aktien oder Optionen, volles Verlustrisiko

Anhand der vorstehenden Übersicht können Sie erkennen, welche Motive und Ziele die Anleger mit sich bringen. Dabei begnügen sich die auf Sicherheit und Altersvorsorge bedachten Anleger im Vergleich zu den Spekulanten bewusst mit einer niedrigeren Rendite. Sie gehen in keinem Fall das höchste Risiko ein. 43

Aber auch bei ausreichenden finanziellen Mitteln, wenn also Verluste durchaus verschmerzt werden könnten, sind Anlagen mit hohem Risiko nicht für jeden geeignet. Denn wer wegen der Risiken seiner Anlage nachts keinen Schlaf mehr findet, sollte lieber die Finger von Aktien lassen, bei denen eventuell auch einmal erhebliche Verluste drohen. 44

Tests haben gezeigt, dass sich die meisten Anleger für viel risikobereiter halten, als sie es tatsächlich sind. Der Grund dafür ist die Aussicht auf höhere Renditen, für die mancher – der Logik folgend – gern das höhere Risiko hinzunehmen bereit wäre. Im Alltag aber führt dies häufig dazu, dass der Anleger mit dem von ihm gewählten Engagement unglücklich ist. 45

TIPP:

Lassen Sie nicht nur Ihren Kopf entscheiden 46

Die Entscheidung für höhere Renditen und größeres Risiko wird meistens mit dem Kopf getroffen. Bei der Frage, mit welcher Anlage man sich wohl fühlt, ist aber vor allem das Bauchgefühl ausschlaggebend.

Hauptkriterium dafür, welches Risiko man eingehen sollte, ist natürlich die finanzielle Situation. Je besser die wirtschaftliche Lage, desto höher darf das Risiko sein. Auch hier gibt es einige Grundregeln, die im Aktiengeschäft unbedingt beachtet werden müssen. 47

TIPP:

48 **Keine Spekulationen mit geliehenem Geld von der Bank**
Egal, auf welche Weise Sie sich das Geld von der Bank beschaffen, ob per Ratenkredit oder durch Kontoüberziehung, Sie werden mit etwa zehn Prozent Zinsen als Kosten rechnen müssen. Die Rendite von Aktien liegt jedoch langfristig unter diesem Zinssatz. Also müssen Sie für den Kredit mehr bezahlen, als Sie durch Ihre Spekulation gewinnen.

49 Auch in Zeiten hoher Kursgewinne ist von einem Spekulieren auf Kredit abzuraten. Niemand weiß, wie lange der Höhenflug anhalten wird. Fallen die Kurse plötzlich in den Keller, können Sie nicht in aller Ruhe auf erneuten Anstieg warten, schließlich will die Bank ihr Geld in aller Regelmäßigkeit zurückhaben.

TIPP:

50 **Das Aktiendepot als Sicherheit**
Auf der anderen Seite kann es sinnvoll sein, ein bereits vorhandenes Aktiendepot als Sicherheit für Neuanschaffungen (keine neue Spekulation!) zu verwenden.

Wer z. B. eine Immobilie oder ein Auto kaufen möchte, könnte dazu seine Aktien oder seine Investmentfondsanteile beleihen. Der Zinssatz liegt im Schnitt um einen Prozentpunkt unter dem für Hypothekendarlehen – Sie sparen also Geld. Grund: Für die Bank ist diese Sicherheit im Notfall schneller zu verwerten als beispielsweise eine Immobilie.

Aktienwünsche und Preisgrenzen

Nachdem die Risikobereitschaft und -möglichkeit des Anlegers geprüft wurde, kann über die Aktienwünsche gesprochen werden. Für die Auftragsbearbeitung hält jedes Kreditinstitut Vordrucke bereit. Mit deren Hilfe werden alle Daten aufgenommen, die die Bank von Ihnen für den Aktienkauf wissen muss: der Name der Aktiengesellschaft, deren Aktien Sie erwerben wollen, wie viele Aktien Sie kaufen möchten sowie die Kennnummer der Wertpapiere. Als Kunde können Sie selbst bestimmen, an welchem Börsenplatz die Aktien gekauft werden sollen und ob der Auftrag börslich oder außerbörslich auszuführen ist. **51**

Wenn Sie dazu keine Angaben machen, ist Ihre Bank verpflichtet, alle möglichen Kosten abzuwägen und den für Sie günstigsten Börsenplatz auszusuchen. Das Geschäft muss dann über die von Ihnen oder der Bank gewählte Börse abgewickelt werden.

TIPP:

Setzen Sie bei der Order feste Preisgrenzen **52**

Für den Ein- oder Ausstieg an der Börse sollten Sie bereits bei der Auftragserteilung Kursgrenzen markieren. Diese Limits werden bei der Ordererteilung schriftlich festgehalten.

Der Aktionär hat die Wahl zwischen folgenden Kurslimits bei Kauf- und Verkaufsaufträgen: **53**

Kauflimit

Mit einem Kauflimit umgeht der Anleger das Risiko, Aktien zu einem überhöhten Einstiegskurs zu erwerben. Zusammen mit **54** seiner Order gibt er eine Kursgrenze vor. Es wird erst dann gekauft, wenn der Börsenkurs unter diesem Limit liegt.

Verkaufslimit

55 Kommt es zu (vorübergehenden) Kurseinbrüchen an der Börse, besteht die Gefahr, dass der Aktionär seine Papiere viel zu billig verkauft. Setzt er jedoch mit der Auftragserteilung ein Verkaufslimit, dann wird nur verkauft, wenn der Kurs über dem Limit liegt.

Den besten Schutz vor Kursverlusten bieten die Stop-Loss-Marken.

Stop-Loss-Marken

56 Mit der Order setzt der Anleger zugleich eine Kursuntergrenze, eine Stop-Loss-Marke. Das heißt, er erteilt den Auftrag, die Aktie sofort zu verkaufen, wenn der Börsenkurs so weit fällt, dass die Stop-Loss-Marke erreicht oder unterschritten wird. Die Bank verkauft in dem Fall zum bestmöglichen Verkaufskurs an diesem Börsentag.

Stop-Buy-Order

57 Dieses Limit setzt der Anleger, wenn er an plötzlichen Kursanstiegen teilnehmen will. Mit der Stop-Buy-Order erteilt er seiner Bank den Auftrag, die ausgewählte Aktie bei Erreichen des Stop-Kurses zu kaufen. Die Bank kauft in dem Fall zum bestmöglichen (günstigsten) Kurs an diesem Börsentag.

TIPP:

58 **Limits kosten Gebühren und werden ungültig**

Viele Kreditinstitute verlangen Gebühren für die Annahme von Limit-Orders. Erkundigen Sie sich danach, bevor Sie einen entsprechenden Auftrag erteilen. Bedenken Sie außerdem, dass Limits befristet sind. Der Auftrag ist nur für die von Ihnen vorher festgelegte Laufzeit gültig.

Die Laufzeit von Aktien dagegen ist nicht begrenzt, der Aktionär **59**
kann also allein entscheiden, wie lange er seine Papiere halten möchte. Nur der Konkurs der Gesellschaft kann das Engagement des Aktionärs von außen beenden.

Ebenso ist es ausschließlich die Entscheidung des Anlegers, welche und wie viele Aktien er kaufen möchte. Der Wertpapierberater ruft die Bestellung per Computer auf und gibt den Auftrag per Tastatur ein. Der amtliche Kursmakler sorgt dann für die Vermittlung von Käufer und Verkäufer. Er gibt den aktuellen Kurs in seinen Computer ein und vermerkt den Handel in seinem elektronischen Orderbuch. Ein persönlicher Kontakt kommt hier nur noch selten zu Stande, denn die meisten Geschäfte werden per PC getätigt.

Ist der Kauf abgeschlossen und der Anleger nun stolzer Aktio- **60**
när, wird der Betrag vom Giro- oder Sparbuch abgebucht. Die Bestätigung des Kaufs, die anfallenden Kosten und die Bezahlung per Kontoabbuchung werden dem Aktionär brieflich mitgeteilt. Dieser Brief ist das Einzige, was er nach seinem Aktienkauf in Händen hält, denn eine Aktie wird ihm nicht ausgehändigt.

TIPP:

Die Aktie für zu Hause kann teuer werden **61**

Wer sich die Aktie jedoch an die Wand hängen oder verschenken möchte, der kann sie sich zusammen mit den Dividendenkupons theoretisch auch ausliefern lassen. Dann spricht man von einem »effektiven Stück«. Soll diese Aktie aber später zurück ins Depot, muss der Anleger mit Kosten bis zu 30 DM rechnen.

---

62 Der künftige Aktionär muss bei der Auftragserteilung an das entsprechende Kreditinstitut auch ein Depot eröffnen. In diesem Depot werden die gekauften Wertpapiere verwahrt. Anders läuft es beim effektiven Stück, dem tatsächlich vorhandenen, gedruckten Wertpapier. Hier können Sie jeweils gegen Vorlage eines Kupons die Dividende direkt von der Aktiengesellschaft oder von einer damit beauftragten Bank ausgezahlt bekommen. Allerdings ist das sehr aufwendig. Effektive Stücke werden deshalb kaum noch gehalten, sind jedoch gelegentlich bei festverzinslichen Wertpapieren lieferbar. Die ausgehändigten effektiven Stücke kann man sich dann in den Tresor legen. Heute ist es jedoch üblich, dass man seiner Bank die Aktien zur Aufbewahrung überlässt – das nennt sich Girosammelverwahrung. Ihre Aktie wird Ihnen nicht persönlich ausgehändigt, und auch zwischen den Banken und Börsen werden keine Lkw-Ladungen mit Wertpapieren hin und her gekarrt, sondern Kauf, Verkauf und Besitz werden wie beim Zahlungsverkehr festgehalten. Dafür richtet Ihnen die Bank ein Depotkonto (Girokonto) ein und zahlt Ihnen dann automatisch die jeweilige Dividende aus.

TIPP:

63 **Der Aktionär erhält als Gewinnanteil eine Dividende**

Der Aktionär hat keinen Anspruch auf eine feste Verzinsung oder eine garantierte Rückzahlung seines investierten Kapitals. Als Teilhaber des Unternehmens erhält er jedoch einen Teil des Gewinns – in Form einer Dividende.

Die zehn Börsenregeln für Einsteiger

10 TIPPS:

So erleichtern Sie sich Ihren Börseneinstieg 64

(Die Börsenregeln wurden aufgestellt von der Deutschen Schutzvereinigung für Wertpapierbesitz, DSW)

1. Nehmen Sie vor dem Aktienkauf eine qualifizierte Beratung in Anspruch. Das kann bei unabhängigen Anlageexperten oder Banken geschehen. Verlassen Sie sich jedoch nicht ausschließlich auf deren Ratschläge, sondern informieren Sie sich mindestens an zwei Stellen; wechseln Sie dafür gegebenenfalls auch das Kreditinstitut.
2. Das Mindestkapital für den direkten Aktienkauf sollte 15 000 bis 20 000 DM betragen. Wer kleinere Summen investieren möchte, sollte in Aktienfonds anlegen.
3. Kaufen Sie Aktien niemals auf Kredit, sondern spekulieren Sie nur mit dem Geld, das Ihnen effektiv zur Verfügung steht.
4. Legen Sie sich mit Ihrer Spekulation nicht auf einen bestimmten zeitlichen Rahmen fest. Gehen Sie die Anlage in Aktien langfristig (mindestens fünf Jahre) an. Machen Sie sich nicht abhängig von einem schnellen Erfolg und dem Zwang zum Verkauf zu einem festgelegten Zeitpunkt.
5. Investieren Sie als Börsenneuling nicht in Spezialwerte, sondern bevorzugen Sie die hundert größten Standardaktien (DAX und MDAX). Begründung: Diese Aktien verfügen über eine sichere Liquidität, sodass Kleinanleger keine »Zufallskurse« befürchten müssen.
6. Streuen Sie das Risiko, bauen Sie das Depot mit Papieren aus unterschiedlichen Branchen.
7. Meiden Sie dividendenlose Aktien, denn deren Gewinne sind

erfahrungsgemäß spekulativer als bei Papieren mit Ausschüttung.

8. Spekulieren Sie mit Aktien aus dem so genannten amtlichen Handel. Sie unterliegen strengeren Anforderungen und werden durch das Bundesaufsichtsamt für Wertpapierhandel und von der Börsenaufsicht vor Ort überwacht – im Gegensatz zu den Aktien im Telefonverkehr.
9. Lassen Sie sich nicht von Panikverkäufen anstecken. Beobachten Sie die wirtschaftliche Entwicklung der Unternehmen, deren Aktien Sie erworben haben. Verkaufen Sie wirklich nur dann, wenn der betriebliche Erfolg gefährdet scheint. Sind die Unternehmen hingegen stabil, dann warten Sie ab, ohne zu verkaufen.
10. Machen Sie sich selbst ein Bild von dem aktuellen Wirtschafts- und Börsengeschehen. Marktanalysen und Trends gibt es täglich in verschiedenen Fernsehsendern (z. B. n-tv, Pro7) und Tageszeitungen (z. B. *Handelsblatt*), wöchentlich bzw. monatlich in mehreren Fachzeitschriften.

KAPITEL 2

An der Börse zum Millionär werden: Wie viel Geld sich mit Aktien verdienen lässt

Ein Blick auf die vergangenen Jahrzehnte zeigt: Der einfachste und schnellste Weg, Millionär zu werden, ist die Investition an der Börse. Keine andere Geldanlage bringt höhere Renditen als Aktien, Fonds oder Optionsscheine. Dabei ist die Anlage in Fonds die sicherste Methode, an der Börse reich zu werden. Voraussetzung ist, dass Sie regelmäßig sparen und Ausdauer beweisen. Dann geht alles wie von selbst. Mit einem sehr guten Aktienfonds und einer entsprechenden Rendite von 12 Prozent bringt eine Ersparnis von 500 DM monatlich nach 25 Jahren die erste eigene Million. Bei einer Rendite von 10 Prozent dauert der Weg zum Millionär knapp dreißig Jahre, bei 8 Prozent Verzinsung muss man 34 Jahre warten. **65**

Wem reine Aktienfonds zu risikoreich sind, der kann mit der Anlage in einen Investmentfonds die Risiken streuen und gleichzeitig in Renten- und Immobilienfonds investieren. Auch hier lassen sich immerhin noch Renditen von häufig mehr als acht Prozent erzielen. **66**

Zum Vergleich haben wir einmal nachgerechnet, was heute aus einer einmaligen Anlage von 10 000 DM vor zwanzig Jahren geworden ist. Dabei haben wir verschiedene Anlageformen berücksichtigt, auf die wir in diesem Buch noch näher eingehen werden. **67**

Anlageerfolg bei 10 000 DM Startkapital:

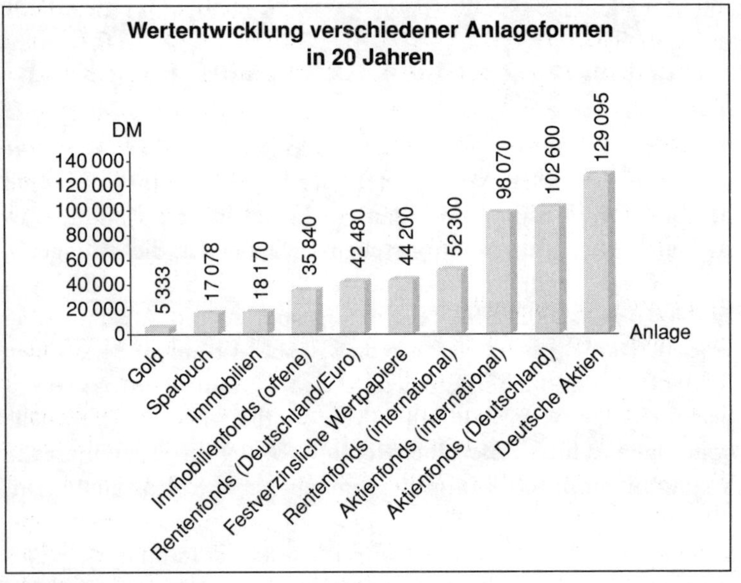

Geldanlage in Gold

68 Wer sich 1979 das oft als »Krisenmetall« bezeichnete Gold in der Hoffnung kaufte, es werde seinen Wert immer behalten, ja womöglich noch an Wert gewinnen, der musste über die folgenden zwanzig Jahre fast die Hälfte seines eingesetzten Vermögens abschreiben. Abgesehen von einer kurzen, nur wenige Wochen dauernden Hochpreisphase im Jahr 1993 blieb der Goldpreis in dem Keller, in den er schon zu Beginn der achtziger Jahre gefallen war.

Geldanlage Sparbuch

Das Sparbuch mit seinen mageren Zinsen kann eigentlich gar 69
nicht als Geldanlage bezeichnet werden, auch wenn aus 10 000 DM innerhalb unseres Vergleichszeitraumes 17 078 DM geworden sind. Das Sparbuch ist eher mit einem Parkplatz zu vergleichen. Und wie ein Auto, das auf einem Parkplatz abgestellt wird, ergeht es auch dem dort »angelegten« Geld: Es verliert ständig an Wert. Das Auto rostet, das Spargeld verliert durch die Inflation an Kaufkraft, weil die kargen Sparzinsen oft nicht einmal die Höhe der Inflationsrate übersteigen.

Geldanlage in Immobilien

Für unseren Vergleich haben wir den Baupreisindex für Wohnge- 70
bäude herangezogen, ohne Berücksichtigung von Zinsen aus einer Anlage der Mieteinnahmen. Und wir konnten einen ganz wichtigen Posten nicht hineinrechnen: die Steuervorteile. Denn für diese Vorteile gibt es keinen Richtwert. Aber Sie sehen ja: Immobilien schneiden dennoch relativ gut ab, denn aus den eingesetzten 10 000 DM wurden 18 170 DM – und mit der Anlage war nie das Risiko verbunden, plötzlich die Hälfte seines Vermögens zu verlieren.

Geldanlage in Immobilienfonds

Bereits mit einem einzigen Fondsanteil ist man Miteigentümer 71
des gesamten Immobilienvermögens. Auch wenn einem pro Anteilschein nur ein paar Mauersteine oder Klingelknöpfe gehören. Die Fondsmanager haben hier die Aufgabe, das Geld der Anteilseigner möglichst Gewinn bringend in Immobilien anzulegen. Wenn sie dabei geschickt sind, die Immobilienpreise steigen, Häuser zu guten Preisen weiterverkauft oder die Mieten erhöht werden können, vergrößert sich auch das Fondsvermögen. Damit steigt der Wert jedes Anteils. In zwanzig Jahren wurden aus

10 000 DM, die in einem offenen Immobilienfonds angelegt wurden, 35 840 DM.

Geldanlage in Rentenfonds

72 Bei den Rentenfonds wird das Geld der Anleger in festverzinsliche Wertpapiere angelegt, sie gehören also zu den sicheren Fonds. Dafür muss der Anleger, im Gegensatz zu den Aktienfonds, auf Renditevorteile verzichten. Trotzdem kann sich diese Anlageform sehen lassen: Deutsche bzw. Euro-Rentenfonds ließen aus 10 000 DM in zwanzig Jahren 42 480 DM werden, internationale Rentenfonds sogar 52 300 DM.

Geldanlage in festverzinsliche Wertpapiere

73 Für diese Papiere gibt es zu festgelegten Zahlungsterminen einen festen Zinssatz. Die Zinsen werden bezahlt, unabhängig davon, ob der Schuldner – der Emittent – einen Gewinn erzielt hat. Am Ende der vorher festgelegten Laufzeit wird der auf der Urkunde aufgedruckte Nennbetrag zurückgezahlt. Eine Berechnung nach dem REX-Performanceindex (REXP) zeigt: Aus 10 000 DM wurden in zwanzig Jahren 44 200 DM.

Geldanlage in Aktienfonds

74 Aktienfonds bringen im Vergleich zu Immobilien- und Rentenfonds am meisten Rendite. Auf der anderen Seite herrscht bei den Aktienfonds auch ein höheres Risiko, deshalb sollte diese Anlageform immer für einen längeren Zeitraum gewählt werden. Wer vor zwanzig Jahren 10 000 DM in deutsche Aktienfonds angelegt hat, verfügt heute über 102 600 DM. Auch internationale Aktienfonds brachten immerhin noch 98 070 DM.

Geldanlage in Aktien

Unser Schaubild zeigt, dass in dem gewählten Vergleichszeitraum das beste Geschäft mit Aktien zu machen war. Im Vergleichszeitraum wurde aus 10 000 DM, die in Werte des DAX investiert wurden, die stattliche Summe von 129 095 DM. 75

Auf dem Weg zur möglichen eigenen Million gibt es zahlreiche Anlagestrategien. Der Anleger wird mit Ratschlägen und Vorgehensweisen, ohne die es nach Meinung der jeweiligen Berater, Kreditinstitute und Makler nicht geht, regelrecht überschüttet. Bevor man sich eine Anlagestrategie überlegt, sollte man allerdings seine persönlichen Präferenzen kennen. Die Beurteilung der Geldanlage ist zunächst das Wichtigste. 76

Die Beurteilung von Vermögensanlagen

Es gibt drei Kriterien, anhand deren jede Form der Vermögensanlage beurteilt wird: 77

1. Sicherheit
2. Liquidität
3. Rentabilität (Rendite)

Auf welches Kriterium das meiste Gewicht gelegt werden soll, hängt von den persönlichen Präferenzen des Anlegers ab. Wir stellen Ihnen die Kriterien im Einzelnen vor:

Sicherheit

Sicherheit bedeutet, dass das angelegte Vermögen erhalten bleibt. Dabei hängt die Sicherheit der Anlage von verschiedenen Faktoren ab: von der Bonität des Unternehmens, vom Kursrisiko oder, bei Auslandsanlagen, vom Währungsrisiko. 78

TIPP:

79 **So erhöhen Sie die Sicherheit**
Ihr Vermögen ist sicherer angelegt, wenn Sie es aufteilen. Eine solche Vermögensstreuung kann nach verschiedenen Aspekten erfolgen, z. B. nach Wertpapierformen, Branchen, Ländern oder Währungen.

Liquidität

80 Die Liquidität einer Kapitalanlage ist davon abhängig, wie schnell der investierte Betrag wieder in Bankguthaben oder Bargeld umgewandelt werden kann. Die Anlage ist dann liquide, wenn der Anleger seine Papiere verkaufen kann, ohne dass schon ein großer Verkaufstrend herrscht, der zu spürbaren Kursschwankungen führt und Kursverluste nach sich zieht.

TIPP:

81 **Seien Sie achtsam bei illiquiden Märkten**
In diesen Fällen kommen an der Börse Notierungen zu Stande, ohne dass ge- oder verkauft wird (keine Umsätze). Die Kurse der Aktien bestehen dann nur aus Angebot (Briefkurs) oder Nachfrage (Geldkurs). Kauf- oder Verkaufsaufträge können nicht sofort abgewickelt werden, manchmal nur in Teilen oder zu ungünstigeren Bedingungen. Zusätzlich müssen Sie mit hohen Transaktionskosten rechnen.

Rentabilität

82 Die Rentabilität einer Vermögensanlage wird aus deren Ertrag ermittelt. Zu den Erträgen einer Aktie gehören Dividendenzahlungen sowie Wertsteigerungen in Form von Kurssteigerungen.

Je nachdem, welches Papier Sie besitzen, fließen Ihnen entweder die Erträge regelmäßig zu, oder sie werden nicht ausgeschüttet und dafür angesammelt. Die Höhe der Erträge ist jedoch nicht immer konstant, sie kann im Zeitverlauf schwanken. Damit die Rentabilität verschiedener Geldanlagen verglichen werden kann, wird die Rendite als Kennzahl hinzugezogen.

Als Rendite wird der Ertrag bezeichnet, den eine Anlage nach **83**
Ablauf eines bestimmten Zeitraumes erzielt hat. Mit Hilfe ihrer Standardisierung (die Rendite wird normalerweise immer als Prozentwert angegeben und bezieht sich gewöhnlich auf ein Jahr) sollen die verschiedensten Anlagemöglichkeiten miteinander vergleichbar werden.

TIPP:

Vergleichen Sie Anlagen anhand der Rendite **84**

Die Rendite lässt sich immer berechnen und vergleichen, unabhängig von der Höhe des eingesetzten Kapitals und des Anlagezeitraumes.

Diese Anlageformen gibt es

Die verschiedenen Möglichkeiten der Anlage lassen sich grund- **85**
sätzlich nach ihren Risiken unterscheiden. Damit Sie einen Überblick über die verschiedenen Anlageformen erhalten, stellen wir sie Ihnen kurz vor – mit einer Beurteilung nach den Kriterien Sicherheit und Rendite.

Aktien

Ein privater Anleger sollte sich nur an der Börse engagieren, **86**
wenn er sich selbst ein wenig Gespür zutraut. Zu diesem Gespür

gehört vor allem, sich mit wirtschaftlichen Zusammenhängen vertraut zu machen. Wie lange dauert eine Rezessionsphase, wann wird der private Konsum wieder zunehmen, gelingt es, ein marodes Großunternehmen wieder auf Gewinnkurs zu bringen usw.
Die Kursentwicklungen der einzelnen Aktien spiegeln wider, was an der Börse passiert. Um aber auch ohne Hinweis auf einzelne Kurssteigerungen und -verluste schnell einen Trend ansagen zu können, wurden für sämtliche Börsen der Welt so genannte Barometer eingeführt. Für den Deutschen Aktienindex (DAX) werden die Bewegungen der dreißig wichtigsten Standardaktien (u. a. Autohersteller, Versicherungen, Banken und große Industrieunternehmen) ausgewertet. Ähnlich wird an allen Börsen der Welt verfahren – in Amerika z. B. drücken sich die Kursbewegungen großer Firmen im bekannten Dow-Jones-Index aus, in Mailand im BCI-Index, in Tokio im Nikkei-Index.
Um eine Verzinsung wie auf dem Sparbuch zu erhalten, müssen die Kurse aber um mindestens vier bis fünf Prozent steigen, denn bei jedem Kauf und Verkauf von Aktien ist ein Prozent an das Institut zu bezahlen. Dieses eine Prozent hat man also in jedem Fall verloren. Auf keinen Fall sollte man nur auf solche Aktien setzen, denen plötzlich von irgendeiner Seite Höhenflüge vorausgesagt werden.

Wertpapiere

87 Für Anleger, die Wert auf einen gesicherten und regelmäßigen Ertrag legen, sind in erster Linie festverzinsliche Wertpapiere (Renten) von Interesse. Festverzinsliche Wertpapiere lassen sich in drei Gruppen einteilen:

Die Familie der Wertpapiere

1. festverzinsliche Wertpapiere ohne Kursbewegungen, das heißt ohne ein Kursrisiko (Bundesschatzbriefe, Finanzierungsschätze)
2. festverzinsliche Wertpapiere mit Kursbewegungen, das heißt mit Kursrisiko (Bundesanleihen, Bundesobligationen)
3. festverzinsliche Wertpapiere mit besonderer Ausstattung (Wandelanleihen, Optionsanleihen, Nullkupon-Anleihen – Zero Bonds, Floater, Genuss-Scheine)

Bei allen Papieren ist das Grundprinzip gleich: Der Käufer gibt **88** dem Schuldner einen Kredit, und dieser verpflichtet sich, diesen Kredit nach einer genau festgelegten Laufzeit wieder in voller Höhe zurückzuzahlen. Als Gegenleistung erhält der Käufer einen bestimmten Zins, der sich genau kalkulieren lässt und zu einem bestimmten Zinstermin (meist jährlich) ausbezahlt wird. Nach Ablauf der Anlagezeit bekommt der Sparer sein eingesetztes Kapital in voller Höhe (Nennwert) zurück. Mit dem Erwerb solcher Papiere wird der Anleger quasi selbst zu einem Kreditgeber. Denn festverzinsliche Wertpapiere werden von öffentlichen Schuldnern (Bundesländern, Nationalstaaten), von Geldinstituten oder von Firmen herausgegeben. Sie leihen sich Geld – und garantieren mit ihrem gesamten Besitz und Vermögen für die Zahlung der Zinsen und die Rückzahlung des angelegten Kapitals.

Die Beurteilung von Wertpapieren wird nach unterschiedlichen **89** Kriterien vorgenommen.

Checkliste: Auf diese Beurteilungskriterien von Wertpapieren sollten Sie achten	
Die Laufzeit	Das ist die Zeit, in der Zinsausschüttungen regelmäßig und gleich bleibend bis zur Rückzahlung des Kapitals erfolgen.
Die Mindestanlagesumme	Setzen Sie sich immer nur eine gewisse Summe, die Sie in die Papiere investieren. Denn wer sich mit größeren Beträgen für eine längere Zeit bindet, ohne aussteigen zu können, geht ein Risiko ein. Steigen nämlich die Zinsen, könnten Sie mit einem weiteren kleinen Betrag neu einsteigen.
Die Qualität des Schuldners	Prüfen Sie, welche Papiere Sie kaufen. Denn bei Industrieunternehmen oder instabilen Nationalstaaten bleibt immer ein höheres Restrisiko.
Die Höhe der Rendite	Das ist die für die gesamte Laufzeit garantierte Zinszahlung. Der Ertrag ist abhängig von der Dauer der garantierten Zinszahlungen und von der Möglichkeit, die Papiere vorher zurückzugeben.

Diese Unterschiede werden schnell deutlich, wenn man verschiedene Festgeldanlagen miteinander vergleicht. Achten Sie einmal auf die unterschiedlichen Renditen, Laufzeiten und Ausstiegsmöglichkeiten.

90 Als größtes Risiko sind eventuelle Kursverluste anzusehen, aber die treten nur bei vorzeitigem Verkauf ein. Mit einem hoch verzinsten und neu aufgelegten Papier, bei dem bis zum Laufzeitende durchgehalten wird, lässt sich immer das beste Geschäft machen. Wer dagegen ein gebrauchtes Papier zu niedrigem Zins mit langer Laufzeit kauft, riskiert bei steigenden Zinsen am Geldmarkt und vorzeitigem Ausstieg aus der Anlage deutliche Verluste.

Trotz dieses unter bestimmten Umständen eintretenden Kursrisikos sind die festverzinslichen Papiere jedoch als sehr sichere Anlage zu bewerten. Denn der Herausgeber (Emittent) eines solchen Papiers steht jeweils mit seinem gesamten Vermögen für die Sicherheit des angelegten Kapitals und für die Zinszahlungen.

So ist die Sicherheit der Papiere des Staates, der Bahn, der Post und der Geldinstitute garantiert, ungeachtet der jeweiligen Wirtschaftslage oder der Unternehmensergebnisse. Pfandbriefe sind abgesichert durch verpfändete Häuser und Grundstücke. Hintergrund: Wer einen Kredit von einer Hypothekenbank aufnehmen will, muss zur Absicherung eine Grundbucheintragung vornehmen. Die Geldbeschaffung (Refinanzierung) für solche Kredite nehmen Hypothekenbanken dann z. B. über die Ausgabe von Pfandbriefen vor – und weisen über die zu ihren Gunsten eingetragenen Grundbuchsicherheiten den entsprechenden Gegenwert nach. Sicherer kann eine Geldanlage kaum sein. Papiere von Unternehmen werden über Geldinstitute an die Börsen gebracht. Als Herausgeber solcher Papiere tauchen fast nur erste Wirtschaftsadressen auf. Von den Instituten wird nämlich sehr sorgfältig geprüft, wie es um die Lage des Schuldners bestellt ist. 91

Papiere ausländischer Staaten und Unternehmen werden für den Handel an deutschen Börsen ebenfalls von den Geldinstituten geprüft. Das schützt natürlich nicht vor dem Risiko eines Staatsbankrotts oder dem Konkurs eines multinationalen Unternehmens. Auf fremde Währungen lautende Papiere sind unter »Währungsanleihen« bekannt. Hier besteht aber auch bei sicheren Schuldnern die Gefahr, durch Wechselkursverluste Geld zu verlieren. Es handelt sich also um Spekulationspapiere – und ob die Rechnung am Ende aufgeht, hängt in jedem Einzelfall von der Seriosität des Schuldners (also eines Landes oder Unternehmens) und vom internationalen Geldmarktgefüge ab. Unter dem Aspekt der Sicherheit ist von Währungsanleihen abzuraten. 92

Die festverzinslichen Wertpapiere mit besonderer Ausstattung:

Wandel- und Optionsanleihen

93 Bei diesen Scheinen handelt es sich um eine besondere Form von festverzinslichen Wertpapieren. Mit ihrem Besitz ist nämlich das Recht verbunden, zu einem vorher festgelegten Zeitpunkt Wertpapiere zu kaufen (mit dem zur Optionsanleihe gehörigen Optionsschein) oder die Anleihe gegen einen Aufpreis in eine Aktie umzuwandeln (Wandelanleihe). Anders als bei Aktien hat der Käufer also

1. die Möglichkeit, von den jährlichen festen Zinserträgen seines Papiers zu profitieren, und
2. die Chance, auf steigende Kurse zu spekulieren und davon ähnlich wie bei der Aktie zu profitieren.

Wer damit Geschäfte machen will, muss also gar keine Optionen ausüben oder den Wandel vornehmen; er könnte bei steigenden Kursen auch wieder verkaufen und dann Zinsausschüttungen und Kursgewinne mitnehmen.
Ein Risiko ist damit dennoch verbunden. Wenn die Scheine zu über dem Nennwert liegenden Preisen gekauft wurden und die Kurse fallen, ist die Differenz verloren. Und wer die Papiere zwischenzeitlich an der Börse abstoßen will, ist von der Aktienkursentwicklung und den Geldmarktzinsen abhängig. Immerhin riskiert man aber wegen des in jedem Fall erhalten bleibenden Nennwertes der Papiere keinen Totalverlust.

Zero Bonds (Nullkupon-Anleihen)

94 Bei diesen Wertpapieren gibt es während der gesamten Laufzeit (manchmal dreißig Jahre) keine Zinszahlungen (deshalb haben diese Papiere »null Kupons«). Aber zum Laufzeitende wird der

von Anfang an garantierte Rücknahmepreis quasi als Nennwert ausgezahlt. Weil die Kaufpreise manchmal nur die Hälfte des Nennwertes ausmachen, sich das eingesetzte Kapital also verdoppeln kann, ergibt sich der Gewinn allein aus der Differenz zwischen Kaufpreis und Nennwert. Der Ertrag, der dann am Ende herauskommt, entspricht etwa dem von festverzinslichen Wertpapieren. Dieses Anlageprinzip kann zwar aus steuerlichen Gründen sinnvoll sein – aber nicht für Normalverdiener. Fehlende Ausschüttungen bei langen Laufzeiten und Kursverluste bei zwischenzeitlichem Verkauf sprechen dagegen.

Floater

Bei so genannten »Floatern« (Gleitzinsanleihen) mit Laufzeiten **95**
bis zu sieben Jahren werden die Zinsen ständig an die aktuelle Marktsituation angepasst. Das eingesetzte Kapital (Einstiegspreise ab 10 000 DM) kann zwar nicht verloren gehen, aber nur bei langfristiger Anlage und Kauf in Niedrigzinsphasen sind etwas höhere Renditen als bei festverzinslichen Wertpapieren zu erzielen. Ausgegeben werden die Papiere von Geldinstituten oder vom Bund, sie können jederzeit ge- und verkauft werden. Wer beim Verkauf gerade ein Kursloch erwischt, der muss mit niedrigen Zinsen wie auf dem Sparbuch zufrieden sein. Wirklich lohnend sind solche Papiere nur für den, der über lange Zeiträume erhebliche Mittel unterbringen will.

Genuss-Scheine

Der Genuss-Schein ist eine Mischung aus Festzinswertpapier und **96**
Aktie, allerdings ohne regelmäßige Erträge. Denn bei den Genuss-Scheinen weiß man vorher nie, ob es eine jährliche Ausschüttung gibt oder nicht. Das hängt vom Unternehmensgewinn ab. Erwirtschaftet das Unternehmen Gewinne, werden durchschnittlich zwischen sieben und zehn Prozent des Wertes eines

Scheines (ab 100 DM) als Rendite gezahlt. Macht das Unternehmen Verluste, gibt es kein Geld. Und je nach Unternehmenslage steigen oder fallen die Kurse für Genuss-Scheine.
Verbraucherberater warnen, dass Normalverdiener sich besser nicht auf diese Anlageform einlassen sollten. Wer es aber riskieren will, sollte langfristig nur auf Bank- oder Industriewerte mit erstklassigen Namen setzen.

Sparbriefe

97 Sie sind eine spezielle Form der festverzinslichen Wertpapiere. Der Kauf ist nur dann sinnvoll, wenn als sicher anzunehmen ist, dass die angelegten Beträge während der Laufzeit (ab vier Jahre) nicht benötigt werden. Denn innerhalb der Laufzeit ist nur eine Beleihung des Papiers möglich, kein Verkauf wie bei anderen Festzinswerten. Dadurch entfällt aber auch das Kursrisiko. Der aufgedruckte Zinssatz und die Rückzahlung der Anlage zum vollen Nennwert sind garantiert.
Wie gut die Geschäfte mit Sparbriefen sind, hängt vom Zinsgefüge zum Kaufzeitpunkt sowie von der Laufzeit ab:

- In Niedrigzinsphasen sollten die kürzesten Laufzeiten gewählt werden. Sonst ist man bei wieder steigenden Zinsen wegen mangelnder Ausstiegsmöglichkeit zu lange an die schlechteren Konditionen gebunden.
- In Hochzinsphasen, wenn für Sparbriefe um oder über acht Prozent Zinsen gezahlt werden, sollten lange Laufzeiten gewählt werden.

Allerdings sollte die Rendite des Sparbriefs immer mit der anderer festverzinslicher Anlagen verglichen werden. Wenn beim Sparbrief nur unwesentlich mehr herauskommt, sind andere Anlagen vorzuziehen, bei denen man schneller aus der Anlage aus- und bei steigenden Zinsen auf solche mit besserer Rendite umsteigen kann.

Investmentfonds

Mit einer Investition in einen Investmentfonds wird man Anteils- 98
eigner eines Fonds, der vom Geld der Anleger Aktien, Wertpapiere oder Immobilien kauft und dessen Manager versuchen, damit möglichst hohe Renditen herauszuholen. Je nachdem, was die Fondsgesellschaften vom Geld der Anleger kaufen, handelt es sich um

- Aktienfonds,
- Rentenfonds (festverzinsliche, also verrentete Wertpapiere) oder
- Immobilienfonds.

Dazu gibt es gemischte Fonds, die sowohl Aktien- und Renten- als auch Immobilienfonds enthalten. Jeder Fonds ist anders gewichtet, und welcher Anlageschwerpunkt gewählt wird, ist aus einem zum jeweiligen Fonds gehörigen Prospekt zu entnehmen.
Investmentfonds haben den Vorteil, dass sich der Anleger nicht mit dem aktuellen Börsengeschehen befassen muss und mit seiner Geldanlage praktisch keine Arbeit hat. Das erledigen die Investmentgesellschaften, meist Tochterfirmen von großen Banken. Da spekulieren also Profis mit Ihrem Geld, die etwas vom Geschäft verstehen sollten. Und das bringt bei Aktienfonds durchschnittlich acht Prozent Rendite pro Jahr. Mal mehr, mal weniger. Aber das darf den Anleger nicht stören, denn Fonds sind immer eine Anlage über längere Zeiträume; ein Zeitraum unter fünf Jahren wäre unvernünftig. Auf lange Sicht gleichen sich auch kurzfristige Kursverluste aus. Einziger Haken: Man darf bei dieser Anlage nicht wegen Geldnot zum Ausstieg ge-

zwungen sein, wenn die Rücknahmepreise gerade in den Keller gefallen sind.

99 Wichtig: **Kurzfristig sollte niemand auf Fonds setzen**
Auch wenn für manche Fonds mit monatlichen Erfolgen geworben wird – das ist unseriös, weil alle Fondsanlagen zumindest als mittelfristige Anlage zu sehen sind. Wer kurzfristig auf Fonds setzt, riskiert schon wegen der Ausgabeaufschläge (Differenz zwischen Verkaufs- und Rücknahmepreis) unnötige Verluste.

Fonds sind kein Spekulationspapier. Aufschlussreich können nur Wertentwicklungen über mindestens drei Jahre sein.

Offene und geschlossene Immobilienfonds

100 Immobilienfonds sind eine besondere Form von Investmentfonds. Das Prinzip der Geldanlage entspricht dem aller anderen Investmentfonds. Die Anteilscheine gibt es – je nach Fonds – aber bereits zu Preisen unter 100 DM.

101 Die *offenen Immobilienfonds* werden von Investmentunternehmen aufgelegt, bei denen es sich meist um die gleichen Töchter von Banken oder Versicherungen handelt, die auch hinter Aktienfonds stehen. Die Fondsgesellschaften kaufen Büro- oder Wohnhäuser, Grundstücke, Einkaufs- oder Freizeitzentren. Bezahlt wird mit dem Geld, das sie für den Verkauf ihrer Fondsanteile von den Anlegern bekommen.

Am Immobilienboom kann man dann bereits mit sehr geringem Einsatz verdienen – vorausgesetzt, die Immobilienpreise steigen, Häuser werden zu guten Preisen weiterverkauft oder die Mieten können erhöht werden. Damit steigt nämlich das Fondsvermögen und der Wert eines jeden Anteils. Fondsanteile von offenen Immobilienfonds können jederzeit ge- und verkauft werden. Allerdings liegt dieser Rücknahmepreis immer etwas niedriger als der Ausgabepreis des Anteils. Die minimale Zeitspanne für offene Immobilienfonds sollte fünf, besser zehn Jahre betragen.

Bei *geschlossenen Immobilienfonds* ist alles möglich: vom Total- **102**
verlust bis hin zu riesigen Gewinnen. Im Unterschied zu den offenen Immobilienfonds handelt es sich bei den geschlossenen Fonds oft nur um ein einziges Projekt. Somit ist das Risiko, dass beispielsweise die Rechnung mit den Baukosten und den Mieteinnahmen nicht aufgeht, bei einem geschlossenen um ein Vielfaches höher als bei den offenen Fonds, zu deren Grundvermögen manchmal hundert Objekte gehören. Die Beteiligung an einem geschlossenen Immobilienfonds ist stets eine langfristige Anlage, die Sie weder schnell veräußern können noch dürfen. Darüber hinaus werden geschlossene Immobilienfonds nicht von staatlicher Seite geprüft, das Bundesaufsichtsamt ist dafür nicht zuständig.

Erst, wenn alle Anteile verkauft sind, ist der Fonds geschlossen. Vorher wird das Objekt nicht realisiert. Natürlich gibt es auch den Fall, dass der Fonds nicht geschlossen werden kann, da sich nicht genug Interessenten finden. Deshalb ist es sehr wichtig, die Möglichkeit einer Rückabwicklung aller Beteiligungen zu garantieren, die mit keinerlei Kosten verbunden ist und den Zeichner des zurückzugebenden Anteils so stellt, als wäre nie etwas gewesen.

Von geschlossenen Immobilienfonds ist abzuraten, es können zu schnell Fehler gemacht werden, die teuer bezahlt werden müssen.

TIPP:

103 **Verlangen Sie immer den ausführlichen Verkaufsprospekt zum Fonds**
Nur wenn Sie den haben und später nachweisen können, dass die dort gemachten Angaben falsch waren, können Sie mithilfe der Gerichte Verluste zurückholen.

104 Seien Sie also äußerst wachsam und kritisch, wenn Sie geschlossene Immobilienfonds als Anlagemöglichkeit in Betracht ziehen.

Checkliste: Fußangeln, auf die Sie bei Immobilienfonds achten müssen
Eigentumsverhältnisse sind nicht geklärt
Zu hoher Kaufpreis, Kaufpreisfaktor, schlechte Rendite
Schlechter Standort, falsche Ausstattung
Wertzuwachs ist falsch, zu hoch angesetzt
Mieteinnahmen sind zu hoch kalkuliert
Verteuerungen in der Bauphase schlagen durch
Leasingfonds-Rücknahmepreis wurde nicht berücksichtigt
Modernisierungen wurden nicht mit Altmietern abgeklärt
Sanierungskosten wurden falsch kalkuliert
Zinsentwicklung für Anteilsfinanzierung wurde falsch prognostiziert

Fonds-Sparpläne

105 Bei einem Fonds-Sparplan wird (meistens monatlich) ein fester Betrag in Fondsanteile investiert. Bei niedrigen Kursen werden dann vergleichsweise viele, bei hohen Kursen vergleichsweise

wenige Anteile erworben. Über Zeiträume von zehn und mehr Jahren gleichen sich dadurch hohe und tiefe Kurse weitgehend aus. Die Sparpläne werden von allen Banken und Sparkassen angeboten, auch die meisten Investmentgesellschaften bieten den monatlichen Kauf von Anteilen für die immer gleich bleibende Summe per Bankeinzug an.

Spargeld

Sparverträge wie Sparbücher, Tages- oder Festgeldkonten, Sparbriefe, Ratensparverträge oder Bausparverträge sind ebenso wie die Anlage in Wertpapiere eine äußerst sichere Anlageform. Mit ihnen kann auch der absolut risikoscheue Anleger Zinsen kassieren. **106**

Mit der Währungsunion haben sich allerdings bestimmte Zinssätze für Sparverträge geändert, es gibt keine Verzinsung mehr nach dem Diskont- und Fiborsatz. **107**

Die Zinssätze Diskont- und Fiborsatz werden durch neue Orientierungsmarken ersetzt. Als Ersatz für den Diskont gibt es – vorübergehend – den Basiszins der Europäischen Zentralbank, statt Fiborsatz wird nun nach dem Euribor verzinst. Der Euribor ist der Zins, den führende Banken im Euroland für kurzfristige Anlagen zahlen. Somit besteht Anpassungsbedarf für alle Sparverträge, die an diese Zinssätze gekoppelt sind.

Sparbuch

Für Banken und Sparkassen gibt es kein besseres Geschäft als das mit den Sparbüchern. Die Institute zahlen maximal bis zu drei Prozent, oft jedoch nur 1,5 Prozent, und verleihen das Geld gegen erhebliche Zuschläge als Kredit weiter. **108**

Auf dem Sparbuch sollten deshalb nur bis zu 2000 DM liegen. Die von den Banken und Sparkassen so oft angeführte »Notlage«, wegen der man dort mehr Geld parken soll, halten wir für ein Märchen, mit dem man sich gute Geschäfte sichern will. Überlegen Sie doch mal selbst: Wie oft haben Sie in der Vergangenheit von einer Stunde auf die andere 5000 DM gebraucht?

Anlagesparbücher

109 Diese Angebote werden als Anlage- oder Hochzinssparbücher empfohlen. Wer dort Beträge (zum Teil ab 2000, üblich ab 5000 DM) für längere Zeit (mindestens sechs Monate) parkt, wird denn auch tatsächlich mit deutlich höheren Zinsen als auf dem normalen Sparbuch belohnt. Aber: Auch diese Zinsen liegen noch um ein bis zwei Prozent unter denen für Festgeld oder Sparbriefe. Ein zweiter Nachteil: Ist die vereinbarte Anlagezeit abgelaufen, kann nicht der gesamte Betrag auf einen Schlag vom Sparbuch abgehoben werden – Sie müssen entweder rechtzeitig vorher kündigen oder Strafzinsen bezahlen. Von jeder Form von Sparbüchern kann daher nur abgeraten werden.

Sparpläne und -verträge

110 Hier werden während der vereinbarten Laufzeit von maximal fünfundzwanzig Jahren die monatlichen Einzahlungen gleich vom Konto abgebucht. Doch der Lohn für das regelmäßige Sparen ist mager: Die Rendite liegt zum Teil um mehr als drei Prozent unter der für absolut sichere Bundeswertpapiere.
Hinzu kommen weitere Fallstricke: Wer vorzeitig aus dem Vertrag aussteigen möchte, verliert die Prämien und muss sich mit den vergleichsweise niedrigen Zinsen begnügen, die oft nur knapp über dem Ertrag von Sparbüchern liegen. Und wenn das Geld vorzeitig ausgezahlt werden soll, ziehen manche Institute auch noch Straf- oder Vorschusszinsen ab.
Einige Kreditinstitute bieten zwar ebenfalls keine Superzinsen, aber immerhin kundenfreundliche Konditionen mit Verträgen, bei denen nicht erst zum Vertragsende ein ordentlicher Bonus

hinzukommt, sondern auf das Kapital jährlich eine zum Vertragsende hin immer weiter steigende Prämie gezahlt wird. Wer vor Ablauf der Höchstlaufzeit (fünfundzwanzig Jahre) aussteigen will, kann (mit dreimonatiger Frist) kündigen und Kapital, Zinsen sowie Prämien ohne Abzüge mitnehmen.

Gold

Die glorreichen Zeiten des Goldes als Krisenmetall scheinen vor- 111
bei. Zwar werden staatliche Goldreserven auch heute noch als Stütze der Währungen angesehen. So ganz hat das Gold seine Rolle als heimliches Weltzahlungsmittel tatsächlich noch nicht verloren. Für den privaten Anleger aber kann das Edelmetall schon lange nicht mehr als wertbeständige Anlage dienen. Am Weltmarkt gibt es seit geraumer Zeit keine Anzeichen mehr für einen kräftigen Preisanstieg. Im Gegenteil: Einige Notenbanken warten wohl nur auf steigende Preise, um Teile ihres Gesamtvorrats von 35 000 Tonnen (fünfzehnfache Weltjahresproduktion) abzustoßen – für Anleger ein großer Risikofaktor. Gold ist zum Spekulationsobjekt geworden, ohne jede Garantie für Wertbeständigkeit und mögliche Gewinne.
Wer sich dessen ungeachtet Gold am Bankschalter kaufen will, muss den Verkaufsaufschlag beachten: Um die Differenz zwischen Abgabe- und Rücknahmepreisen am Sparkassen- oder Bankschalter herauszuholen, müsste man einen Kursgewinn von mindestens vier bis zehn Prozent bei Goldbarren und Münzen erzielen, bei außer Kurs gesetzten Münzen sogar von zwanzig bis dreißig Prozent.

Festgeld (Termingeld)

Wer einen Mittelweg zwischen der Sicherheit einer Geldanlage 112
auf dem Sparbuch, einer schnellen Verfügbarkeit des angelegten Kapitals und halbwegs vernünftigen Zinsen sucht, sollte sich bei

verschiedenen Kreditinstituten nach den Möglichkeiten einer Festgeldanlage erkundigen. Die Mindestanlagezeit liegt bei einem Monat, als Mindestbetrag verlangen die meisten Institute 5000 bis 10 000 DM, als Zinsen gibt es bei sechsmonatigen Anlagen etwa den doppelten Satz des Sparbuchzinses. Mit dieser Anlage ist keinerlei Risiko verbunden – es sei denn, man legt sein Geld in ausländischer Währung an. Das ist zwar möglich – aber dann wird auch das Festgeldkonto zu einer Spekulation mit Verlustrisiko.

TIPP:

113 **Festgeld immer gleich kündigen**

Über das Festgeld kann während der Anlagezeit nicht verfügt werden. Wer sein Kapital so angelegt hat und kurzfristig Geld benötigt, kann das Konto allenfalls beleihen. Deshalb ist es wichtig, bei der Anlage ausdrücklich eine Kündigung des Festgeldes zum Ablauf der Anlagezeit zu verfügen – Kapital und Zinsen werden dann aufs Girokonto überwiesen. Wird die Kündigung versäumt, kann das Geld (entsprechend den Geschäftsbedingungen des Instituts) auch ohne ausdrückliche Anweisung für den gleichen Zeitraum noch einmal angelegt werden.

114 Unwahr sind manche Behauptungen über den Zinssatz für Festgeld. Die Annahme beispielsweise, er richte sich nach dem Zinssatz für aktuelle Sparbriefe, ist falsch. Sparbriefe werden nämlich mit langen Laufzeiten ausgegeben. Bei niedrigen aktuellen Zinsen (z. B. für Festgelder) ist ihre Verzinsung aber höher, da während der Laufzeit wieder mit Zinssteigerungen zu rechnen ist.

115 Falsch ist auch die vorherrschende Meinung, für längere Fest-

geldanlagen (sechs Monate bis ein Jahr) ließen sich generell bessere Konditionen herausholen. Das hängt einzig von der augenblicklichen Zinsphantasie ab. Ist mit steigenden Zinsen zu rechnen, stimmt die Aussage. Dann wird für sechs Monate mehr gezahlt als für drei. Ist eine Zinssenkung zu erwarten, können die Sätze für sechs Monate jedoch auch schon mal um 0,25 bis 0,5 Prozentpunkte unter denen für dreimonatige Anlagen liegen.

Wer meint, er wäre mit den von seinem Geldinstitut genannten **116**
Zinsen nicht gut bedient, der sollte einfach mal den Wettbewerb ankurbeln und den Wechsel zu einem anderen Institut ankündigen. Meist genügt das schon, um 0,25 bis 0,5 Prozentpunkte mehr zu bekommen. Die Erfahrung hat die Institute gelehrt, dass man Stammkunden über schlechte Festgeldkonditionen besonders leicht verliert.

Festgeldzinsen richtig berechnen

Alle von uns und auch von den Instituten genannten Zinssätze **117**
sind immer Zinsen p. a. – also Zinsen pro Jahr. Wer 10 000 DM für drei Monate zu einem Satz von z. B. sechs Prozent anlegt, bekommt deshalb nicht 600 DM als Ertrag überwiesen, sondern nur den Anteil für ein Vierteljahr – also bei diesem Beispiel nur etwa 150 DM.

Welche Laufzeit man für Festgeldanlagen eingehen sollte, hängt von der schon beschriebenen Zinsphantasie und den zu erwartenden Veränderungen am Geldmarkt ab. Generell lässt sich aber sagen, dass längere Bindungen als zwölf Monate kaum von Vorteil sind. Da lassen sich dann mit festverzinslichen Wertpapieren höhere Zinsen herausholen.

Ausländische Währungen

Die Anlage in ausländische Währungen ist eine Sache für Speku- **118**
lanten, denn hier ist das Risiko sehr hoch. Es gleicht einem unsi-

cheren Glücksspiel, wenn man heute sagen will, wie beispielsweise der Dollar in einem halben Jahr steht. Wird der Euro stabil, ist eher mit einer Abwertung des Dollars zu rechnen, bei einem weichen Euro wird der Dollarkurs höher liegen. Wer heute Dollar kauft oder mit Optionsscheinen auf fallende oder steigende Dollarkurse wettet, muss die mögliche Entwicklung des Euro mit einplanen.

Immobilien

119 Als sicherste Anlage überhaupt können Immobilien angesehen werden. Denn die Erträge aus dem Wertzuwachs sind – außerhalb der Spekulationsfrist von nunmehr zehn Jahren – steuerfrei, und im Gegensatz zu allen anderen Anlagen sind keine Inflationsverluste zu befürchten. Außerdem werden Käufer und Bauherren vom Staat mit Steuervorteilen belohnt.

Warentermingeschäfte

120 Spekulieren lässt sich nicht nur mit dem Wert von Unternehmensbeteiligungen oder auf sinkende bzw. steigende Zinsen. Auch die Preise für Getreide, Genussmittel, Öle, Fette, Tierprodukte, Fasern, Kautschuk und Energieträger eignen sich für finanzielle Pokerspiele. An speziellen Rohstoff- oder Warenbörsen (z. B. in Paris, Chicago, New York oder London) werden die Kurse von Weizen und Mais, Kaffee und Kakao, Sojaöl und Schweineschmalz, Baumwolle und Pfeffer, Kartoffeln und Bauholz, Propangas und Benzin ebenso notiert wie an der Frankfurter Wertpapierbörse die Aktienpreise von VW, Deutsche Bank oder Siemens. Wer sich an Warentermingeschäften beteiligt, schließt Wetten auf steigende oder fallende Kurse ab, denn er verpflichtet sich, zu einem bestimmten Datum eine bestimmte Menge der Ware zu einem vorher festgelegten Preis zu erwerben. Das kann ein Bombengeschäft sein, wenn der zu bezahlende

Preis weit unter dem Marktwert liegt. Die Spekulation kann aber auch zum finanziellen Fiasko werden.
Die Tücken solcher Geschäfte liegen aber nicht nur in der Spekulation, sondern auch in der Abwicklung. Viele deutsche Geldanleger wurden schon von unseriösen Maklern mit Warentermingeschäften übers Ohr gehauen, durch abgerechnete und gar nicht ausgeführte Geschäfte ebenso wie durch überzogene Provisionen. Weil es sichere Warentermingeschäfte überhaupt nicht gibt und der Markt auch im Vergleich zu anderen Spekulationsgeschäften am unübersichtlichsten ist, muss sicherheitsbewussten Anlegern dringend abgeraten werden.

Rendite berechnen und Gewinne vergleichen

Für den Anleger ist die Höhe der Rendite, also die jährliche Ef- 121
fektivverzinsung des eingesetzten Kapitals, ein wichtiges Kriterium.
Doch die Rendite ist nicht immer auf den ersten Blick zu durchschauen. Wer sein Geld beispielsweise auf einem Sparbuch anlegt, kann seine Rendite relativ schnell erkennen: Der Guthabenzins, den das Institut zahlt, ist zugleich die Rendite. Ganz anders verhält es sich jedoch bei Wertpapieren: Denn da spiegeln die Dividende (bei Aktien) oder der Zins (z. B. bei festverzinslichen Wertpapieren) nicht die Rendite wider – weil sie sich lediglich auf den Nennwert des jeweiligen Papiers beziehen. Der Kurswert, den Sie bezahlt haben und der den Wert Ihrer Anlage ausdrückt, wird nicht berücksichtigt.
Folgendes Beispiel macht das deutlich: Angenommen, bei einer Aktie mit einem Nennwert von 50 DM und einem Börsenkurs von 200 DM beträgt die Bardividende 8 DM, und es gibt eine Steuergutschrift von 4,50 DM. Dann beträgt die Bruttodivi-

dende 12,50 DM – bezogen auf den Börsenkurs der Aktie ergibt sich eine Rendite von 6,25 Prozent.

Die Dividendenrendite

122 Um einen direkten Vergleich zwischen Dividendenzahlungen verschiedener Aktien zu ziehen, setzt man die Dividende ins Verhältnis zum aktuellen Kurs. Die ermittelte Dividendenrendite liefert einen wichtigen Anhaltspunkt, wie sich das angelegte Kapital verzinst. Die Berechnung ist einfach:

123

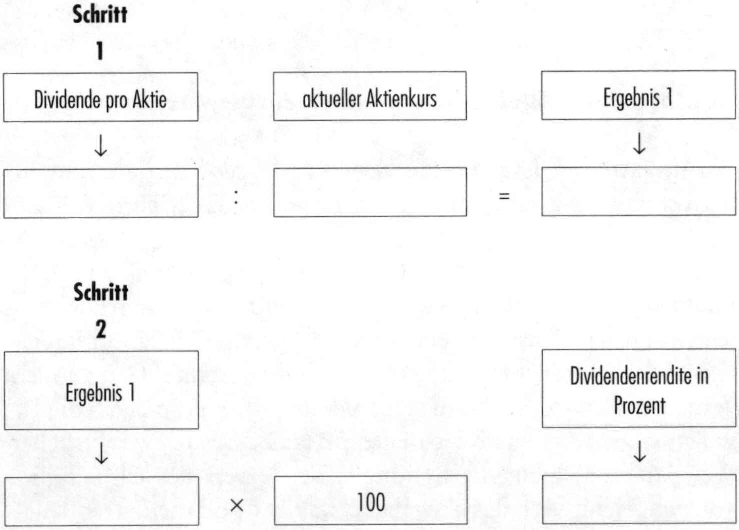

So vergleichen Sie verschiedene Wertpapiere miteinander

124 Für welche Art von (Einmal-)Anlage Sie sich auch entscheiden oder bereits entschieden haben – das folgende Rechenmuster hilft Ihnen, die erzielte Rendite zu ermitteln. Nur sie bietet einen

Vergleichsmaßstab für die Ertragskraft verschiedener Anlageformen. Wichtig wird dies, wenn Sie sich z. B. zwischen festverzinslichen Wertpapieren oder Aktien entscheiden wollen. Nettorendite bedeutet in diesem Fall, dass eventuelle steuerliche Abzüge noch nicht berücksichtigt werden.

Schritt 1 125

Verkaufskurs der Anlage		Kaufkurs der Anlage		Kursgewinn
↓		↓		↓
	–		=	

Schritt 2

Kursgewinn		Erträge der Haltezeit		Ergebnis 1
↓		↓		↓
	+		=	

Schritt 3

Ergebnis 1		übrige Aufwendungen		Ergebnis 2
↓		↓		↓
	–		=	

Schritt 4

Kaufpreis der Anlage		Kosten beim Kauf der Anlage		eingesetztes Kapital
↓		↓		↓
	+		=	

Schritt 5

Ergebnis 2		eingesetztes Kapital		Ergebnis 3
↓		↓		↓
	:		=	

Schritt 6

		Haltezeit in Tagen		Ergebnis 4
		↓		↓
365	:		=	

Schritt 7

Ergebnis 4		Ergebnis 3		Ergebnis 5
↓		↓		↓
	×		=	

Schritt
8

Ergebnis 5				jährliche Nettorendite in Prozent
↓				↓
	×	100	=	

So wird die Rendite bei Anleihen berechnet

Die Rendite von festverzinslichen Wertpapieren steht in enger Verbindung mit dem Barwert. Diese Größe gibt Auskunft über den gegenwärtigen Wert künftiger Zahlungen, die aus dem Inhaberrecht der Anleihe erwachsen. Die Rendite ist nichts anderes als der Zinssatz, mit dem diese zukünftigen Zahlungen abgezinst (diskontiert) werden müssen, um einen Barwert zu erhalten, der dem aktuellen Anleihekurs gleichkommt. Die exakte Berechnung ist ziemlich komplex und mit einem normalen Taschenrechner nicht zu bewerkstelligen. Wir greifen im folgenden Rechenmuster auf eine gebräuchliche Formel zurück, die durchaus zuverlässige Ergebnisse liefert. **126**

Schritt **127**
1

Nennwert der Anleihe		aktueller Kaufpreis		Ergebnis 1
↓		↓		↓
	–		=	

Schritt 2

Ergebnis 1		Laufzeit bzw. Restlaufzeit in Jahren		Ergebnis 2
↓		↓		↓
	:		=	

Schritt 3

Ergebnis 2		Nominalzins der Anleihe		Ergebnis 3
↓		↓		↓
	+		=	

Schritt 4

Börsenkurs		Stückzinsen in DM		Ergebnis 4
↓		↓		↓
	+		=	

Schritt 5

Ergebnis 3		Ergebnis 4		Ergebnis 5
↓		↓		↓
	:		=	

Schritt 6

Ergebnis 5				Rendite in Prozent
↓				↓
	×	100	=	

TIPP:

Denken Sie beim Kauf von Anleihen an die Stückzinsen 128
Da der Käufer einer Anleihe beim nächsten Kupontermin die volle Auszahlung erhält, muss er die inzwischen aufgelaufenen Zinsen, das heißt die Zinsen für die Zeit zwischen letztem Auszahlungstermin und Kauftag, an den Verkäufer zurückzahlen.

So werden Stückzinsen berechnet 129

Schritt 1

Nennwert der Anleihe		Zinstage (Zeitraum zwischen letztem Kupontermin und Verkaufstag)		Ergebnis 1
↓		↓		↓
	×		=	

Schritt 2

Ergebnis 1		Nominalzins		Ergebnis 2
↓		↓		↓
	×		=	

Schritt 3

Ergebnis 2				Stückzinsen in DM
↓				↓
	:	36 000	=	

Weitere wichtige Gewinnfaktoren

130 Der Gewinn des Aktionärs besteht nicht allein aus der Rendite. Auch andere Faktoren spielen eine Rolle. Dazu gehören vor allem

- Kursgewinne,
- Dividenden und
- Bezugsrechte, also die Möglichkeit, an der Ausgabe z. B. von Gratis- oder Berichtigungsaktien zu verdienen.

Kursgewinne

131 Vor allem die Kursgewinne spielen dabei eine entscheidende Rolle. Mancher Aktionär setzt sogar ganz auf die erhofften Kurs-

steigerungen und nimmt die weiteren Erträge aus Dividendenzahlungen oder dem Verkauf von Bezugsrechten eher als kleines Zubrot.
Aktienkurse schwanken, einzelne Werte verzeichnen manchmal innerhalb weniger Tage zweistellige Kursgewinne, während es mit anderen Kursen innerhalb der gleichen Zeit mit zweistelligen Prozentzahlen in den Keller geht. Langfristig betrachtet aber zeigt die Kurslinie immer nach oben.

TIPP:

Langfristig sind Kursgewinne immer möglich 132
Theoretisch ist es machbar, sein Geld ohne Verluste an der Börse einzusetzen, ja sogar Gewinne zu machen. Man müsste nur nach Kursverlusten so lange warten, bis sich die Verluste durch spätere Gewinne wieder ausgeglichen haben. Dies ist in der Vergangenheit immer passiert – aber meistens bringen Anleger die entsprechende Geduld nicht auf.

Angenommen, Sie haben Aktien gekauft und diese Aktien voll- 133
ziehen immer exakt die Bewegungen des DAX nach. Nun erleben Sie einen Börsencrash, der DAX und Ihr Kurs brechen ein – dann wäre ein Verkauf das Verkehrteste der Welt. Denn ein Blick auf die DAX-Jahresendstände der Vergangenheit zeigt Ihnen, wie lange Sie schlimmstenfalls hätten warten müssen, um die erlittenen Verluste durch Gewinne wieder wettzumachen. So stellt auch ein deutlicher Kurseinbruch für den Anleger noch keinen Verlust dar. Der Verlust tritt erst ein, wenn er realisiert wird, also die Aktien zu Kursen unterhalb des Kaufkurses verkauft werden.

TIPP:

134 **Investieren Sie nur Geld, das Sie »übrig« haben**

Eine wichtige Grundregel im Aktiengeschäft lautet: Nur solches Geld in Aktien investieren, auf das man langfristig nicht, auf gar keinen Fall aber zu einem bestimmten Zeitpunkt angewiesen ist.

135 Nach einem deutlichen Kurseinbruch an der Börse bieten sich für den Anleger immer neue Chancen kräftiger Kursgewinne. Doch zunächst muss die Situation des Börsencrash durchgestanden werden, und das schafft nicht jeder.

TIPP:

136 **Die Ursachen des Kursverfalls müssen geprüft werden**

Man sollte wissen, ob es sich um eine allgemeine Börsenschlappe handelt oder ob nur der Kurs eines einzelnen Wertes fällt, losgelöst vom allgemeinen Börsentrend.

137 Vor allem die beiden folgenden Punkte müssen geklärt werden:

1. Liegt eine Unternehmenskrise vor, die langfristig die Ertragskraft gefährdet?
   - Eine solche Situation kann z. B. durch fehlerhaftes Management ausgelöst werden. In diesem Fall sollte der Zukauf gut überlegt werden, der Anleger muss viel Mut zum Risiko aufbringen.
2. Oder handelt es sich nur um eine Schreckreaktion von Anlegern auf eine negative Nachricht, die aber zumindest mittelfristig nichts an den guten Erwartungen bezüglich der Ertragskraft ändert?

◊ Hier kann sich die aktive Strategie des Nachkaufens weiterer Papiere auszahlen.

TIPP:

Keine heiße Spekulation für Aktieneinsteiger 138

Die Regel, dass man schlechtem (verlorenem) Geld nicht noch gutes hinterherwerfen will, gilt für vorsichtige Kaufleute – und auch für den Aktieneinsteiger mit Normaleinkommen. Das Pokerspiel mit Werten eines zusammengebrochenen oder zusammenbrechenden Unternehmens ist heißeste Spekulation – das Risiko eines Totalverlustes besteht immer.

Die Dividendenstrategie

Neben den zu erwartenden Kursgewinnen lohnt sich für den Anleger auch ein genauer Blick auf die Verzinsung der Dividende. Denn allein der Ertrag aus der Dividendenrendite kann ansehnlich sein. 139

TIPP:

Sichere Rendite mit sogenannten Sparbuchaktien 140

Es gibt Aktien, die überdurchschnittlich hohe Dividendenerträge von nicht selten über vier, manchmal auch über fünf Prozent bieten. Deshalb werden diese Papiere gelegentlich auch als Sparbuchaktien bezeichnet.

In vielen Fällen handelt es sich dabei um die Aktien von Unternehmen, die in relativ stabilen, konjunkturunabhängigen oder klar aufgeteilten Märkten ihre Geschäfte machen. Dazu gehören

Energieversorgungsunternehmen, aber auch Werte wie die Deutsche Telekom.

EXTRA-TIPP:

141 **Der Anleger sollte bei der Dividendenstrategie seinen Sparerfreibetrag noch nicht ausgeschöpft haben**

142 Zusammen mit den oft stattlichen Gutschriften der Körperschaftsteuer stellen solche Sparbuchaktien eine sehr interessante und lohnende Alternative zu festverzinslichen Wertpapieren dar.

TIPP:

143 **Achten Sie bei der Dividendenstrategie auf die Höhe der Körperschaftsteuer-Gutschrift**

Diese beträgt nämlich nur dann drei Siebtel, wenn das Unternehmen seine Gewinne ausschließlich im Inland versteuert. Werden Erträge im Ausland versteuert, gibt es dafür keine Steuergutschrift.

Bezugsrechte

144 Außer bei Gratis- und Berichtigungsaktien (siehe dazu unsere Erklärungen im »Börsen-ABC« auf Seite 316) wird dem Teilhaber einer Aktiengesellschaft als Altaktionär bei jeder Kapitalerhöhung die Möglichkeit eingeräumt, ein Vorkaufsrecht auf die jungen Aktien auszuüben. Die Bezugsrechte richten sich nach dem Aktienanteil des jeweiligen Anlegers. Er kann sie ausüben oder verkaufen. Der Wert eines Bezugsrechts kann tagesaktuell z. B. bei der Bank erfragt werden, er wird aber auch von Wirtschaftsredaktionen im Umfeld der Börsenkurse veröffentlicht.

TIPP:

Bei Bezugsrechten situationsgerecht entscheiden

Ob ein Bezugsrecht verkauft werden oder ausgeübt werden soll, kann der Anleger nur vom Einzelfall abhängig machen. Eine Faustregel gibt es nicht. 145

Bevor sich der Anleger für die Ausübung oder den Verkauf seiner Bezugsrechte entscheidet, sollte er sich zunächst ein Bild von den genauen Umständen der Kapitalaufstockung machen. 146

TIPPS:

Wann Sie das Bezugsrecht ausüben sollten

Bezugsrecht ausüben bei Kapitalerhöhung

Findet eine Kapitalerhöhung statt, weil das Unternehmen in interessante Zukunftsmärkte investieren und mit dem frischen Geld seine Ertragsmöglichkeiten verbessern will, sollte das Bezugsrecht ausgeübt werden.

Bezugsrecht verkaufen bei Kapitalbedarf

Besteht Kapitalbedarf wegen einer wirtschaftlichen Schieflage des Unternehmens, kann ein Verkauf der Bezugsrechte sinnvoll sein.

Wie bei jedem Aktienkauf kommt es also auch hier darauf an, die Zukunft des Unternehmens einzuschätzen. Wer da ein positives Ergebnis erzielt, erreicht mit dem Verkauf des Bezugsrechts meistens einen schlechten Schnitt.

TIPP:

147 **Wollen Sie Bezugsrechte verkaufen, sollten Sie sich damit immer beeilen**
Steht für Sie fest, dass Bezugsrechte nicht ausgeübt werden sollen, ist ein schneller Verkauf unbedingt ratsam. Der Wert der Bezugsrechte sinkt zum Ende des Bezugszeitraums regelmäßig rapide, weil dann große Mengen noch nicht ausgeübter Bezugsrechte auf den Markt kommen – und das drückt die Preise.

Zwar sinkt der Aktienkurs nach der Kapitalerhöhung meistens, weil der Wert des Bezugsrechts vom Kurs abgezogen wird. Aber bei positiven Unternehmensaussichten erreichen die Kurse oft innerhalb kurzer Zeit wieder ihre vorherige Höhe. Auch an der Dividende ändert sich selten etwas. Das bedeutet aber, dass sich der Kapitaleinsatz pro Aktie verringert und sich für den Anleger eine höhere Dividendenrendite ergibt.

KAPITEL 3

Börsenpraxis – Tipps für jeden Aktionär

Wann ein Börsenkurs bis wohin steigt und wann er fällt, das kön- 148
nen auch die bestbezahlten Experten nie mit Sicherheit vorhersagen. Es ist zwar bekannt, welche Faktoren sich auf Kurse auswirken – aber ob sie es wirklich und in welcher Stärke sie es tun, das lässt sich vorher kaum abschätzen. Doch viele Anleger haben ihre kleinen Börsenweisheiten und verfolgen Strategien, um ihre Chancen zu nutzen und Risiken zu mindern. In diesem Kapitel wollen wir Ihnen einige Praxistipps zum Börsengeschehen geben.

Das Regelwerk für jeden Aktionär

Regel 1: Ohne Risiko läuft nichts 149

Alles hängt vom Zeitpunkt des Kaufs und Verkaufs ab – und dazu gehört auch ein bisschen Glück. Berechnen lassen sich Entwicklungen nicht. Lassen Sie sich weder von irgendwelchen »Beratern« noch von speziellen Informationsdiensten weismachen, sie könnten Ihnen innerhalb einer kurzen Zeitspanne garantiert zu Gewinnen verhelfen. Wer wirklich über sichere Tipps verfügt, wird sie kaum verraten, sondern selbst nutzen.

Regel 2: Börsengesetze ausnutzen 150

Es gibt bestimmte Regeln, nach denen sich die Kurse bisher immer bewegt haben und die aller Wahrscheinlichkeit nach auch künftig ihre Gültigkeit behalten. Ein typischer Zusammenhang, den Sie ausnutzen können, lautet: Wenn Zinsen sinken, lohnt sich das Sparen nicht mehr. Alle kaufen Aktien, und die Kurse steigen. Steigen dagegen die Zinsen, dann bringen Festverzinsliche sichere Gewinne – und viele Anleger verkaufen ihre Aktien. Folglich sinken die Kurse.

151 Regel 3: Wirtschaft beobachten

Ein hoher Dollarkurs als weltweite Leitwährung bedeutet bessere Marktchancen und Gewinne für deutsche Exportunternehmen (z. B. Fahrzeughersteller, Maschinenbauer). Alles, was in Mark abgerechnet wird, ist dann durch die Wechselkursverschiebungen preiswerter.
Auch andere Wirtschaftsnachrichten lassen Rückschlüsse auf Aktienbewegungen zu: Der Personalabbau bei deutschen Chemiefirmen z. B. versprach für 1996 schon frühzeitig höhere Gewinne – und tatsächlich stiegen die Kurse in diesem Bereich, deutlich stärker als im Durchschnitt, um über achtzig Prozent an.

152 Regel 4: Anlagen streuen

Kaufen Sie nur dann Aktien, wenn Sie außerdem noch über sichere Geldanlagen (Festzinspapiere) verfügen. Es wäre unverantwortlich, sein gesamtes Geld auf Aktien zu setzen oder sogar ohne Geld und nur auf Kredit zu spekulieren (was Banken gern finanzieren). Setzen Sie außerdem nie Geld ein, über das Sie zu einem bestimmten Zeitpunkt verfügen müssen, denn das Risiko von Kursverlusten ist unvermeidlich. Sie können jedoch das Risiko verringern, die Verluste zum ungünstigen Zeitpunkt realisieren zu müssen.

153 Regel 5: Risiko verteilen

Kaufen Sie nicht nur Aktien einer einzigen Firma, sondern setzen Sie auf mindestens drei. Wenn Sie Ihre Auswahl anhand von Wirtschaftsnachrichten oder speziellen Empfehlungen für Anleger treffen, schauen Sie zuvor noch einmal auf die jeweiligen Börsenkurse der letzten Wochen. So lässt sich erkennen, ob ein kurzfristiger Anstieg, auf den Sie setzen wollten, eventuell schon stattgefunden oder seinen Höhepunkt sogar bereits überschritten hat.

Regel 6: Nicht durch große Namen blenden lassen 154

Konzerne, deren Aktien zu den Standardwerten gehören, hinken oft weit hinter der jeweiligen Branche her. Beispiele: Der Kurs der Deutschen Bank entwickelte sich bis Frühjahr 1997 deutlich schlechter als der anderer Bankaktien, Siemens stand schlechter als andere Technologiewerte, und der Daimler-Kurs brach (als Fehler vom vorzeitig abgelösten Exvorstand Reuter bekannt wurden) mitten im Aktienboom weg.

Regel 7: Nicht hektisch spekulieren 155

Begehen Sie nicht den Fehler, kleine Aktienmengen häufig zu handeln. Jeder Aktienkauf und -verkauf kostet Gebühren, und viele Geldinstitute verlangen einen Mindestsatz von 50 DM. Das bedeutet bei einem Aktienpaket im Wert von 1000 DM, dass der Kurs um mindestens zehn Prozent steigen müsste, damit Kauf- und Verkaufskosten gedeckt sind.

Regel 8: Gebühren senken 156

Telefonbanken bieten viele Wertpapiergeschäfte zu niedrigeren Gebühren an. Oft beträgt die Ersparnis für den Anleger sogar zwei Drittel der bei Geschäftsbanken und Sparkassen üblichen Margen.

Regel 9: Eventuell Investmentfonds statt Direktanlagen wählen 157

Investmentfonds taugen zwar kaum zum Spekulieren, weil durch die Ausgabeaufschläge immer schon ein erheblicher Teil des Wertgewinns aufgezehrt wird. Als Faustregel für die persönliche Planung kann man davon ausgehen, dass ein Verkauf erst nach fünf Jahren angepeilt werden sollte. Aber die Fonds sind schon für wenig Geld zu haben, sie können auch durch Sparpläne (ab 50 DM monatlich) erworben werden. Damit bieten sie eine ideale Börsenchance für Normalverdiener und für den Vermögensaufbau.

158 Regel 10: Erfahrungen sammeln

Erkundigen Sie sich bei Banken nach Börsenklubs – da wird gemeinsam spekuliert, Experten halten Vorträge und geben Tipps. Außerdem lässt sich praktisch ohne eigenen Einsatz Börsenluft schnuppern. Machen Sie sich auf diese Weise fit für eigene Engagements.

Was ist beim Kauf von Neuemissionen zu beachten?

159 Neuemissionen waren in den Jahren 1998/1999 so gefragt wie nie zuvor, Banken erlebten einen wahren Ansturm bei der Ausgabe von Anteilscheinen neuer Aktien. Bevorzugt wurden Aktien, die dem Neuen Markt (mehr zum Neuen Markt siehe Kapitel 11) an der Frankfurter Börse zugeordnet werden. Dreistellige Kursgewinne sorgten hier zeitweise für ein besonders aufgeheiztes Börsenklima. Doch gerade in einer solchen Situation ist es umso wichtiger, dass der Anleger einen kühlen Kopf bewahrt. Beachten Sie folgende Tipps, damit der Kauf von Neuemissionen nicht in einem Desaster endet:

TIPPS:

160 Regeln für den Kauf von Neuemissionen

1. Kaufen Sie niemals blind. Informieren Sie sich vor der Zeichnung über den Börsenneuling. In welcher Branche ist das Unterneh-

men aktiv? Warum geht es an die Börse? Beachten Sie, dass der Emissionserlös im positiven Fall nur dem Unternehmen zur Verfügung steht. Erhalten jedoch die Altaktionäre alles oder dient der Erlös nur dem Schuldenabbau, dann ist größte Vorsicht geboten. Skepsis ist auch dann angebracht, wenn die Rechtsform des Unternehmens keine AG ist.

2. In welchem Börsensegment wird die Zeichnung erfolgen? Dies ist eine wichtige Frage, denn zwischen dem Freiverkehr, dem geregelten Markt, dem amtlichen Handel und dem Neuen Markt bestehen große Unterschiede, die beachtet werden sollten.
3. Arbeiten Sie immer mit einem Kurslimit. Das gilt besonders dann, wenn Sie bei der Erstzeichnung keine Aktien erhalten haben, sondern beim ersten Kurs Aktien erwerben. Steigt der Kurs jedoch sofort nach der Neuemission explosionsartig, dann lassen Sie die Finger davon! Laufen Sie dem Kurs nicht hinterher, und kaufen Sie nur kleinere Posten nach – bis zu Ihrem festgelegten Kurslimit.
4. Achten Sie auf die Konditionen der Emission. Wie verhält sich z. B. der Kursgewinn zum Ausgabekurs? Wird der Börsenneuling eine Dividende zahlen?
5. Während der Zeichnungsfrist besteht bis zum letzten Tag die Möglichkeit, vom Kaufauftrag zurückzutreten oder ihn zu ändern. Wenn Sie als Anleger also unsicher werden und nicht wissen, ob Ihre Order die richtige Entscheidung war, halten Sie sich so lange eine Hintertür offen. Abgesehen von der eigenen Unsicherheit gibt es auch die Fälle, in denen sich Unternehmen die Möglichkeit einräumen lassen, während einer Preisbestimmungsperiode den Kurs höher zu setzen. Das wäre beispielsweise ein gegebener Grund, den Kaufauftrag zu stornieren.

Der Vorteil von Neuemissionen hängt von dem Ausgabepreis ab, **161**
zu dem Sie die Papiere erhalten. Aber auch die Nachteile liegen

auf der Hand: Die Geschäftstüchtigkeit der Gesellschaft und ihr Geschick am Markt können bei einer Neuemission nur eingeschränkt beurteilt werden. Das Risiko kann somit größer sein als bei alteingeführten Gesellschaften. Auch auf die Aussagen der an der Emission beteiligten Banken (Ausgabe, Markteinführung) ist nicht hundertprozentig Verlass, denn schließlich verdienen sie an der Börseneinführung.

TIPP:

162 **Informieren Sie sich über Emissionsbedingungen**
Die Emissionsbedingungen (z. B. Kursobergrenze, Verlängerungsklausel) sind ein wichtiges Kriterium. Entscheiden Sie sich für Emissionen mit geringen Spannen zwischen An- und Verkaufskurs. Faustregel: Bei DAX-Papieren sollte sie nicht größer sein als ein Prozent, bei Exoten darf sie bis zu fünf Prozent betragen.

Die Hauptversammlung

163 Bei der jährlich stattfindenden Hauptversammlung haben die Aktionäre die Möglichkeit, sich durch ein in der Aktie verbrieftes Stimmrecht an wichtigen Entscheidungen der Aktiengesellschaft zu beteiligen. Dazu zählen Entscheidungen wie etwa über die Gewinnverwendung oder die Arbeit des Vorstandes und des Aufsichtsrats.

Wer bis spätestens zwei Wochen vor der Hauptversammlung mindestens eine Aktie des Unternehmens erworben hat, kann an der Hauptversammlung teilnehmen.

TIPP:

Der Teilnahmewunsch muss extra mitgeteilt werden 164

Der Aktienkauf allein berechtigt nicht zum Einlass in die Hauptversammlung. Der Inhaber des Papiers muss seine Depotbank am besten schriftlich darüber informieren, dass er an der Hauptversammlung teilnehmen möchte. Die Bank sendet ihm dann die Einladung, eine Tagesordnung sowie die Stimmkarte zu.

Über den Termin der Hauptversammlung wird der Aktionär rechtzeitig und automatisch informiert.
Eine aktive Teilnahme ist bei keiner Hauptversammlung Bedingung. Es hängt vom Aktionär ab, ob er sich nur informieren oder unterhalten lassen möchte, ob ihn allein das Büfett reizt, oder ob er aktiv dabei sein und Fragen geklärt wissen will.

TIPP:

Wissen, worüber gesprochen wird 165

Wenn Sie *aktiv* an der Hauptversammlung teilnehmen möchten, ist es sinnvoll, vorher den ausführlichen Geschäftsbericht anzufordern und sorgfältig zu studieren.

Wer nicht persönlich teilnehmen kann oder will, hat die Möglichkeit, andere Personen oder Institutionen mit der Stimmabgabe zu beauftragen.

TIPP:

166 **Schicken Sie einen Stellvertreter zur Hauptversammlung**

Häufig wird die Depotbank, also die Bank, die die Wertpapiere verwahrt, mit der Vertretung betraut. Der Aktionär muss ihr lediglich rechtzeitig vor der Hauptversammlung mitteilen, wie sie bei den einzelnen Tagesordnungspunkten für ihn abstimmen soll. Der Aktionär kann seine Rechte aber auch durch die Aktionärsschützer der DSW oder die Schutzgemeinschaft der Kleinaktionäre (SdK) vertreten lassen. Darüber hinaus besteht die Möglichkeit, einen Freund zu bevollmächtigen, der stellvertretend für den Aktionär an der Hauptversammlung teilnimmt.

Zum Schluss noch ein Steuertipp: Egal, ob die Hauptversammlung in New York oder in Frankfurt stattfindet: An- und Abreisekosten zur Hauptversammlung können als Werbungskosten von der Steuer abgesetzt werden.
Über die Termine und Inhalte der Hauptversammlungen können sich Anleger auch im Internet informieren.
Unter http://www.hauptversammlung.de finden Sie Wissenswertes zu den meisten anstehenden Hauptversammlungen.

Was die Aktienkurse schwanken lässt

167 Über den Aktienkurs eines einzelnen Unternehmens entscheidet in erster Linie die aktuelle Ertragslage der Gesellschaft. Die wird zum einen durch die jeweilige Auftragslage bestimmt. Wer heute schon im Gespür hat, dass ein bestimmtes Unternehmen morgen einen Großauftrag an Land ziehen kann, darf mit steigenden Aktienkursen rechnen.

Die Ertragslage wird aber – und zwar nicht nur für ein einzelnes Unternehmen, sondern meist für ganze Branchen – zum anderen wesentlich durch Auseinandersetzungen zwischen Tarifpartnern bestimmt, die zu einer verbesserten oder schlechteren Kostensituation bei den jeweils betroffenen Unternehmen führen können.

Nicht mehr nur auf einzelne Branchen, sondern auf den gesamten Aktienmarkt wirken sich internationale Streitigkeiten (wie etwa der Golfkrieg) aus, denn je nach Gegenstand der Auseinandersetzungen und den Beteiligten können derartige Auseinandersetzungen z. B. zu Rohstoffknappheit führen. Die Folge wären veränderte Ertragssituationen für eine Vielzahl von Branchen. **168**

Auf den Gesamtmarkt wirken sich noch weitere Faktoren aus, vor allem **169**

- politische Entscheidungen, die z. B. neue Steuerbelastungen für Unternehmen vorsehen,
- das Konsumklima in der Bevölkerung, von dem eine Vielzahl Unternehmen (z. B. Kaufhäuser, Fahrzeug-, Möbelhersteller usw.) abhängig sind, zumal bei schlechtem Konsumklima oft geldpolitische Maßnahmen ergriffen werden; dies führt dann meist zu
- Veränderungen bei den Geldmarktkonditionen, also zu sinkenden Zinsen zur Konsumbelebung oder steigenden Zinsen zur Inflationsdämmung.

Das alles kann nun die Kurse beeinflussen – aber warum steigt oder fällt ein einzelner Wert überhaupt, und wie lange steigt oder fällt er? Das ist leicht erklärt. An der Börse ist das Verhältnis zwischen dem Angebot an Aktien und der Nachfrage praktisch nie ausgeglichen. **170**

Der Kurs einer Aktie steigt deshalb so lange an, bis bei den bisherigen Aktienbesitzern eine Abgabebereitschaft einsetzt. Im Klartext: Sie wollen Kasse machen und verkaufen. Gleichzeitig löst diese Kurssteigerung aber eventuell weitere Nachfrage aus, und schon ist ein Trend geboren. Andere Kaufwillige setzen auf diesen Trend, wollen ebenfalls kaufen und treiben die Spirale weiter in die Höhe. Und ebenso fallen Börsenkurse nach unten. Anleger wollen – aus welchen Gründen auch immer – verkaufen, und der Kurs sinkt so lange, bis sich ein Käufer findet. Für den aufmerksamen Börsenbeobachter und Anleger sind deshalb Angaben zur Angebots- und Nachfragesituation wie »Geld« bzw. »bezahlt Geld« oder »Brief« bzw. »bezahlt Brief« wichtige Hinweise zur jeweiligen Nachfragesituation. Eine Übersicht dazu finden Sie im Abschnitt über Finanznachrichten.

171 Manchmal ist es schon komisch, worin Börsianer Indizien für Kursveränderungen sehen. So setzen sie steigende oder fallende Kurse spaßeshalber ins Verhältnis zu Ereignissen oder Beobachtungen, die gar nichts mit der Wirtschaft zu tun haben. Aus der Rocklänge z. B. wollen manche Aktienhändler ablesen, ob der Kurstrend nach oben oder unten geht – nur ist bisher umstritten, was besser für die Aktionäre ist, lange oder kurze Röcke.

Das Fachmagazin *Finanzen* hat einige weitere, ähnlich kuriose Indikatoren zusammengestellt:

Der Neujahrsindikator

172 folgt der Regel, dass sich die Kurse das ganze Jahr über in dieselbe Richtung bewegen wie der Trend im Januar. Klingt weit hergeholt – aber in 44 Jahren traf diese Prognose immerhin 34-mal zu. Das ist für Börsianer schon eine sehr gute Trefferquote.

Der Jahreszeitenindikator

173 folgt der Regel, dass sich dieselben Werte immer zur gleichen Jahreszeit auf oder ab bewegen. Und es leuchtet ein, dass Kaufhausaktien vor Weihnachten, Automobilaktien im Frühjahr oder Papiere von Touristikunternehmen vor der Hauptsaison in einen Aufwärtstrend gelangen.

Der Football-Indikator

folgt der Regel, dass sich der Börsentrend für das kommende 174
Jahr immer aus dem Ergebnis der US-Football-Meisterschaften ablesen lässt. Ein amerikanischer Börsenmakler, der diese Theorie aufgestellt hatte, konnte bei einer Beobachtung der Football-Ergebnisse über 28 Jahre 26 Treffer landen – auch das ist eine hervorragende Quote.

Wichtige Gesetzmäßigkeiten

Vieles von dem, woraus Börsianer auf steigende oder fallende 175
Kurse schließen wollen, erinnert eher an Hokuspokus. Es gibt jedoch einige Gesetzmäßigkeiten, die sich bisher stets bewahrheitet haben und die auch vom privaten Kleinanleger beachtet werden sollten.

Neben den Kursübersichten im Wirtschaftsteil der Zeitung gibt es eine Vielzahl weiterer Informationen, unter anderem über das Verhältnis von Gewinnern zu Verlierern.

Dieses Verhältnis kann als Indikator für die künftige Entwicklung herangezogen werden, denn es gibt Auskunft darüber, wie viele Aktien höher und wie viele niedriger als am vorherigen Börsentag bewertet wurden. Dabei werden alle Aktien berücksichtigt – im Gegensatz zum DAX, für den ja nur die dreißig wichtigsten Werte herangezogen werden.

TIPP:

176 **Stimmen Gewinner und Verlierer mit dem Index überein?**
Besonders aufmerksam sollte ein Anleger immer dann sein, wenn das Verhältnis von Verlierern zu Gewinnern einen ganz anderen Trend anzeigt als der DAX oder ein anderer Index.

177 Ist z. B. die Zahl der Verlierer deutlich höher als die der Gewinner, obwohl der DAX einen höheren Wert als am Vortag erreicht hat, so kann dies ein erstes Anzeichen für einen drohenden Kurseinbruch auf breiter Front sein. Möglicherweise war die Börsenstimmung bei den DAX-Werten noch gut, auf breiter Front gilt das aber vielleicht nicht mehr.

178 Umgekehrt kann der Fall eintreten, dass der DAX keinen klaren Trend erkennen lässt, während die Zahl der Gewinner bereits deutlich höher ist als die Zahl der Verlierer. In diesem Fall herrscht an der Börse eine optimistische Stimmung, die sich zwar noch nicht in den DAX-Werten widerspiegelt, aber erstes Anzeichen für einen Kursanstieg auf breiter Front sein kann.

TIPP:

179 **Achten Sie auch auf die Börsenumsätze**
Diese werden in vielen Wirtschaftspublikationen veröffentlicht. Die Umsatzzahlen an den Börsen lassen erkennen, ob Trends eventuell nur ein Strohfeuer sind.

Ein sehr geringer Umsatz zeigt, dass sich die Kurse nur auf relativ dünnem Eis bewegen. Der Kurstrend wird dann ausschließlich von wenigen Geschäften getragen. Andererseits aber lässt ein überdurchschnittlich hoher Umsatz darauf schließen, dass die Kurse auf einer breiten Grundlage stehen. In diesem Fall werden die Börsenstimmung und der Trend also von sehr vielen Anlegern gestützt.

Die technischen Reaktionen

Als technische Reaktionen bezeichnet man alle Kursveränderun- 180
gen, die mit einem gewissen Automatismus stattfinden. Typisch ist z. B., dass nach sehr starkem und schnellem Kursanstieg ein kurzer, dafür manchmal auch heftiger Einbruch zu verzeichnen ist: Aktien werden verkauft, damit Gewinnmitnahmen erzielt werden können. Anleger lassen sich in diesem Fall praktisch die Kurssteigerungen der letzten Zeit auszahlen. Oft folgt darauf ein schneller Wiederanstieg, der zeigt, dass die Verkäufer grundsätzlich noch Vertrauen in weitere Kursgewinne haben und zu den zwischenzeitlich gefallenen Kursen neu einsteigen.

Der zweite Kursanstieg ist ein gutes Signal 181
Als deutliches Kaufsignal kann oft angesehen werden, wenn der Kurs nach steilem Anstieg und kurzem Knick nach unten erneut zu klettern beginnt.

Außerdem müssen Sie mit technischen Reaktionen auf jede Dividendenausschüttung rechnen und sollten sich die Termine der Hauptversammlungen auch dann notieren, wenn Sie gar nicht hingehen wollen.

Notieren Sie sich den Tag der Hauptversammlung 182
Die Dividende wird immer am Tag nach der Hauptversammlung gezahlt, dann setzen auch die technischen Reaktionen auf die Zahlung ein.

183 Am Zahltag wird die Dividende vom Kurswert der Aktie abgezogen. Darauf weist der Zusatz »ex Div« (siehe dazu auch die Erläuterungen im Abschnitt über die Finanznachrichten) bei den Kursnotizen in der Zeitung hin. Nun wird ein großer Teil des Kursabschlags normalerweise sofort dadurch ausgeglichen, dass viele Aktionäre die Dividende erneut in Aktien desselben Unternehmens anlegen.

Andererseits lauern viele Anleger am Tag der Dividendenzahlung auf den von ihnen erhofften Kurssprung nach unten. Es kommt deshalb bei besonders gefragten Papieren häufig vor, dass durch die Nachfrage der in Lauerstellung liegenden Neuanleger und die Wiederanlage der Dividenden am Zahltag ein heftiger Kursanstieg zu beobachten ist. Aber dafür gibt es natürlich keine Garantie.

184 Vielmehr müssen Sie auch damit rechnen, dass besonders bei kleinen Aktiengesellschaften mit hoher Dividendenrendite Anleger nur auf den Zahltag warten und sich dann sofort von ihren Papieren trennen. In diesem Fall kann es zu sehr hohen Kursabschlägen kommen, die noch deutlich über den Abschlag der Dividende hinausgehen. Lassen Sie sich in solchen Situationen nicht zu Panikverkäufen verleiten, sondern nutzen Sie eventuell die Chance für einen Nachkauf und zu einer Verbilligung des Engagements.

TIPP:

185 **Verlieren Sie nie den Geschäftsverlauf der Gesellschaft aus dem Auge**

Voraussetzung für das richtige Verhalten auf technische Reaktionen ist, dass Sie sich parallel zur Beobachtung der Kurse ständig über den Geschäftsverlauf beim jeweiligen Unternehmen informieren.

Schlimme Konsequenzen hätte der Nachkauf von Aktien eines Unternehmens, dessen wirtschaftliche Situation sehr negativ ist.
Typische technische Reaktionen können ebenso durch computer- 186
gestützte Börsenprogramme ausgelöst werden. Von ihren Analysen machen so manche Großanleger Kauf oder Verkauf abhängig. Mehr zur technischen Analyse erfahren Sie in Kapitel 5.

Finanznachrichten – wichtig für jeden Aktionär

Das Geschehen auf den Finanzmärkten ist nicht allein Sache der 187
Experten, denn Vorgänge wie die Anlage der Ersparnisse, die Kreditaufnahme oder der Tausch in fremde Währungen für den Urlaub betreffen so gut wie jeden. Aber vor allem der Aktionär muss informiert sein und sich immer aktuell eine Meinung zu dem Finanzmarktgeschehen bilden können. Dafür werden Informationen benötigt, z. B. über

- die aktuellen Börsenkurse,
- die Rendite- und Risikoaussichten,
- die Bonität der jeweiligen Unternehmen,
- die wirtschaftlichen Trends,
- die Entwicklung des Geldmarktes und der Zinsen.

Diese Informationen stecken in den Finanznachrichten, mit denen wir Tag für Tag über alle möglichen Medien versorgt werden. Dazu gehört inzwischen auch das Internet.

TIPP:

Täglich die Finanznachrichten studieren 188
Zur Pflichtlektüre sollte vor allem der Börsen- oder Wirtschaftsteil ei-

ner Tageszeitung werden. Je nachdem, wie intensiv Sie sich mit dem Wirtschafts- und Börsengeschehen vertraut machen wollen, sind eventuell auch speziellere Publikationen empfehlenswert.

Eine sehr gute Informationsquelle ist z. B. das *Handelsblatt*, schon aufgrund seiner umfangreichen Kursübersicht.

189 Wer aber als Börseneinsteiger die Finanznachrichten studieren will und dazu die entsprechenden Seiten einer Wirtschafts- und Finanzzeitung aufschlägt, ist häufig zunächst verwirrt. Die Meldungen und Tabellen sind mit vielen Abkürzungen versehen, die zwar in einer Legende entschlüsselt, aber normalerweise nicht erklärt werden. Abgekürzt werden die sogenannten Kurszusätze.

TIPP:

190 **Kurszusätze – wichtige Infos für den Aktionär**

Kurszusätze sind für den Aktionär sehr hilfreich, denn sie liefern zusätzlich zum jeweiligen Kurs Wissenswertes über den Aktienwert. So informieren Kurszusätze beispielsweise über die Höhe von Angebot und Nachfrage zum Zeitpunkt der Kursfeststellung.

---

191 Das Verhältnis von Angebot und Nachfrage ist beim Zustandekommen des Kurses nicht immer ausgeglichen, es kann auf der einen oder anderen Seite einen Überhang geben. Kurszusätze geben aber auch einen Überblick darüber, ob Kapitalmaßnahmen oder Dividendenausschüttungen zu Kursrückgängen geführt haben. Mithilfe der nachfolgenden Übersicht werden diese Kurszusätze erläutert:

Abkürzungen in der Börsensprache und was sich dahinter verbirgt 192	
G	**Geld:** Zum angegebenen Kurs lagen nur Nachfragen, keine Angebote vor.
B	**Brief:** Den Angeboten standen zu diesem Kurs keine Nachfragen gegenüber.
bG, bzG, bezG	**bezahlt Geld:** Die Nachfrage konnte zum angegebenen Kurs nicht vollständig befriedigt werden.
bB, bzB, bezB	**bezahlt Brief:** Zum angegebenen Kurs bestand ein Überhang an Angeboten, sodass die Kaufaufträge vollständig erfüllt werden konnten, die Verkaufsaufträge jedoch überwogen.
Div, Div-Sch	**Dividende** (wenn bereits gezahlt) oder **Dividendenschätzung**
ebB, etw. bzB, etw. bB, etwas bB, etw. bezB	**etwas bezahlt Brief:** Das Angebot überstieg erheblich die Nachfrage, sodass nur wenige Verkaufsaufträge erfüllt werden konnten.
ebG, etw. bzG, etw. bG, etwas bG, etw. bezG	**etwas bezahlt Geld:** Kaufaufträge konnten nur zu einem geringen Teil abgewickelt werden.
ex D, ex Div.	**ohne Dividende:** Unmittelbar nach Zahlung der Dividende angegebener Kurs. Dieser ist normalerweise niedriger.
ex B, ex BR	**ohne Bezugsrecht:** Erste Notierung der alten Aktien ohne Berücksichtigung des Bezugsrechts der neuen Wertpapiere. Der Kurs fällt also niedriger aus.
ex BA	**ohne Berichtigungsaktien:** Nach der Aktienkapitalberichtigung einer Gesellschaft die erste Notierung
ex SP	**nach Splitting:** Die erste Notierung nach Einstellung des Kurses auf den neuen geteilten Aktienbestand. Kann unter Umständen für Anleger in US-amerikanischen Aktien wichtig werden.

Abkürzungen in der Börsensprache und was sich dahinter verbirgt	
H/T	**Höchst-/Tiefststand:** wird mit Hinweis auf Zeitraum angegeben, für den die Höchst- bzw. Tiefststände angegeben sind, üblich ist der Zeitraum von 52 Wochen oder seit Jahresbeginn oder für den jeweiligen Börsentag. Achtung: Oft wird bei Tagesangaben nicht der gesamte Kurs abgedruckt, sondern aus Platzgründen nur die jeweils letzten Stellen.
k. A.	**keine Angabe:** findet sich vor allem bei den Schätzungen für die jeweiligen Dividenden oder Ergebnisse, wenn das Unternehmen hierzu keine Daten zur Verfügung stellt.
KGV	**Kurs-Gewinn-Verhältnis:** siehe Erläuterungen im Abschnitt »Das Börsen-ABC« auf Seite 338
(5), (100)	**Nennwert der Aktie:** Normalerweise lauten die Aktien auf einen Nennwert von 50 DM, Abweichungen hiervon werden zum Teil in Klammern genannt.
(E), (S)	**Eröffnung, Schluss:** lässt erkennen, wie sich der Kurs im Verlauf des Börsentages veränderte, z. B. ob er zum Ende anzog oder abbröckelte – wichtig, wenn am jeweiligen Tag während der Börsenzeit kursrelevante Mitteilungen gemacht wurden.
NA	**Namensaktie:** siehe Erläuterungen im Abschnitt »Das Börsen-ABC« auf Seite 341
*, **	siehe jeweilige Legende zum Kursteil, oft wird mit Sternchen auf einen vom Standard (fünfzig DM) abweichenden Nennwert hingewiesen, z. B. mit * auf 5 DM, mit ** auf 100 DM.
–	**gestrichen:** Wegen des Fehlens von Angebot und Nachfrage war es nicht möglich, einen Kurs festzustellen.
–G	**gestrichen Geld:** Es gab zwar Kaufaufträge zum niedrigstmöglichen Preis (Billigstkauforders), aber kein Angebot. Ein Kurs konnte nicht festgestellt werden.
–B	**gestrichen Brief:** Es bestand Angebot zum höchstmöglichen Preis (Bestensverkauforders), jedoch keine Nachfrage. Ein Kurs konnte nicht festgestellt werden.

Abkürzungen in der Börsensprache und was sich dahinter verbirgt	
–GT	**gestrichen Geld/Taxe:** Da der Preis nachfrageseitig nur geschätzt werden konnte, war keine Feststellung des Kurses möglich.
–BT	**gestrichen Brief/Taxe:** Da der Preis angebotsseitig geschätzt worden ist, konnte kein Kurs ermittelt werden.
r, rep., rat.	**repartiert bzw. rationiert:** Kauf- oder Verkaufsaufträge werden nicht vollständig bedient, sondern nur anteilig unter Zugrundelegung eines Ausgleichskurses.
s, S	**Schätzung**, manchmal auch **Schlusskurs**, siehe auch bei (S)
StA	**Stammaktien:** siehe Erläuterungen im Abschnitt »Das Börsen-ABC« auf Seite 353
T	**Taxkurs:** Der Kurs konnte nicht bestimmt, sondern nur geschätzt werden, weil die Aktie nicht gehandelt wurde.
VA, Vorz, Vz	**Vorzugsaktie:** siehe Erläuterungen im Abschnitt »Das Börsen-ABC« auf Seite 359
vin NA	**vinkulierte Namensaktie:** siehe Erläuterungen im Abschnitt »Das Börsen-ABC« auf Seite 358
WPKN	**Wertpapier-Kennnummer:** erleichtert das schnellere Auffinden der jeweiligen Kurse bei computergestützten Anzeigen.

Lassen Sie sich für das Verstehen der Finanznachrichten etwas **193**
Zeit. Gewöhnen Sie sich daran, dass Sie am Anfang noch häufig Begriffe nachschlagen müssen. Das ändert sich jedoch schnell, wenn Sie täglich Finanznachrichten lesen und analysieren. Dann wird das Finanzvokabular wie selbstverständlich in Ihren Wortschatz übergehen. Neben den Printmedien gibt es natürlich weitere Informationsquellen in Funk und Fernsehen. In speziellen Sendungen wird über neue Trends und Tendenzen der internatio-

nalen Aktienmärkte berichtet, Experten stellen Anlagestrategien vor und analysieren Aktienwerte und Unternehmen.

Börsennachrichten im Internet

194 Ein breit gefächertes Angebot an Börseninformationen gibt es auch im Internet. Hier berichten zahlreiche Banken, Agenturen, Wirtschaftsdienste und Wirtschaftszeitungen über das Börsengeschehen. Der preisgünstigste Weg: die Internet-Homepage des Deutschen Aktieninstituts (DAI) in Frankfurt/Main (http://www.dai.de). Kostenlos bietet das DAI einen direkten Zugang zu den Ad-hoc-Meldungen der Vereinigten Wirtschaftsdienste. Wir haben für Sie Internet-Adressen zusammengestellt, bei denen Sie Informationen erhalten:

http://www.clickit.com/cgi-bin/rbox/chat.cgi
http://www.bloomberg.com/markets/currency/currcalc.cgi
http://www.element-5.de/boerse
http://www.economist.com/tfs/screensaver_tframeset.html
http://www.excite.de/directory/wirtschaft.html
http://www.fnet.de/
http://www.hoovers.com/
http://kiwiclub.bus.utexas.edu/kiwiclub.html
http://www.audionet.com/business/nasdaq/
http://www.internetbroadcast.com/amex/
http://quote.yahoo.com/

Einige dieser Adressen bringen brandaktuelle Tipps, andere haben das Börsengeschehen vom Vortag verarbeitet. Dabei kann jedoch der Zeitfaktor eine wichtige Rolle spielen.

TIPP:

Die Zeit kann entscheidend sein 195

Zeitverluste von nur einem Tag, mit denen Sie auf neue Informationen reagieren, können sich schon nachteilig auswirken. Auch ein Privatanleger sollte sich deshalb immer um aktuelle Informationen bemühen.

---

196 Eine Hauptquelle für alle Informationen sind die Vereinigten Wirtschaftsdienste (VWD) in Eschborn, praktisch eine Art Presseagentur für Börseninformationen.
Was dort heute verbreitet wird, können Sie morgen oder nächsten Monat in der Tageszeitung oder einer Finanzillustrierten lesen.

Mit Gespür und Strategie zum Börsenerfolg

197 Das perfekte Timing ist für den Anleger kaum zu schaffen. Manchmal genügen schon wenige Tage des Zögerns beim Kauf ebenso wie beim Verkauf, um die besten Tage an der Börse zu verpassen.

TIPP:

Wenig timen und wenig umschichten 198

Das Risiko, die besten Tage oder Monate zu verpassen, ist groß. Sicherer ist es, einfach langfristig am Ball zu bleiben, möglichst wenig zu timen und umzuschichten. Denn die Wahrscheinlichkeit, den oder die richtigen Tag(e) zu erwischen, ist verschwindend gering.

---

199 Die Konsequenz kann für den Anleger deshalb nur lauten, insgesamt auf mittel- oder langfristige Trends zu setzen.
Für kräftige Gewinne im Aktiengeschäft braucht es außerdem immer ein bisschen Gespür und manchmal eine Portion Glück. Das kann man auch haben, wenn man einen Tag später die Finanznachrichten studiert.

200 Auf eine besondere Eigenart des Börsengeschäfts wollen wir Sie noch hinweisen: Ist Ihnen die Geheimsprache bei der Beschreibung der Kursbewegungen geläufig? »Die Börse öffnet fest« oder »Die Börse schloss uneinheitlich« – das sind Meldungen, die jeder Aktionär verstehen sollte. So bedeutet beispielsweise »fest« nicht, dass sich die Kurse kaum verändert haben, sondern dass es an der Börse einen deutlichen Kursanstieg gab.

201

Die Börsenstimmung verstehen

Von Hausse bis Baisse und fest bis schwach:

Für die Beschreibung von Kursbewegungen gibt es Begriffe, die jeder Aktionär kennen sollte. Zwischen »absolut hervorragend« (↑↑↑↑↑↑↑↑) und »katastrophal schlecht« (↓↓↓↓↓↓↓↓) gibt es zahlreiche Abstufungen:

Kurstrend	Trendbeschreibung
↑↑↑↑↑↑↑↑	Hausse
↑↑↑↑↑↑↑	sehr fest
↑↑↑↑↑↑	fest
↑↑↑↑↑	freundlich
↑↑↑↑	gut behauptet
↑↑↑	behauptet
↑↑	widerstandsfähig
↑	knapp behauptet
←→	uneinheitlich
←→	ruhig

Kurstrend	Trendbeschreibung
←→	abwartend
←→	lustlos
↓	nachgebend
↓↓	gedrückt
↓↓↓	schwächer
↓↓↓↓	schwach
↓↓↓↓↓	Einbußen
↓↓↓↓↓↓	starke Verluste
↓↓↓↓↓↓↓	Baisse
↓↓↓↓↓↓↓↓	Crash

Neben der Trendbeschreibung und den Tabellen mit den zahlreichen Abkürzungen finden Sie in vielen Wirtschaftspublikationen positive sowie negative Berichte über Unternehmensentwicklungen. Außerdem werden dort oft auch Prognosen zu den Chancen einzelner Aktien abgegeben. Nun wäre es ganz leicht, auf solche Prognosen zu setzen und seine Kauf- oder Verkaufsabsichten danach zu richten. Davon möchten wir Ihnen aber dringend abraten. **202**

TIPP:

Informationen immer aus mehreren Quellen beziehen **203**

Übernehmen Sie niemals eine vorgezeichnete Beurteilung, sondern bilden Sie sich selbst eine Meinung. Dazu benötigen Sie Informationen aus mindestens zwei bis drei verschiedenen Quellen.

204 Wenn Sie sich nur einseitig informieren, besteht immer die Gefahr, dass Ihnen jemand höchst eigennützige Tipps gibt – weil er selbst gut daran verdient. Ein »Berater«, der gestern selbst Aktien von der Firma XY geholt hat und dieses Papier heute als Tipp präsentiert, kann morgen mit Sicherheit einen hohen Kursgewinn verbuchen – der vielleicht nur auf seiner Empfehlung und der dadurch ausgelösten Nachfrage beruht.

Vorzugsaktien-Strategie

205 Diese Strategie beruht auf dem Prinzip, Vorzugsaktien statt Stammaktien zu kaufen. Auch sie ist geeignet für renditeorientierte Aktienanleger.

Gegenüber den Stammaktionären erhalten Vorzugsaktionäre eine bestimmte Mindestdividende und häufig auch allgemein eine höhere Dividende. Die Mindestdividende wird auch dann gezahlt, wenn die Stammaktionäre aufgrund der schlechten Ertragslage des Unternehmens leer ausgehen. Kann sie jedoch einmal vom Unternehmen nicht geleistet werden, wird sie im kommenden Jahr nachgezahlt, sobald es mit den Geschäften wieder besser läuft.

206 Der Nachteil von Vorzugsaktien besteht allerdings darin, dass die Vorzugsaktionäre auf ihr Stimmrecht verzichten müssen, welches ihnen normalerweise auf der Hauptversammlung zusteht. Doch hier sollte man zwischen Großinvestoren und Privatanlegern unterscheiden. Großinvestoren verzichten lieber auf die bei Vorzugsaktien höhere Dividende als auf die Möglichkeit der Einflussnahme auf die Unternehmensleitung bei der Hauptversammlung.

207 Privatanleger dagegen haben vergleichsweise wenig Aktien und damit auch keinen großen Einfluss. Für sie ist die Vorzugsaktie eine gute Alternative, denn

- die Kursentwicklung der Vorzugsaktie ist meistens kaum schlechter als die der Stammaktie,
- die Vorzugsaktie bringt eine höhere Bardividende.

Die Anlage in Vorzugsaktien sollte mittel- bis langfristig gewählt werden.

KAPITEL 4

Die Beziehung zwischen Kurs und Zins – eine Abhängigkeit, die man kennen sollte

Die Auswirkung von Zinsen auf Wertpapiere und Aktien

Eine wichtige Börsenregel lautet: Man verkauft seine Aktien, wenn die Anleihezinsen zu steigen beginnen. Man kauft die Aktien zurück, wenn die Anleihezinsen wieder sinken. Denn wenn am Kapitalmarkt für festverzinsliche Wertpapiere hohe Zinsen gezahlt werden, die eine sichere Rendite mit geringem oder ohne Risiko versprechen, engagieren sich Anleger kaum an der Börse, wo jedes Geschäft erheblich größere Risiken birgt. **208**
In gewisser Weise beeinflusst die Zinspolitik deshalb indirekt auch das Geschehen an der Börse.

209

Die Auswirkung von Zinsen auf Wertpapiere und Aktien			
Leitzinsen	**Rendite festverzinslicher Wertpapiere**	**Aktientrend**	**Konjunktur**
niedrig	niedrig	↑	schwach
hoch	hoch	↓	stark

Für den Anleger ist es also wichtig, die jeweiligen Zinstrends zu erkennen. Hier ergibt sich wiederum ein Zusammenhang mit der konjunkturellen Lage (siehe auch Kapitel 12): **210**

- In Zeiten schwacher Konjunktur und niedriger Preissteigerung werden die Leitzinsen niedrig gehalten, um die Investitionsneigung zu verstärken und für mehr Nachfrage zu sorgen.
- In Zeiten starker Konjunktur und hoher Preissteigerung (inflationäre Tendenz) werden die Leitzinsen als Inflationsbremse angehoben, um eine Überhitzung der Konjunktur zu vermeiden.

TIPP:

211 **Die Konjunkturaussichten der Zukunft sind ebenfalls wichtig**
Die derzeitige Konjunktur darf nie allein betrachtet werden. Die künftige Entwicklung spielt auch eine wichtige Rolle, denn der Aktienmarkt nimmt die konjunkturelle Entwicklung immer zum Teil vorweg.

DAX und Leitzinsen: ein Vergleich

212 Bis Ende des Jahres 1998 waren die Leitzinsen der Deutschen Bundesbank das wichtigste finanzpolitische Instrument, um Wirtschaft und Konjunktur zu steuern. Der Diskontsatz und der Lombardsatz wurden jedoch zum 1. Januar 1999 von den neuen Zinssätzen der Europäischen Zentralbank abgelöst. Seitdem liegt die Verantwortung der Geldpolitik bei der Europäischen Zentralbank. Sie hat mit der Einführung des Euro die nationalen Zentralbanken der an der Währungsunion teilnehmenden Länder abgelöst.

213 Der Diskontsatz ist der Zins, den die Geldinstitute zahlen mussten (in Form eines Abschlags), wenn sie an die Bundesbank Geld in Form von Wechseln »verkaufen« wollten. Wollte die Bundesbank für eine verstärkte Kreditnachfrage durch die Wirtschaft

und private Konsumenten sorgen oder die Kreditnachfrage dämpfen, senkte oder erhöhte sie den Diskontsatz. Weil in der Wirtschaft oft Kreditkonditionen an den Diskontsatz gekoppelt wurden, machten sich Zinsveränderungen sofort bei den Kreditkosten bemerkbar. Mit meist nur geringer Verzögerung passten sich auch die Einlagezinsen den veränderten Kreditkonditionen an. Seit dem 1. 1. 1999 trat an die Stelle des Diskontsatzes der Basiszinssatz der Europäischen Zentralbank, soweit in Verträgen und Vorschriften auf den Diskontsatz Bezug genommen wird. Handelswechsel werden von der Bundesbank dagegen nicht mehr angekauft.

Der Lombardsatz bestimmte, zu welchen Konditionen sich Geld- 214
institute bei der Bundesbank kurzfristig (maximal für drei Monate) Geld leihen konnten. Für die Geldinstitute stellte der Lombardkredit, der normalerweise um etwa einen Prozentpunkt über dem Diskontsatz liegt (in Ausnahmen bis zwei Prozent), die teuerste Möglichkeit dar, sich Geld zu beschaffen. Der Lombardsatz wurde seit dem 1. 1. 1999 durch die so genannte Spitzenrefinanzierungsfazilität der EZB ersetzt. Zu diesem Zinssatz gewährt die Bundesbank den Geschäftsbanken Kredit für die Laufzeit eines Geschäftstages (Übernachtkredit).

Zusammen mit der neu geschaffenen Einlagefazilität, zu deren 215
Zinssatz Kreditinstitute überflüssiges Geld bei der Bundesbank ebenfalls »über Nacht« anlegen können, bildet die Spitzenrefinanzierungsfazilität eines der wichtigsten Steuerungsinstrumente bei der europäischen Geldpolitik. Diese ständigen Fazilitäten bilden mit ihren Ober- und Untergrenzen eine Art Kanal, in dem der Tagesgeldmarkt zwischen den Geschäftsbanken mit Einfluss auf das allgemeine Kreditgeschehen stattfinden wird.

Trotz der Verschiebung der geldpolitischen Verantwortung hin 216
zur Europäischen Zentralbank und der Einführung neuer Leitzinsen lohnt sich ein Blick in die Vergangenheit. Der Vergleich

der Entwicklung von DAX und Leitzinsen bis Ende 1999 zeigt dem Anleger die wichtige Beziehung zwischen beiden, und daran wird sich auch in Zukunft mit den neuen Leitzinsen nichts ändern.

217

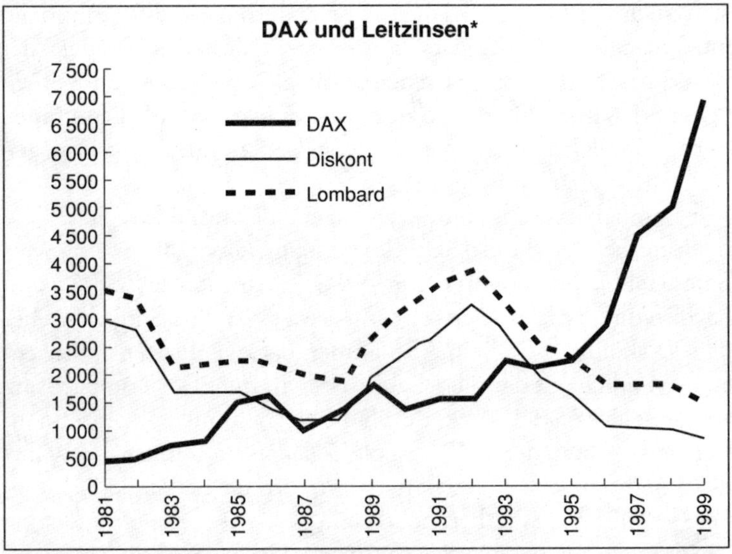

* Der Index entlang der Y-Achse gilt nur für den DAX. Die Graphen der Leitzinsen verdeutlichen lediglich ihr Profil im Vergleich zum DAX und verlaufen ohne Verbindung zur Skalierung der Y-Achse.

218 Für Aktionäre ist die Geldmarktpolitik der Europäischen Zentralbank deshalb wichtig, weil Aktien immer in einem direkten Konkurrenzverhältnis zu festverzinslichen Wertpapieren stehen. Und deren Rendite richtet sich nach dem Zinsniveau am Geldmarkt.

Die Entwicklung von DAX und Leitzinsen 219

DAX als Jahresendstand, Zinsen jeweiliger gewogener Jahresdurchschnitt

Jahr	DAX	Diskontsatz	Lombardsatz
1980	418	7,17	8,78
1981	431	7,50	9,00
1982	506	7,06	8,38
1983	725	4,21	5,36
1984	825	4,25	5,50
1985	1530	4,31	5,77
1986	1602	3,59	5,50
1987	1000	2,99	4,95
1988	1328	2,92	4,73
1989	1790	4,81	6,81
1990	1398	6,00	8,08
1991	1578	6,85	9,07
1992	1545	8,20	9,68
1993	2267	6,96	8,12
1994	2107	4,82	6,25
1995	2254	3,92	5,80
1996	2889	2,65	4,65
1997	4250	2,5	4,5
1998	5002	2,5	4,5
Sept. 1999	6958	2,13 *	3,78 *

* Seit dem 1. 1. 1999 ist der Diskontsatz durch die Spitzenrefinanzierungsfazilität und der Lombardsatz durch den Basiszinssatz ersetzt worden. Beide werden nunmehr von der Europäischen Zentralbank festgesetzt.

Strategien des Zinstrends als Signale zum Ein- oder Ausstieg

220 Die Beispiele basieren auf einem Startkapital von 10 000 DM, die Möglichkeiten wurden von der Bayerischen Vereinsbank für einen Zeitraum von über fünfundzwanzig Jahren (bis 1995) durchgerechnet. Fazit: Der Anleger kann mit der richtigen Strategie glänzend verdienen.

221 Aus dem Betrachtungszeitraum der Analyse mit je sieben Hausse- und Baisse-Perioden ergibt sich eindeutig, dass sich die Zinsentwicklung immer mit einer gewissen Zeitverzögerung auf die Lage am Aktienmarkt niederschlägt. Dabei sind die erzielten Schlussfolgerungen, unabhängig von eventuellen Besonderheiten dieses Zeitraums, auf alle anderen Zeitreihen übertragbar.

Als Messlatte für die Zusammenhänge wurden der DAX und der REX (Rentenindex) für zehnjährige öffentliche Anleihen (festverzinsliche Wertpapiere) verwendet.

Für die Untersuchung wurden exakte Kauf- und Verkaufssignale erarbeitet und festgelegt. Als Signal wurde immer der Zeitpunkt herangezogen, zu dem der REX für zehnjährige öffentliche Anleihen seinen eigenen gleitenden Neun-Monats-Durchschnitt kreuzte (wird z. B. im *Handelsblatt* veröffentlicht, kann aber auch bei jedem Geldinstitut erfragt werden).

Dabei darf sich niemand verwirren lassen: Fallende Zinsen haben einen steigenden REX, steigende Zinsen einen fallenden REX zur Folge. Denn wenn die Rentenkurse fallen, steigen die Zinsen.

Kauf bei fallenden Zinsen

222 Aus 10 000 DM wurden 95 484 DM, die jährliche Rendite betrug also 8,9 Prozent. Das Kaufsignal für den Aktionär war der Zeitpunkt, zu dem der REX seinen Neun-Monats-Durchschnitt

überschritt (steigende Rentenkurse). Das Verkaufssignal war der Zeitpunkt, zu dem der REX seinen Neun-Monats-Durchschnitt nach unten durchbrach (fallende Rentenkurse, steigende Zinsen). Der gesamte Bestand wurde dann verkauft und als Geldbetrag geparkt (Kasse, keine Verzinsung gerechnet). Dies führte dazu, dass der Anleger in weniger als der Hälfte des 27-Jahres-Zeitraums am Aktienmarkt engagiert war, ansonsten jedoch sein Geld parkte.

Kauf bei steigenden Zinsen

Diese Strategie ist keine Empfehlung, eher ein Kontrollver- 223
gleich. Denn sie läuft auf eine Geldvernichtung hinaus: Aus 10 000 DM wurden 3527,30 DM, die jährliche Rendite betrug minus 3,9 Prozent. Hier wurde die erste Strategie »Kauf bei fallenden Zinsen« einfach umgedreht. Kaufsignal für den Aktionär war nun der Zeitpunkt, zu dem der REX seinen Neun-Monats-Durchschnitt unterschritt (sinkende Rentenkurse). Das Verkaufssignal war der Zeitpunkt, zu dem der REX seinen Neun-Monats-Durchschnitt nach oben durchbrach (steigende Rentenkurse, fallende Zinsen). Auch hier wurde dann der gesamte Bestand verkauft und als Geldbetrag geparkt (Kasse, keine Verzinsung gerechnet). Allerdings wollte die Bayerische Vereinsbank mit dieser Strategie auch durchrechnen, ob an der gelegentlich vertretenen Auffassung etwas dran ist, auch bei steigenden Zinsen seien noch gute Geschäfte am Aktienmarkt möglich. Argument: Positive Auswirkungen der Unternehmensgewinne in einer Zinssteigerungsphase (Indiz für gute Konjunktur) könnten den Aktienmarkt beflügeln. Doch diese These mancher Anlageberater brach völlig in sich zusammen.

Kauf bei fallenden Zinsen und Geldmarktanlage bei steigenden Zinsen

224 Diese Strategie basiert vor allem auf den Kauf- und Verkaufssignalen der Strategie »Kauf bei fallenden Zinsen«. Allerdings wird das Kapital bei Verkauf nicht geparkt, sondern sofort am Geldmarkt angelegt. Ergebnis: Aus 10 000 DM werden 214 336 DM, was einer jährlichen Rendite von 12,3 Prozent pro Jahr entspricht.

Kaufen und halten

225 Diese Strategie wurde als Standardvergleichsgröße daneben ausgewertet (aus 10 000 DM wurden 65 081 DM, jährliche Rendite 7,3 Prozent). Der Anleger kümmert sich also innerhalb eines Zeitraums von 25 Jahren gar nicht um sein Depot.

Anlage in Zinspapieren

226 Zum Vergleich wurde die Strategie betrachtet, das Geld nicht in Aktien, sondern in Zinspapieren anzulegen. Hier konnte mit dem Einsatz von 10 000 DM ein Endkapital von 41 080 DM erzielt werden, was einer jährlichen Rendite von 5,3 Prozent entspricht.

KAPITEL 5

Chartanalysen – Insiderwissen für das Börsengeschäft

Die technische Chartanalyse ist eine Methode moderner Massenpsychologie. Mit einem Chart wird beobachtet, wie die Marktteilnehmer in der Vergangenheit in besonderen Situationen reagiert haben. Dabei gehen die Anhänger der Chartanalyse davon aus, dass sich die Menschen heute und in der Zukunft genauso verhalten wie in der Vergangenheit. So hat die technische Analyse nur ein Ziel: Die aktuelle Marktsituation soll mit vorangegangenen Marktsituationen verglichen werden, und dazu braucht man festgelegte Kriterien. Ist die Situation vergleichbar, dann ist die Zukunft von damals die Prognose von heute – eine wichtige Entscheidungshilfe bei den Börsengeschäften. **227**

Technische Analysen und Charts – was bringen Zahlenspiele?

Charts sind graphische Darstellungen der Kursverläufe von Wertpapieren. Mithilfe von Charts versucht der Charttechniker, den Informationsgehalt der Bewegungen zum Zweck der Analyse und Prognose des kommenden Kursgeschehens zu interpretieren. Der Vorteil: Die technische Analyse ist universell anwendbar. Egal ob Aktien, Renten, Devisen, Soja oder Orangensaft, egal an welchem Ort der Welt. Der Nachteil: Man benötigt ausreichend Charts für die Analyse, was bei Neuemissionen und jungen Unternehmen nicht möglich ist. **228**

TIPP:

229 **Auch Chartanalysen sind keine sichere Börsenprognose**
Bestimmte Kursbilder sind typisch, und gewisse Regelmäßigkeiten sind deutlich erkennbar. Doch bei Börsengeschäften lässt sich nichts mit absoluter Sicherheit vorhersagen.

---

230 So gibt es auch bei der Charttechnik Anhänger und Gegner. Manche halten es für unmöglich, in Kurskurven von Aktien, Devisen oder Edelmetallen mehr zu erkennen als die Preisentwicklung der Vergangenheit. Befürworter argumentieren, dass ein Chart den Markt sehr objektiv abbildet. Die Begründung:

- In Form von Angebot und Nachfrage treffen am Markt Einschätzungen, Hoffnungen und Ängste zusammen, wie sich die favorisierten Papiere zukünftig entwickeln werden. Die Kursentwicklung verläuft dabei nicht zufällig, sondern bewegt sich in skalierbaren Trends, innerhalb graphisch genau definierbarer Grenzlinien auf der Zeit- und Kursachse.
- Die Abläufe an der Börse wiederholen sich in immer wiederkehrenden Abständen. Sie können im Chart historisch und beispielhaft festgehalten werden und Informationen über zukünftige Kursentwicklungen geben.

Viele Spekulanten arbeiten heute ausschließlich mit der charttechnischen Analyse.

231 Normalerweise ist ein Chart so aufgebaut, dass auf der senkrechten Achse der Abbildung die Kursentwicklung und auf der waagerechten Achse der Zeitablauf dokumentiert wird. Die Einstellung der Parameter Kurs und Zeit kann hierbei an die Bedürfnisse des Anwenders angepasst werden, das heißt, die Kursana-

lyse eines Online-Charts im Minutentakt ist ebenso möglich wie die Abbildung eines Charts auf der Basis von Wochen- oder Monatsschlusskursen.
Während die Art der graphischen Kursdarstellung zu Beginn der Einführung von Chartanalysen lediglich aus der Verbindung der täglichen Schlusskurse mittels einer fortlaufenden Linie bestand (Linienchart), entstanden mit der Zeit immer weitere Chartverfahren.
Die üblichsten Verfahren der Chartanalyse und ihre Vor- und Nachteile wollen wir in diesem Kapitel darstellen.

Charttechniken

Wir wollen folgende Charttechniken vorstellen: 232

* Die Indexkurventheorie
* Die Advance-Decline-Linie
* Der gleitende Durchschnitt
* Die Oszillatorlinie
* Die Widerstands- und Unterstützungslinien
* Weitere Chartinformationen zur Trendbestimmung

In allen Fällen können sich die Charts sowohl auf den Gesamtmarkt als auch auf einzelne Werte beziehen. Zahlreiche Charts werden regelmäßig im *Handelsblatt* veröffentlicht. Durch tägliche oder wöchentliche Beobachtung der Kurse ist es aber auch leicht möglich, sich eigene Charts etwa von Nebenwerten anzufertigen.

Die Indexkurventheorie

Mit diesem Chart werden nicht die Bewegungen einzelner Ak- 233
tien, sondern immer die des Index (z. B. DAX, Dow Jones) dar-

gestellt, deshalb wird in diesem Zusammenhang auch oft von der Dow-Theorie gesprochen. Um kurzfristige Schwankungen (in unserer Darstellung zur besseren Erklärung übertrieben deutlich hervorgehoben) zu eliminieren, werden die jeweiligen Kursgipfel bzw. die jeweiligen Tiefpunkte mit einer Linie verbunden. Diese Primärtrendlinie soll dann erkennen lassen, ob trotz erheblicher Schwankungen noch eine Auf- oder Abwärtsbewegung der Kurse stattfindet. Typisches Kennzeichen dafür ist, dass jedes weitere Hoch der Kurse über dem zuletzt festgestellten liegt, ebenso liegt jedes künftige Tief unter dem zuletzt registrierten. Zu erkennen ist also, ob ein Trend anhält oder sich bereits gewendet hat – nicht aber, wann der Wendepunkt erreicht sein wird. Für sich allein ist deshalb die Indexkurventheorie wenig aussagekräftig.

234

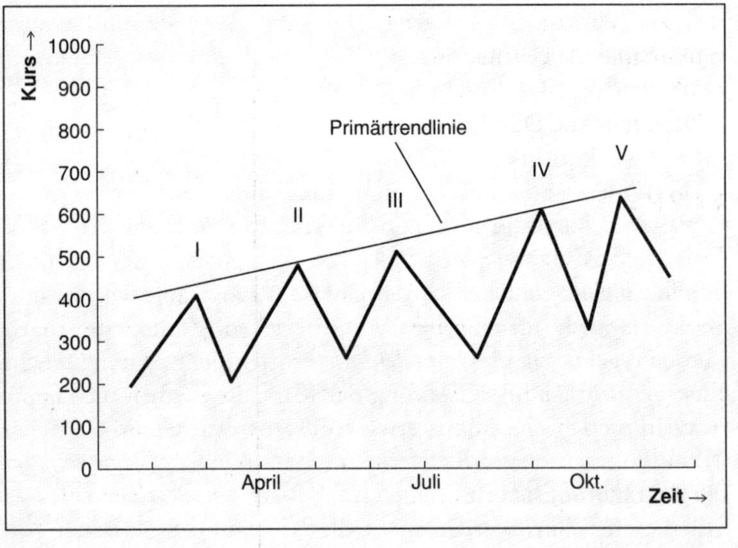

Die Advance-Decline-Linie

Für diese Kurve muss täglich ermittelt werden, wie groß die Differenz zwischen Gewinner- und Verliereraktien an der Börse war. 235
Hinweise darauf geben die Statistiken in den Börsennachrichten. Aus diesen Angaben wird dann Tag für Tag eine Zeitreihe gebildet, indem die Zahl der Gewinner bzw. Verlierer zum Vortagswert hinzugerechnet oder von diesem abgezogen wird, wenn die Zahl der Kursverlierer überwiegt. Folglich ist am Verlauf der Linie zu erkennen, ob die Zahl der Aktien mit Gewinnen oder Verlusten überwiegt.
Sinnvolle Betrachtungen sind mit dieser Linie möglich, wenn sie mit der Indexkurve verglichen wird. Denn solange sich die hier gezeigte Linie parallel zur Kurslinie bewegt, bestätigt sie den Auf- oder Abwärtstrend. Fällt die Linie aber schon, während die Indexkurve noch eine Aufwärtsbewegung erkennen lässt, wird dies als Alarmsignal gewertet. Denn der durch die Indexkurve signalisierte Aufwärtstrend ist dann bereits kraftlos, weil er nur noch von wenigen Werten bestimmt wird, die Zahl der Verlierer aber bereits deutlich überwiegt.

TIPP:

Überzeugte Chartisten richten sich bei der Einschätzung von Trends 236
eher nach der Advance-Decline-Linie als nach der Indexkurve.

Eine besonders krasse Fehldeutung wäre möglich, wenn die Indexkurve noch den bisherigen Trend aufweist, weil die für eine Trendumkehr notwendigen neuen Hoch- oder Tiefstände wegen der Betrachtung der Zeitreihen noch nicht zu erkennen sind.

Der gleitende Durchschnitt

237 Um Fehldeutung zu vermeiden und die im Rahmen eines deutlichen Trends nicht aussagefähigen Tagesschwankungen herauszufiltern, wird ein gleitender Durchschnitt aus den Kursbewegungen einer einzelnen Aktie oder eines Index ermittelt. Diesen gleitenden Durchschnitt gibt es üblicherweise für Zeiträume von 40, 80, 100 oder 200 Tagen, das *Handelsblatt* veröffentlicht mehrmals pro Woche die Darstellungen für 40 und 200 Tage und nimmt dem Anleger damit viel Rechenarbeit ab.

238 Diese Rechenarbeit hingegen muss derjenige leisten, der diesen Durchschnitt selbst ermitteln will: Für jeden Börsentag wird zunächst ein Durchschnitt aus den Kursen der letzten z. B. 40 Tage errechnet. An jedem folgenden Börsentag wird dann jeweils der älteste Börsentag weggelassen, hier also praktisch der 41. Börsentag, stattdessen wird der aktuellste Kurs in die Durchschnittsrechnung einbezogen.

239 Wird der gleitende Durchschnitt eines einzelnen Aktienkurses mit dem des Index verglichen, lassen sich daraus Verhältnisse zwischen Einzelbewegungen und Gesamtmarkt erkennen.

- Als Verkaufssignal wird gewertet, wenn die aktuelle Indexlinie den Durchschnitt von oben nach unten durchschneidet.
- Als Kaufsignal wird eine Durchschneidung von unten nach oben gewertet.

240 Allerdings sollte dann der gleitende Durchschnitt für einen möglichst langen Zeitraum bevorzugt werden, denn die Aussagefähigkeit des kurzfristigen Durchschnitts (40 Tage) ist begrenzt. Besonders deutlich wird dies in unruhigen Zeiten wie im Sommer 1999. Obwohl der 40-Tage-Durchschnitt klar vom Index unterschnitten und somit ein Verkaufssignal gegeben wurde, hielt der positive Trend, der seit Juni eingesetzt hatte, stetig an.

Wer sich nach dem 40-Tage-Durchschnitt richtete, hätte also zum falschen Zeitpunkt verkauft, während der Chartist mit Blick auf den kaum berührten 200-Tage-Durchschnitt gehalten und weiter verdient hätte.

Die Oszillatorlinie

Man kann mit dem gleitenden Durchschnitt auch noch die täg- 241
liche prozentuale Abweichung des Durchschnitts vom Index ermitteln und in ein Diagramm eintragen. Das Ergebnis ist die so genannte Oszillatorlinie, die eine Abweichung des Index vom gleitenden Durchschnitt nach oben oder unten anzeigt. Die Null-Linie stellt dabei den gleitenden Durchschnitt dar, eine Abweichung nach oben soll Kauf-, eine nach unten Verkaufssignal sein. Für den Anleger kann es eine Warnung sein, wenn sich die Ausschläge der Oszillatorlinie immer mehr verringern und sich in immer geringerem Abstand zur Null-Linie bewegen.

242

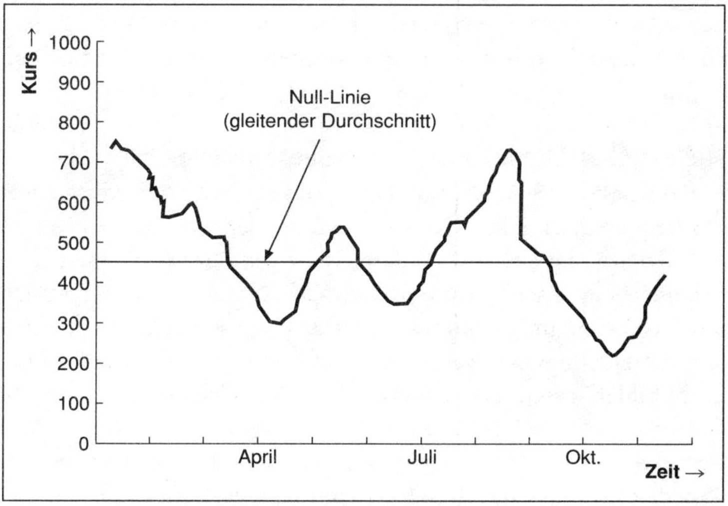

Die Widerstands- und Unterstützungslinien

243 Für eine der aussagefähigsten Chartdarstellungen halten wir noch die Widerstands- und Unterstützungslinien, für die nur eine Kurskurve benötigt wird (Index oder Einzelwerte), bei der dann die jeweiligen Tief- und Hochstände miteinander verbunden werden. Auf diese Weise erhält man beim Verbinden der Tiefstände eine Unterstützungslinie, beim Verbinden der Hochstände eine Widerstandslinie.

Die Theorie besagt, dass die Börse immer mehrere Anläufe benötigt, eine solche Linie zu durchbrechen. Der Grund dafür ist, dass aller Erfahrung nach viele Anleger verkaufen, wenn ehemalige Höchststände wieder erreicht sind bzw. viele Anleger neu einsteigen, wenn ehemalige Tiefstände erreicht sind. Dadurch entsteht in beiden Fällen eine Situation, die entweder den Kursanstieg bremst (bei großem Angebot wegen Erreichen der Widerstandslinie) oder die Nachfrage verstärkt (wegen Erreichen der Unterstützungslinie). Diese technischen Reaktionen stehen dann zunächst einem weiteren Kursanstieg oder Kursabfall entgegen, können also Trends in beide Richtungen zunächst unterbrechen (siehe Abb. auf Seite 119 oben).

Weitere Chartformationen zur Trendbestimmung

245 Ist ein Kursanstieg das Signal dafür, dass es an der Börse insgesamt wieder aufwärts geht? Oder handelt es sich nur um ein kurzes Aufflackern, das sich in einer längerfristigen Phase sinkender Kurse bemerkbar macht? Antworten auf diese Frage versprechen sich viele Chartgläubige von der Betrachtung geometrischer Figuren, die sich aus den Verbindungslinien der Höchst- und Tiefstkurse bilden lassen. Dabei werden folgende Unterscheidungen getroffen:

Trendbestätigende Chartdarstellungen sollen ein Indiz dafür sein, dass die bisher beobachtete Entwicklung weiterhin andauert.

244

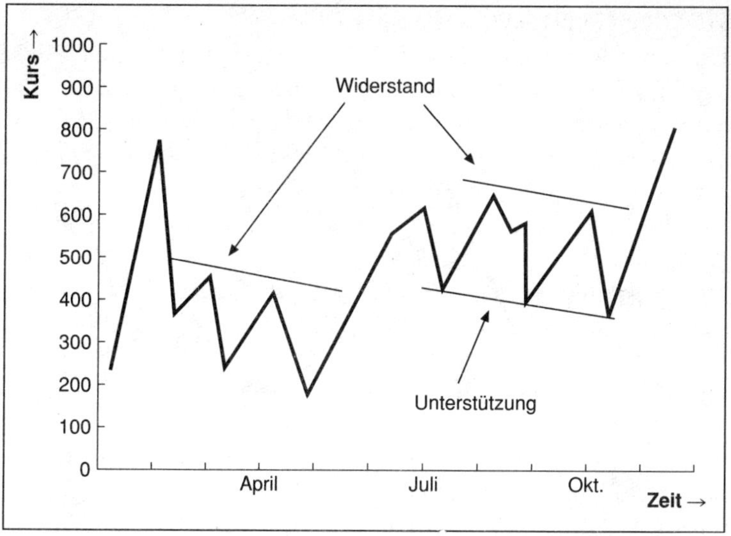

Die Keilformation spricht für einen anhaltenden Abwärtstrend (siehe Abb. auf Seite 120 oben). 246

Die Wimpelformation spricht für einen weiterhin zu erwartenden Anstieg (siehe Abb. auf Seite 120 unten).

Trendumkehr oder -bestätigung sollen aus Rechteck- und Dreieckformationen zu erkennen sein. In beiden Fällen kann erst nach dem Durchbrechen der jeweiligen Unterstützungs- (unten) oder Widerstandslinie (oben) die Aussage getroffen werden, ob eine Trendbestätigung oder -änderung zu erwarten ist. Dabei handelt es sich bei der Dreieckformation praktisch um eine Fortführung des bereits dargestellten Wimpels oder Keils. 247
Das Rechteck aus Unterstützungs- und Widerstandslinie zeigt in diesem Fall einen Steigerungstrend an (s. Abb. auf S. 121 oben).

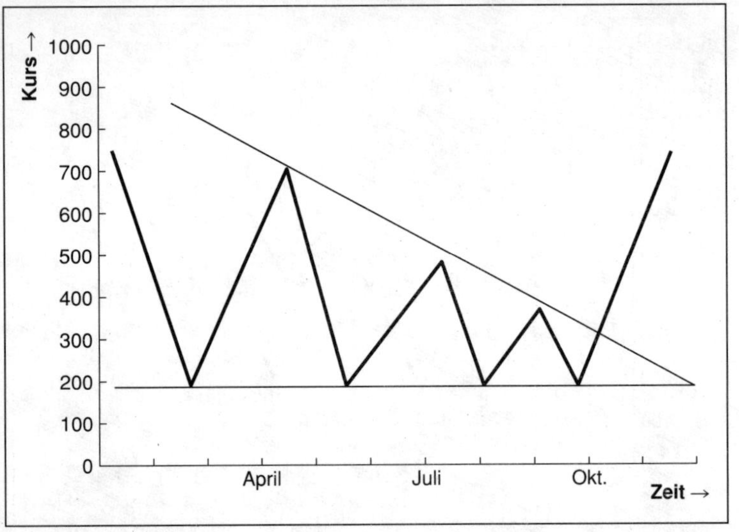
Kurs →
1000
900
800
700
600
500
400
300
200
100
0
April
Juli
Okt.
Zeit →

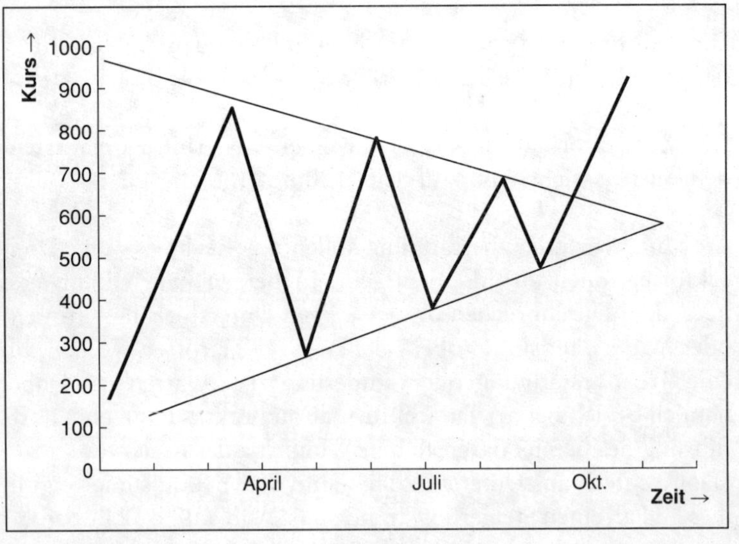
Kurs →
1000
900
800
700
600
500
400
300
200
100
0
April
Juli
Okt.
Zeit →

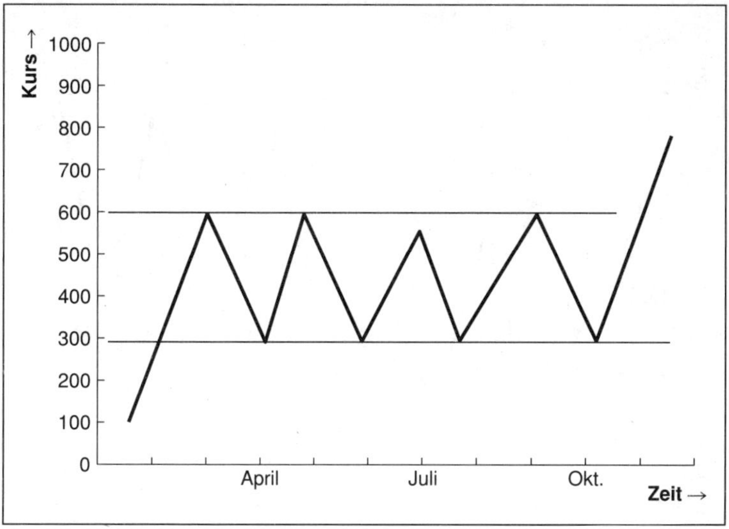

Das symmetrische Dreieck signalisiert in diesem Fall ebenfalls einen positiven Trend (siehe Abb. auf Seite 122 oben). 248

Auf eine Trendumkehr weisen hingegen eindeutig die weiteren Darstellungen hin. Diese können sowohl das Ende einer Hausse als auch einer Baisse anzeigen. 249
Auf eine Trendumkehr hin zu Kursverlusten lässt z. B. die Kopf-Schulter-Formation schließen (siehe Abb. auf Seite 122 unten).

Auf steigende Kurse lässt dagegen die Formation mit der Bezeichnung »Doppelspitze« oder »Doppelboden« schließen (siehe Abb. auf Seite 123 oben). 250

Auch die Untertassenformation weist auf steigende Kurse hin (siehe Abb. auf Seite 123 unten). 251

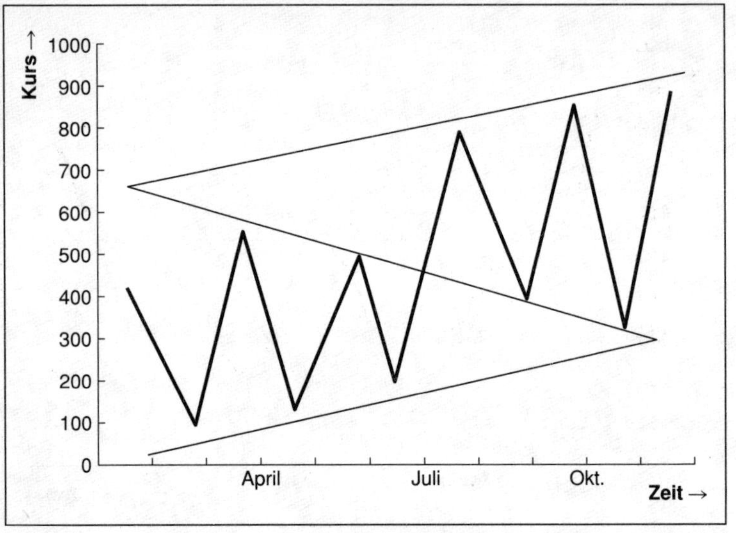
Kurs →
1000
900
800
700
600
500
400
300
200
100
0
April
Juli
Okt.
Zeit →

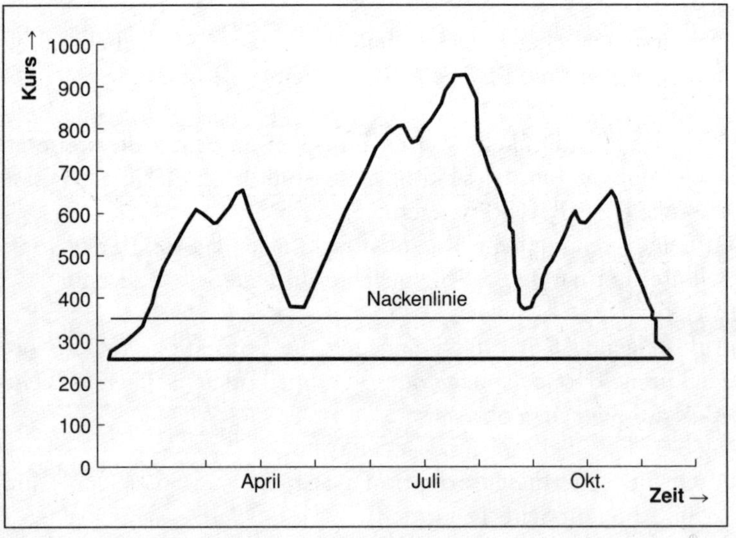
Kurs →
1000
900
800
700
600
500
400
300
200
100
0
Nackenlinie
April
Juli
Okt.
Zeit →

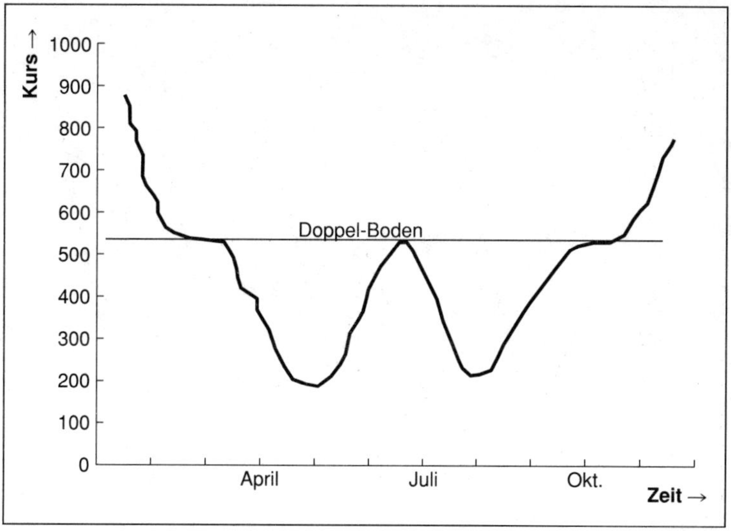
Kurs →
1000
900
800
700
600
500
400
300
200
100
0
Doppel-Boden
April
Juli
Okt.
Zeit →

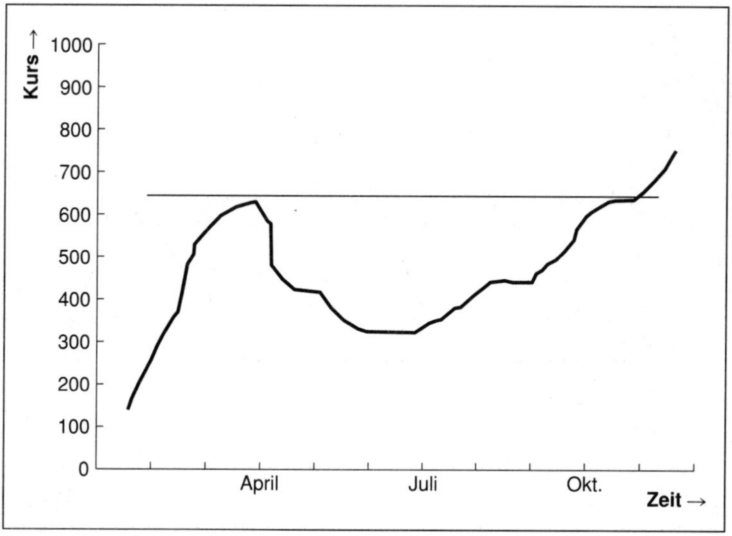
Kurs →
1000
900
800
700
600
500
400
300
200
100
0
April
Juli
Okt.
Zeit →

KAPITEL 6

Indizes – Stimmungsbarometer für Anleger

Der tägliche Börsentrubel und die Vielzahl der Aktien machen es dem Anleger unmöglich, die Kursentwicklung jedes einzelnen Papiers zu verfolgen. Von größerer Bedeutung ist für ihn die Gesamtentwicklung eines Marktes an einem bestimmten Tag oder über einen längeren Zeitraum hinweg. Diese Information kann er aus einem Index erhalten. 252

TIPP:

Mit einem Index wissen, wo's langgeht 253

Wer einen schnellen Überblick über das Börsengeschehen haben will, muss nicht viele Einzelwerte betrachten, sondern kann Stimmung und Kursentwicklung aus einem Index erkennen.

Der Index ist eine Kennzahl, die die Einzelinformationen (z. B. Kurse und Umsätze) der vielen Finanztitel zu einer Zahl zusammenfasst. 254

Damit fungiert der Index als eine Art Stimmungsbarometer, das die Tendenz auf dem Aktien- oder Rentenmarkt in einer Zahl ausdrückt. Oft wird dazu der Wert eines Kurses zu einem bestimmten Zeitpunkt als Bezugsgröße genommen und z. B. gleich 100 (Tokio Stock Price Index) oder 1000 (DAX) gesetzt. Der jeweils neu errechnete Wert wird dann dazu ins Verhältnis gesetzt. Die Frankfurter Wertpapierbörse und vor allem Geschäftsbanken ermitteln regelmäßig Aktien-, Renten-, Optionsschein- und andere Indizes. Somit erhält der Anleger schnell einen Überblick über die Entwicklung des Gesamtmarktes deutscher Aktien, Anleihen, Optionsscheine usw.

255 ♦ Aktienindizes sind Gradmesser für die Kursentwicklung an Aktienmärkten.

256 ♦ Rentenindizes sind Gradmesser für die Kursentwicklung an Rentenmärkten.

257 ♦ Volatilitätsindizes drücken die vom Terminmarkt erwartete Schwankungsbreite des zu Grunde liegenden Index aus.

TIPP:

258 **Ein Index bleibt immer der Gewinner**

Anleger, die die Aktien mit den besten Gewinnchancen selber heraussuchen wollen, können den Index auf Dauer nicht schlagen. So lautet das Ergebnis einer wissenschaftlichen Untersuchung. Langfristig ist es deshalb von Vorteil, auf die Papiere zu setzen, die im Index enthalten sind. Der Anleger kann sich dazu einen entsprechenden Indexfonds aussuchen, der einen von ihm gewünschten Marktindex (z. B. DAX, REX) ziemlich genau nachbildet.

259 Und so wird ein Index grundsätzlich berechnet: Die Einzelkurse von ausgesuchten Aktien oder Anleihen werden zu einem Korb zusammengestellt und addiert. Jede Aktie oder Anleihe geht dabei – gewichtet oder ungewichtet – in die Berechnung ein. Will man den Indexverlauf dokumentieren, muss diese Berechnung während eines Börsentages oder über einen bestimmten Zeitraum hinweg wiederholt werden.
Die spezielle Indexberechnung, die Struktur und der jeweilige Wertpapierkorb sind jedoch bei jedem Index verschieden.

Die meisten bekannten Aktienindizes sind national ausgerichtet und orientieren sich an einem bestimmten Segment eines Börsenplatzes. Spannend wird es immer dann, wenn Unternehmen fusionieren und der Index deshalb neu zusammengesetzt werden muss. Dabei ist die Zugehörigkeit zu einem Index für viele Firmen nicht nur eine Prestigefrage. Die Vertretung in einem Blue-Chip-Index belebt grundsätzlich die Nachfrage nach den Aktien, und allein die Aussicht auf einen Platz in einem Index kann das Interesse der Käufer kräftig ankurbeln.

Bei der Deutschen Börse in Frankfurt am Main ist der Bereich **260**
»Information Products« für die Qualitätssicherung und den Vertrieb der Indizes zuständig.

Die Aktienindizes am deutschen Aktienmarkt

Für den deutschen Aktienmarkt berechnet die Deutsche Börse folgende Aktienindizes:

261

Die Aktienindizes am deutschen Aktienmarkt	
DAX (Deutscher Aktienindex)	Umfasst die dreißig wichtigsten deutschen Aktien
MDAX (Mid-Cap-DAX: middle-sized-capitalization)	Umfasst die siebzig Aktien hinter dem DAX, das heißt von Platz 31 bis Platz 100
DAX 100	Die hundert Aktien aus DAX und MDAX
NEMAX-All-Share-Index	Umfasst alle Titel auf dem Neuen Markt

Die Aktienindizes am deutschen Aktienmarkt	
NEMAX 50	Blue-Chip-Index für die fünfzig größten Unternehmen auf dem Neuen Markt
SMAX	Umfasst alle Small Caps, Unternehmen, die von der Größe her unterhalb des DAX 100 liegen
SDAX	Umfasst die hundert umsatzstärksten und in der Börsenkapitalisierung größten SMAX-Werte
CDAX (Composite DAX)	Der CDAX umfasst jeweils die Aktienindizes bestimmter Branchen, dabei steht das C für Composite. Die Werte aller Branchenindizes sind im CDAX-Gesamtindex zusammengefasst. Er beinhaltet alle deutschen Aktien, die an der Frankfurter Wertpapierbörse im amtlichen Handel notiert sind.

DAX

262 Die historische Zeitreihe des Deutschen Aktienindex (DAX) reicht bis 1959 zurück, seit dem 1. Juli 1988 wird er veröffentlicht. Der DAX wurde von der Frankfurter Wertpapierbörse, der Arbeitsgemeinschaft der Deutschen Wertpapierbörsen und der *Börsenzeitung* entwickelt. Er besteht aus dreißig deutschen Standardwerten, die im amtlichen Handel oder geregelten Markt der Frankfurter Wertpapierbörse (FWB) variabel notiert werden. Welche Aktien das sind, hängt ab von

- der Börsenkapitalisierung der Aktiengesellschaften,
- dem Börsenumsatz der vergangenen zwölf Monate und
- der Anerkennung des Übernahmekodex.

263 Die Gewichtung der im DAX vertretenen Gesellschaften erfolgt nach ihrem börsennotierten Grundkapital. Dementsprechend haben die Gesellschaften mit einem hohen Grundkapital einen

stärkeren Einfluss auf den Stand des DAX als diejenigen, deren Grundkapital niedriger ist. Aber nicht nur das Grundkapital der zum DAX zählenden Gesellschaft beeinflusst den Indexstand, sondern auch der Börsenkurs ihrer Aktien. Dabei werden die Aktientitel regelmäßig auf Aktualität überprüft, das heißt, es wird kontrolliert, inwieweit der Börsenumsatz und das mit dem Aktienkurs bewertete Grundkapital (Marktkapitalisierung) die Vertretung der Gesellschaft im DAX rechtfertigen. Diese Kontrolle findet jährlich einmal im September statt. Hält eine Aktiengesellschaft der Überprüfung nicht stand, ist es durchaus möglich, sie im Index gegen eine andere auszutauschen.
Der DAX ist als Real-Time-Index konzipiert und wird alle fünfzehn Sekunden aus den Preisen des elektronischen Handelssystems der Deutschen Börse, Xetra, berechnet und verteilt. Die Berechnung erfolgt auf der Grundlage der fortlaufenden Notierungen der dreißig Aktienwerte. Im Frankfurter Börsensaal wird der Deutsche Aktienindex an einer Anzeigentafel veröffentlicht, außerdem wird dort sein Verlauf graphisch dargestellt.
Der DAX ist ein so genannter Performanceindex (total return index). Das bedeutet, dass er außer der Kursveränderung die Erträge der Indexwerte (Dividendenzahlungen, Erlöse aus Bezugsrechtsveräußerungen usw.) erfasst. Der DAX gilt somit als Performancemaßstab – er drückt zu einem bestimmten Zeitpunkt stets den absoluten Wert einer Geldanlage aus. Unter der Annahme, dass am 31. 12. 1987 1000 DM in den DAX investiert wurden, zeigt ein Indexstand von z. B. 4000, dass sich der Wert der Geldanlage seit Ende 1987 vervierfacht hat. Der Vorteil für alle Börseninteressierten: Man muss nicht lange einzelne Kurse vergleichen und Dividenden nachschlagen, um sich schnell einen Überblick über den Gesamttrend der Börse zu verschaffen. Es genügt ein Blick auf den DAX. Ist er gegenüber dem Vortag, dem Jahresbeginn oder einem anderen Zeitpunkt gestiegen, war der

Die Zusammensetzung des DAX®

Prozentanteile der einzelnen Aktiengesellschaften bei der Ermittlung des Index. Stand: März 2000

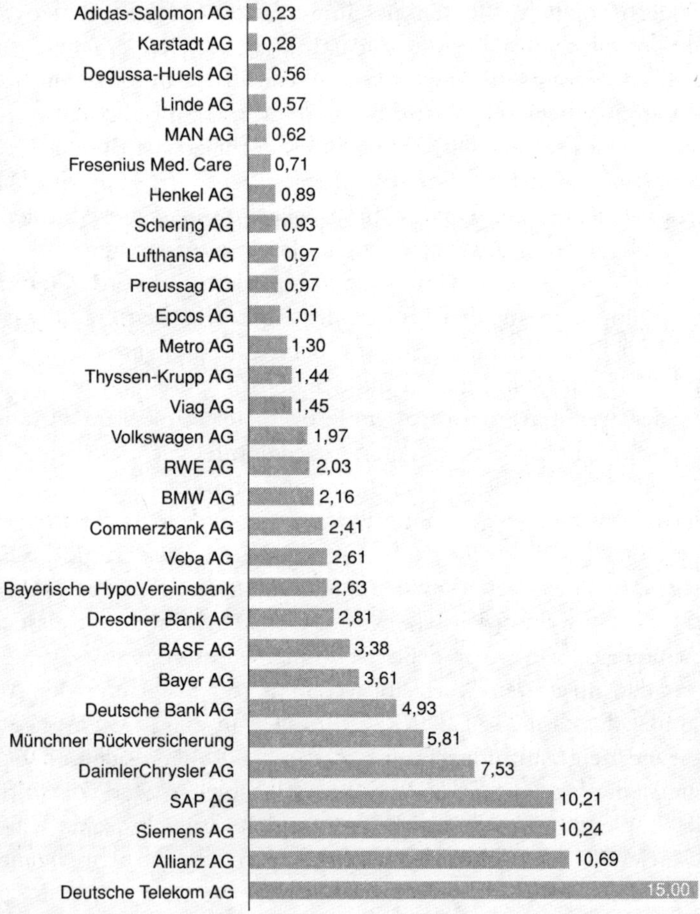

Kursverlauf insgesamt positiv – auch wenn einige Aktienwerte durchaus in eine andere Richtung marschiert sind. Schließlich gibt der DAX nur einen Durchschnitt an. Schwierig würde es aber für einen Anleger, wollte er sein eigenes Depot genau der Zusammensetzung des DAX anpassen.
Der Deutsche Aktienindex fungiert vor allem als Barometer für den Aktienmarkt und als Vergleichsmaßstab (Benchmark) für die Beurteilung von Aktien-Portefeuilles und Aktienfonds.

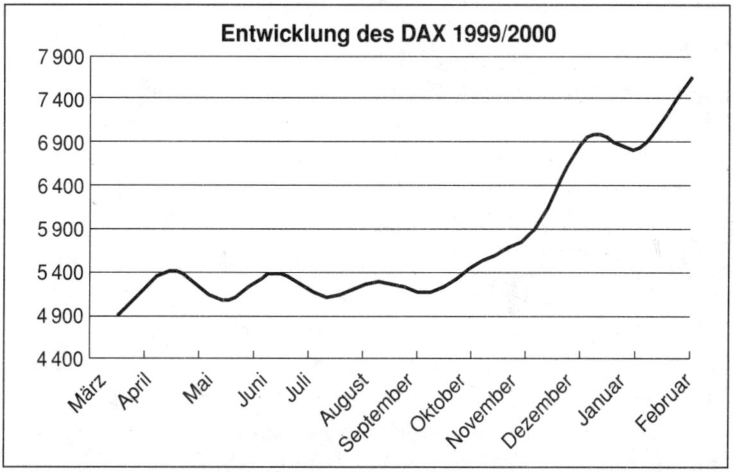

264

MDAX

Im MDAX (Mid-Cap-Index) sind so genannte Mid-Cap-Unternehmen erfasst. Der MDAX deckt die liquiden Werte der zweiten Reihe ab. Seine historische Zeitreihe reicht bis 1987 zurück, als Basis wurde der 30. 12. 1987 mit einem Wert von 1000 gewählt. Der MDAX besteht aus siebzig Standardwerten, die im amtlichen Handel oder geregelten Markt der Frankfurter Wertpapierbörse variabel notiert werden. Auch hier sind die Auswahlkriterien 265

- die Börsenkapitalisierung der Aktiengesellschaften,
- der Börsenumsatz der vergangenen zwölf Monate und
- die Anerkennung des Übernahmekodex.

Im MDAX sind Gesellschaften vertreten, die eine geringere Kapitalausstattung aufweisen als diejenigen, die den DAX repräsentieren. Der MDAX ist ebenfalls als Real-Time-Index konzipiert und wird minütlich aus Preisen des elektronischen Handelssystems Xetra der FWB berechnet und verteilt.

DAX 100

266 Der DAX 100 umfasst hundert inländische Aktiengesellschaften, die im amtlichen Handel oder geregelten Markt der Frankfurter Wertpapierbörse variabel notiert werden. Es handelt sich hier um einen Index, der die Entwicklung der hundert liquidesten Werte des Aktienmarkts repräsentiert. Der DAX 100 wurde eingeführt, weil der DAX nicht die volle Marktbreite reflektieren kann. Der DAX 100 beinhaltet DAX und MDAX. Ebenso wie der Deutsche Aktienindex ist der DAX 100 ein Performanceindex, der minütlich aus Preisen des elektronischen Handelssystems Xetra der FWB aktualisiert wird. Die Basis dieses Index war 500 am 30. Dezember 1987. Seit dem Basiszeitpunkt steht eine historische Zeitreihe zur Verfügung.

NEMAX

267 Im Index NEMAX-All-Share-Index des Neuen Marktes sind alle Titel des Segmentes berücksichtigt. Der NEMAX 50 ist ein junger Neuer-Markt-Blue-Chip-Index, den die Deutsche Börse am 1. Juli 1999 eingeführt hat. Er umfasst die fünfzig liquidesten Werte des Neuen Marktes und spiegelt gut achtzig Prozent des Gesamtumsatzes und 85 Prozent der Gesamtmarktkapitalisierung wider. Die Zusammensetzung des Index wird halbjährlich

überprüft. Zu weiteren Informationen siehe auch das Kapitel über den Neuen Markt.

SMAX

Bei den am SMAX (Small Cap Exchange) teilnehmenden Unternehmen handelt es sich um inländische und ausländische Gesellschaften, die im amtlichen oder geregelten Markt an der FWB gelistet sind und deren Größe unterhalb des DAX 100 liegt. Mit dem im April 1999 neu errichteten Börsensegment SMAX sollen etablierte mittelständische Aktiengesellschaften aus traditionellen Branchen für Investoren interessant werden. Zu den Traditionsbranchen zählen beispielsweise die Textilindustrie, der Maschinenbau, Automobilzulieferer und das Baugewerbe. **268**
Voraussetzung für die Aufnahme ist eine Zulassung für den geregelten Markt oder den amtlichen Handel an der Frankfurter Wertpapierbörse. Um darüber hinaus in den SMAX aufgenommen zu werden, müssen die Unternehmen mit der Deutschen Börse AG eine privatrechtliche Vereinbarung treffen. Damit bestätigen sie ihrerseits die Einhaltung gewisser Anforderungen, die im SMAX-Regelwerk definiert sind.

SMAX-Unternehmen müssen folgende Standards erfüllen:

1. Free Float: Der Anteil von Aktien in Streubesitz muss mindestens zwanzig Prozent betragen. Die Deutsche Börse empfiehlt mindestens fünfundzwanzig Prozent. Je größer der Anteil, desto höher ist die Liquidität der Aktie und desto attraktiver wird sie für Investoren. **269**
2. Designated Sponsors: SMAX-Unternehmen müssen ein Kreditinstitut oder ein Finanzdienstleistungsunternehmen als Designated Sponsor beauftragen. Die Aufgaben eines Designated Sponsor sind in einem eigenen Abschnitt beschrieben. **270**

271 3. Quartalsberichte: SMAX-Gesellschaften müssen einen Drei-, Sechs- und Neun-Monats-Bericht veröffentlichen. Die Berichte sind spätestens zwei Monate nach Abschluss der Berichtsperiode zu publizieren, die Inhaltsangaben sind vorgegeben. Vier Monate nach Abschluss des Geschäftsjahres muss der Jahresabschlussbericht vorgelegt werden. Ab 2002 ist eine englische Fassung der Publikationen für SMAX-Unternehmen vorgeschrieben.

272 4. Übernahmekodex: Dieser muss von den Emittenten anerkannt werden.

273 5. Analystenveranstaltung: SMAX-Gesellschaften müssen einmal im Jahr eine Informationsveranstaltung für Analysten durchführen.

274 6. Vorstand und Aufsichtsrat: Der Anteilsbesitz von Vorstand und Aufsichtsrat ist im Jahresbericht zu veröffentlichen.

275 SMAX ist ein Index sowohl für neue Börsenkandidaten als auch für bereits börsengelistete Unternehmen, er ist aber ausschließlich kleinen Firmen vorbehalten. Mit dem Standardregelwerk ist ein aufwendiges Umlisten für bereits an der Frankfurter Wertpapierbörse notierte Unternehmen nicht nötig. Neue Börsenkandidaten können gleichzeitig mit der Notierungsaufnahme an SMAX teilnehmen. Grundsätzlich steht SMAX auch ausländischen Small Caps offen.

Mit SMAX ist ein Spielfeld ausschließlich für Small Caps bereitgestellt, SMAX-Werte können also nicht gleichzeitig im MDAX oder im DAX enthalten sein. Eine gleichzeitige Notierung im Neuen Markt ist ebenfalls ausgeschlossen.

Unternehmensinformationen, Quartalsberichte und tagesaktuelle Neuigkeiten rund um den SMAX gibt es im Internet unter www.smax.de.

SDAX

Der SDAX umfasst die hundert umsatzstärksten und in der Börsenkapitalisierung größten SMAX-Werte. Der SDAX folgt somit dem MDAX. Die Zusammensetzung des SDAX wird quartalsweise überprüft. Sie wird verändert, wenn 276

- neue größere Small Caps am SMAX teilnehmen,
- einzelne SMAX-Werte den Qualitätskriterien nicht mehr gerecht werden,
- ein SMAX-Unternehmen in den MDAX aufgenommen wird.

EXTRA: SMALL CAPS

Mit Small Caps werden am Kapitalmarkt Unternehmen bezeichnet, die einen Jahresumsatz von knapp sieben Millionen bis zu über fünf Milliarden DM aufweisen und zwischen 7 und 12700 Mitarbeiter beschäftigen. Der durchschnittliche Unternehmensumsatz der Small Caps an der FWB beträgt rund 800 Millionen DM. Der Börsengang liegt im Durchschnitt rund zehn Jahre, die Unternehmensgründung etwa fünfundachtzig Jahre zurück. 277

Das Small-Cap-Segment ist vielfältig. Das gilt auch für die Branchenzusammensetzung: Die Bandbreite reicht von Finanzdienstleistern über den Einzelhandel und Maschinenbau bis hin zur Nahrungsmittel- und Getränkeindustrie sowie dem Bausektor. Damit sind sowohl der Dienstleistungssektor als auch die Konsum- und die Investitionsgüterindustrie vertreten. Small Caps umfassen Traditions- und Zukunftsbranchen. Diese Vielfalt bietet die Möglichkeit, das Risiko zu verteilen.

CDAX

278 Der CDAX bildet die Marktsegmente des amtlichen Handels, des geregelten Marktes und des Neuen Marktes der FWB ab. Er umfasst jeweils die Aktienindizes bestimmter Branchen, dabei steht das C für Composite. So berücksichtigt beispielsweise der CDAX-Chemie ausschließlich Aktien von Gesellschaften der Chemiebranche, der CDAX-Textil nur Papiere aus der Textilbranche.

Auch der CDAX ist ein Performanceindex, seine Basis ist 100 am 31. Dezember 1987. Eine historische Zeitreihe steht seit 1970 zur Verfügung. Die Werte aller Branchenindizes sind im CDAX-Gesamtindex zusammengefasst. Dabei wird der CDAX minütlich aus Preisen des elektronischen Handelssystems Xetra der FWB ermittelt und veröffentlicht. Die CDAX-Branchenindizes hingegen werden einmal täglich aus den Preisen der Xetra-Schlussauktion berechnet. Aus Vereinfachungsgründen werden die einzelnen Branchenindizes und der CDAX-Gesamtindex unter dem Begriff CDAX zusammengefasst.

279

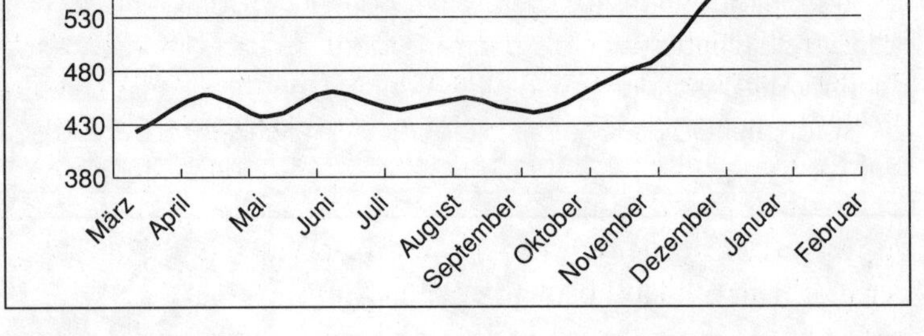

VDAX

VDAX ist die Abkürzung für DAX-Volatilitätsindex. Der Begriff 280
der Volatilität kommt ursprünglich aus dem Italienischen und
bedeutet so viel wie »Flatterhaftigkeit«. Die Volatilität drückt
das Ausmaß der Renditeschwankungen eines bestimmten Pa-
piers über einen bestimmten Zeitraum aus, ihre Berechnung ba-
siert auf der Standardabweichung.

Die Volatilität hat entscheidenden Einfluss auf den Preis eines Optionsscheins. Steigt die Volatilität, verteuern sich Optionsscheine bzw. erhöht sich das Aufgeld, das der Anleger für den Optionsschein bezahlen muss. So kann der Preis eines Optionsscheins konstant bleiben oder sogar sinken, obwohl der Basiswert eines Calls stark gestiegen ist.

Der VDAX drückt die erwartete Breite der Kursschwankungen 281
des Deutschen Aktienindex (DAX) aus. Die erwartete Schwan-
kungsbreite des DAX wird aus den Preisen der an der Deutschen
Terminbörse gehandelten Optionen abgeleitet. Er ist vor allem
für solche Anleger gedacht, die am Optionsmarkt engagiert sind.

Der DAX-Volatilitätsindex misst die Volatilität eines Korbes von jeweils acht an der Eurex (siehe »Börsen-ABC«, Seite 326) gehandelten Puts und Calls auf den DAX. Der so ermittelte Wert stellt die Meinung professioneller Optionshändler über die zukünftige, prozentuale Schwankungsbreite des DAX dar. An dieser Benchmark orientieren sich wiederum die Emittenten von Optionen auf den DAX.

Bei vergangenen Kurseinbrüchen an den Weltbörsen oder auch bei der Asienkrise konnte beobachtet werden, wie der VDAX in die Höhe schnellt. Der VDAX wird deshalb auch »Index der Nervosität« genannt. In ihm spiegeln sich die Ängste der Anleger wider, alle zehn Sekunden wird er von der Deutschen Börse auf der Basis verschiedener Optionen auf den DAX und mithilfe einer mathematischen Formel berechnet.

Der VDAX sagt aus, wie viel der DAX in den nächsten 45 Tagen schwanken wird. Die zu erwartenden Ausschläge werden wie folgt berechnet: Der DAX-Wert wird mit dem VDAX-Wert und dem Faktor 0,0035 multipliziert. Beispiel: Der DAX steht bei 5200 Punkten, der VDAX bei 35 Prozent. Die Marktteilnehmer rechnen also damit, dass der DAX in den folgenden 45 Tagen um bis zu 637 Punkte ausschlägt, also zwischen 4563 und 5837 Punkten schwankt.

Die Aktienindizes am europäischen Aktienmarkt

282 Für den europäischen Aktienmarkt werden folgende Aktienindizes berechnet:

283

Aktienindizes für die europäischen Aktienmärkte (veröffentlicht von der Deutschen Börse)	
Dow Jones STOXX	Indexfamilie, besteht aus 4 Haupt- und 19 Branchenindizes: Dow Jones STOXX, Dow Jones STOXX 50, Dow Jones EURO STOXX und Dow Jones EURO STOXX 50 (Erläuterungen siehe folgender Text)
EURO.NM	Umfasst alle Aktien, die an den Neuen Märkten in Amsterdam, Brüssel, Frankfurt, Paris und Mailand gelistet sind

Dow Jones STOXX

284 STOXX Limited ist ein Gemeinschaftsunternehmen von Deutsche Börse, Dow Jones, SBF (Bourse de Paris) und SWX (Swiss Exchange). Sie haben die Dow Jones STOXX-Indexfamilie gegründet. Die Börsen Paris, Zürich und Frankfurt haben in Zusammenarbeit mit dem Verlagshaus Dow Jones diese neue euro-

päische Aktienindex-Familie entwickelt, um sowohl den privaten als auch den institutionellen Anlegern die Auswahl der Aktienwerte zu erleichtern. Die aus vier Haupt- und neunzehn Branchenindizes bestehende Indexfamilie wird sowohl für Länder aus dem europäischen Raum als auch für das Euro-Währungsgebiet berechnet. STOXX ist der Familienname der neuen europäischen Börsenbarometer. Die Berechnung findet jeweils in Euro und US-Dollar statt. Als Basiszeitpunkt ist der 31. 12. 1991 gewählt worden, dabei basieren die Blue-Chip-Indizes auf 1000 und alle anderen Indizes auf 100 Punkten. Für sämtliche Indizes wird ab dem 31. 12. 1991 eine Kurshistorie angeboten.
Alle in Euro berechneten Kursindizes werden real time ermittelt und alle fünfzehn Sekunden verteilt. Die Hauptindizes sind der Dow Jones STOXX, der Dow Jones STOXX 50, der Dow Jones EURO STOXX und der Dow Jones EURO STOXX 50.

Die STOXX-Familie Die europäischen Aktienindizes	285
Dow Jones STOXX	Deckt Europa insgesamt ab
Dow Jones EURO STOXX	Deckt die Länder ab, die bei der Währungsunion dabei sind
Dow Jones STOXX 50	Deckt Europa insgesamt ab, enthält die fünfzig Top-Aktien Europas
Dow Jones EURO STOXX 50	Deckt die Länder ab, die bei der Währungsunion dabei sind, enthält die fünfzig Top-Aktien der vorläufig elf Euro-Länder

Der Dow Jones STOXX 50 und der Dow Jones EURO STOXX 50 sind Blue-Chips-Indizes, das heißt, sie beinhalten ausschließlich Werte von Unternehmen mit erstklassiger Bonität. Diese beiden Indizes sollen als so genannte Vergleichsmaßstäbe **286**

(Benchmarks) dienen, an denen Profis ihre Leistung messen. Denn in ihnen findet jeder Anleger sehr schnell die größten und liquidesten Aktien in Europa.

TIPP:

287 **Kritik ist immer angebracht**

Gehen Sie an diese Indizes grundsätzlich nicht kritiklos heran. Berücksichtigen Sie bei Ihrer Wahl auch die bereits existierenden europäischen Aktienindizes, z. B. die MSCI (Morgan Stanley Capital International-Indizes) oder den Financial Times/Standard & Poor's-Europa-Index.

---

288 Experten bemängeln, dass der EURO STOXX 50 nur die jeweiligen Branchenführer der Euro-Länder umfasst. Das, so die Fachleute, spiegele die europäische Aktienwelt nicht richtig wider. Auf der anderen Seite umfasst der neue europäische Aktienindex so viele Branchen, dass er Sektoren aufweisen kann, die beispielsweise dem DAX fehlen. Vor allem der Energie- und der Telekommunikationssektor werden somit von den neuen europäischen Indizes profitieren.

TIPP:

289 **Nicht allein am EURO STOXX 50 orientieren**

Der Privatanleger sollte den EURO STOXX 50 nicht als eine perfekte Einkaufsliste betrachten, schließlich beschränkt sich der Index nur auf die Teilnehmerländer der europäischen Währungsunion. Andere große und zu berücksichtigende Gesellschaften finden entsprechend nur im europaweiten Dow Jones STOXX 50 Beachtung.

Der Euro bringt die Aktienmärkte zusammen

Der europäische Aktienmarkt, der bislang aus 32 kleinen Börsen **290**
bestand, schmilzt nun zusammen. Grund dafür ist der Euro, die neue europäische Einheitswährung. Ergebnis: Der Anleger kann künftig unter mehr als 2800 börsennotierten Aktien ohne Währungsrisiko wählen. Damit überrundet der europäische Aktienmarkt den japanischen, der bislang hinter den USA der zweitgrößte der Welt war.

Der Aktienanleger im Euro-Land wird sich neu orientieren müssen, entscheidend sind zukünftig mehr die Branchen und weniger die Länder. Das dokumentieren vor allem die neuen Branchenindizes der Dow-Jones-STOXX-Indexfamilie. Will der Anleger beispielsweise Telekommunikationsaktien erwerben, so sollte er sich nicht nur auf ein Land beschränken, sondern sich europaweit in der Telekommunikationsbranche umsehen. Das bedeutet, dass er neben den deutschen Werten wie Deutsche Telekom oder MobilCom auch andere europäische Telekommunikationspapiere wie z. B. die niederländische Koninklijke PTT, die französische France Télécom oder die italienische Telecom Italia berücksichtigen muss.

EURO.NM

Der EURO.NM All Share Index umfasst alle Aktien, die an den **291**
Wachstumsmärkten in Amsterdam, Brüssel, Frankfurt, Paris und Mailand gelistet sind. Die EURO.NM Aktienindizes werden als Kurs- und Performanceindizes berechnet. Dieser europäische Index ergänzt den von der Deutschen Börse berechneten Neue-Markt-Index NEMAX.

Dabei werden für folgende Länder Subindizes berechnet:

- EURO.NM Belgium-Index, Belgien
- Neuer-Markt-Index, Deutschland

- NMAX-Index, Niederlande
- Nouveau Marché-Index, Frankreich
- Nuovo Mercato-Index, Italien

292 Bis Ende 1999 werden in der europäischen Börsenallianz EURO.NM die Marktsegmente für Wachstumswerte der Börsen in Zürich, Stockholm und Kopenhagen hinzuerwartet. Als weitere Partner, die sich im Jahr 2000 dem EURO.NM anschließen könnten, gelten die Aktienmärkte in Oslo und Helsinki. Jede Gesellschaft wird nur in einem Subindex berücksichtigt. Als Basis der EURO.NM Aktienindizes ist der 30. Dezember 1997 mit 1000 Punkten festgesetzt. Die Indizes werden minütlich berechnet.

Die Rentenindizes am deutschen Rentenmarkt

293 Rentenindizes sind Gradmesser für die Kursentwicklung an Rentenmärkten. Der deutsche Rentenmarkt ist, gemessen am ausstehenden Nominalwert, der drittgrößte Bondmarkt der Welt. Für ihn berechnet die Deutsche Börse die Performanceindizes, die auf den Kursindizes basieren und Preisänderungen sowie Zinserlöse erfassen (siehe nebenstehende Tabelle).

REX

295 Der Deutsche Rentenindex REX bildet den Markt der Staatspapiere (Government Bonds) am deutschen Rentenmarkt ab. Er wird seit dem 30. Dezember 1987 von der Deutschen Börse AG täglich berechnet. Der REX beinhaltet alle Anleihen, Obligationen und Schatzanweisungen der Bundesrepublik Deutschland, des Fonds Deutsche Einheit und der Treuhandanstalt mit fester Verzinsung und einer Restlaufzeit zwischen 0,5 und 10,5 Jahren.

Die Rentenindizes am deutschen Rentenmarkt		294
REX (Deutscher Rentenindex)	Basiert auf dreißig hypothetischen Anleihen mit Laufzeiten von ein bis zehn Jahren mit drei verschiedenen Nominalzinssätzen	
REXP (REX-Performanceindex)	Basiert auf dem REX, erfasst zusätzlich die Zinserlöse	
JEX	Bildet das Segment der Jumbo-Pfandbriefe ab, umfasst dreißig synthetische Pfandbriefe mit ganzzahligen Laufzeiten von ein bis zehn Jahren und jeweils drei Kupontypen	
JEXP (JEX-Performanceindex)	Misst den gesamten Anlageerfolg in einem Pfandbriefportfolio, aus dem weder Geld abgezogen noch in neues Geld investiert wird	
PEX	Konzept wie beim REX, doch der PEX wird nicht auf der Grundlage von Börsenkursen berechnet, er errechnet sich aus Renditen, die sich aus den Briefkursen ergeben	
PEXP (PEX-Performanceindex)	Analog dem REXP misst der Performanceindex PEXP die Wertentwicklung eines hypothetischen Pfandbriefportfolios	

Zu seiner Berechnung werden die Tages-Schlusskurse aller dieser Anleihen, Schatzanweisungen und Obligationen ermittelt. Der REX ist ein gewichteter Durchschnittspreis aus synthetischen Anleihen mit konstanter Laufzeit. Als Kursindex setzt er sich aus dreißig fiktiven Anleihen zusammen, die ganzzahlige Laufzeiten zwischen einem und zehn Jahren haben und mit drei unterschiedlichen Nominalzinssätzen (Kupons in Höhe von 6, 7,5 und 9 Prozent) verzinst werden. Laufzeit und Verzinsung der Anleihen werden konstant gehalten. Der REX steigt, wenn die Renditen fallen.

296 Dabei erfolgt die Berechnung des REX in fünf Schritten:

1. Die aktuellen Renditen werden aus den Schlusskursen der öffentlichen Schuldverschreibungen ermittelt.
2. Auf der Grundlage dieser Renditen wird eine Renditestruktur festgestellt. Dabei werden die Restlaufzeit und die Kupons der einbezogenen Anleihen berücksichtigt.
3. Die Renditen der dreißig hypothetischen Anleihen werden auf der Grundlage des festgestellten Zusammenhangs zwischen Rendite, Kupon und Renditestruktur (Laufzeit) berechnet. Mithilfe dieser Renditen werden die Kurse der hypothetischen Titel berechnet.
4. Jeder Kurs wird mit dem entsprechenden Gewicht multipliziert.
5. Zum Schluss werden die Kurse zusammengezählt, die Summe ergibt den REX.

REXP

297 Der REX-Performanceindex (REXP) misst den gesamten Anlageerfolg am deutschen Rentenmarkt. Er beinhaltet zusätzlich zu den Kursveränderungen der dreißig hypothetischen REX-Anleihen auch deren Zinserlöse. Seine Basis ist 100 am 30. Dezember 1987, seine historische Zeitreihe reicht bis Januar 1967 zurück.

Der REXP berücksichtigt Kurserträge oder -verluste, die durch verminderte Restlaufzeiten bei einem realen Anleiheportfolio entstehen. Entsprechend zeigt der REXP an, wie sich 100 DM entwickelt hätten, wenn sie am 30. Dezember 1987 in die REX-Anleihen investiert und die Erträge des Portefeuilles stets reinvestiert worden wären. Außerdem gilt die Annahme, dass kein Geld entnommen oder hinzugefügt wurde.

298 Die Deutsche Börse berechnet und verteilt REXP-Subindizes für

die Laufzeitklassen ein bis zehn Jahre sowie für die Kuponklassen 6, 7,5 und 9 Prozent. Der REXP und seine Subindizes werden einmal an jedem Börsentag in Frankfurt berechnet und veröffentlicht.

299

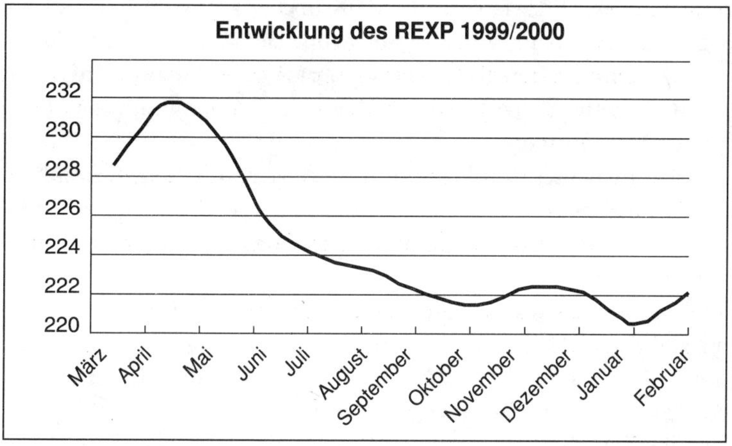

JEX

Bei den Jumbo-Pfandbriefen handelt es sich um ein Segment mit einem Volumen von mindestens circa 500 Millionen Euro, Kupons mit fester Verzinsung und einer Laufzeit zwischen einem halben und zehneinhalb Jahren. Die Zeitreihe zum JEX ist ab dem 2. Januar 1996 verfügbar. Der JEX ist eng an den Rentenindex REX angelehnt. Er basiert auf einem Indexportfolio, das aus nicht wirklich gehandelten Pfandbriefen besteht, sondern aus dreißig synthetischen Pfandbriefen mit ganzzahligen Laufzeiten von einem bis zehn Jahren und jeweils drei Kupontypen mit 6, 7,5 und 9 Prozent. 300

Der JEX und seine Subindizes werden einerseits an jedem Börsentag in Frankfurt nach Ende des Rentenhandels berechnet, andererseits fortlaufend während eines Börsentages.

JEXP

301 Der JEXP bezieht sich auf den JEX und misst den gesamten Anlageerfolg in einem Pfandbriefportfolio, aus dem weder Geld abgezogen noch in neues Geld investiert wird. Er arbeitet also wie der REXP. Die Zeitreihe vom JEXP kann bis zum 2. Januar 1996 zurückverfolgt werden.
Das Segment der Jumbo-Pfandbriefe ist recht jung, deshalb ist die Basis für den Performanceindex nicht 1987, sondern 1996. Der Index beginnt also am 30. Dezember 1996 mit einem Stand von 100.
Die Deutsche Börse berechnet und verteilt JEXP-Subindizes für die Laufzeitklassen ein bis zehn Jahre sowie für die Kuponklassen 6, 7,5 und 9 Prozent. Der JEXP und seine Subindizes werden einmal an jedem Börsentag in Frankfurt berechnet und veröffentlicht.

PEX

302 Auch der PEX lehnt sich im Konzept eng an den REX an. Er basiert ebenfalls auf einem Indexportfolio, das aus nicht wirklich gehandelten Pfandbriefen besteht, sondern aus dreißig synthetischen Pfandbriefen mit ganzzahligen Laufzeiten von ein bis zehn Jahren und jeweils drei Kupontypen mit 6, 7,5 und 9 Prozent. Im Unterschied zum REX wird der PEX nicht auf der Grundlage von Börsenkursen berechnet; Grund: strukturelle Besonderheiten des Pfandbriefmarktes. Der Pfandbriefhandel findet somit überwiegend im Telefonverkehr statt, im Gegensatz zu dem Handel mit Anleihen des Bundes.
Der PEX wird also aus Briefrenditen berechnet, Werte, zu denen

die Pfandbriefemittenten Umsätze getätigt haben bzw. zu denen sie definitiv bereit gewesen wären, Pfandbriefe zu verkaufen. Die Deutsche Börse veröffentlicht den PEX und seine Subindizes an jedem Börsentag in Frankfurt.

PEXP

Der Performanceindex PEXP misst ebenso wie der REXP die 303
Wertentwicklung eines hypothetischen Pfandbriefportfolios, wobei weder Geld aus ihm abgezogen noch neues Geld in ihn investiert wird. Die Indexhistorie des PEXP und seiner Subindizes geht bis ins Jahr 1988 zurück, veröffentlicht werden sie an jedem Börsentag.

Rentenindex für die europäischen Rentenmärkte

Im Herbst 1999 sind die neuen europäischen BOX-Rentenin- 304
dizes gestartet. Insgesamt 728 Indizes messen die Kursentwicklung von Staatsanleihen und werden für die Euro-Zone und den EU-Raum berechnet. Die Indizes für die Euro-Zone heißen Euro BOX, die Indizes für den EU-Raum BOX.

305

Rentenindex für die europäischen Rentenmärkte (veröffentlicht von der Deutschen Börse)	
Euro-BOX/BOX	Indexfamilie, Messgröße für die Wertentwicklung von Staatsanleihen am europäischen Rentenmarkt

Bei dieser Indexfamilie werden Staatsanleihen mit fester Verzin- 306
sung und Restlaufzeiten zwischen einem halben und dreißigeinhalb Jahren und einem ausstehenden Volumen von mindestens 0,5 Milliarden Euro berücksichtigt. Nach Angaben der Deut-

schen Börse wurden damit die bestehenden Rentenindizes ergänzt und eine Benchmark für den Rentenhandel und für Kapitalanlagegesellschaften geschaffen.
Die BOX-Indizes werden für Länder aus dem EU-Raum (inklusive Schweiz, ohne Griechenland), die Euro-BOX-Indizes für die Länder aus der Euro-Zone (ohne Luxemburg) berechnet. Dabei werden für jedes der zehn Länder der Euro-Zone und der vierzehn Länder des EU-Raums jeweils ein Gesamtindex und mehrere Laufzeitindizes berechnet. Alle Indizes sind als Kurs- und Performanceindizes sowie als Korb- und synthetische Indizes aufgelegt. Bei den Korbindizes schwankt die Laufzeit gemeinsam mit den Laufzeiten der im Index enthaltenen Anleihen. Im Gegensatz dazu wird die Laufzeit bei synthetischen Indizes konstant gehalten.
Die Historie der BOX-Indexfamilie reicht bis zum 1. Januar 1993 zurück, die Basis ist der 30. 12. 1998 mit dem Wert 100.

Der Natur-Aktien-Index (NAX)

307 Der Natur-Aktien-Index startete am 1. April 1997 mit einem Ausgangswert von 1000. Dabei ist der NAX nicht bewusst auf Unternehmen beschränkt, die im Umweltsektor tätig sind. Er umfasst auch Unternehmen mit umweltschonender Produktion und ökologischen Produkten. Für die Aufnahme in den NAX müssen die drei folgenden Hauptkriterien erfüllt sein:

1. Das Unternehmen muss im Umweltschutz über die gesetzlichen Standards hinausgehen und in seiner Branche ökologisch eine Vorbildfunktion innehaben.
2. Das Unternehmen darf sich nicht auf den »Umwelt-Lorbeeren« ausruhen, sondern muss stets bemüht sein, noch mehr

Energie, Wasser und Rohstoffe einzusparen. Die Bemühungen, ökologisch zu wirtschaften, dürfen also nicht nachlassen, die Öko-Effizienz muss fortwährend gesteigert werden.
3. Die Aktiengesellschaft darf keiner als ausgesprochen umweltschädigend geltenden Branche angehören, etwa der Atomkraft-, Rüstungs-, PVC- oder Tabakindustrie.

Auch beim NAX ändert sich in zeitlichen Abständen die Zusammensetzung. Bestimmte Titel werden ersetzt, wenn das Unternehmen durch Fusionen oder Verkäufe ganzer Geschäftsbereiche nicht mehr das repräsentiert, was seine Zugehörigkeit zum NAX rechtfertigt. **308**

Derzeit stecken zwanzig Öko-Aktien im Natur-Aktien-Index. Sie wurden von dem Begründer, dem Wiener Ökonomen Max Deml, für die Kennziffer ausgewählt. Dreißig Prozent davon stammen aus den USA, dazu gehören z. B. der Freizeitmodehersteller Timberland und der Eisdielenfilialist Ben & Jerry's Homemade. Die restlichen Wertpapiere kommen aus elf verschiedenen Nationen. Vertreten sind etwa die Kosmetikfirma Body Shop aus England, der dänische Windanlagenhersteller NEG Micon, der japanische Fahrradteileproduzent Shimano oder das »grüne« Geldinstitut Bank Ochrony Srodowiska in Polen.

TIPP:

NAX-Aktien sind nicht immer eine Kaufempfehlung **309**

Im NAX stecken nicht nur Werte mit überaus großer Rendite – es sind auch schwächere dabei, die allerdings die ökologischen Richtlinien vorbildlich erfüllen. Der NAX wird als Gradmesser für den ökonomischen Erfolg von Umweltinvestment verstanden, nicht als Anlagetipp für den schnellen Gewinn.

310 Trotz der geringen Anzahl an Werten hat sich der NAX in den ersten zweieinhalb Jahren weitgehend parallel zum Weltindex entwickelt. Auf- und Abwärtstendenzen wurden von dem Natur-Aktien-Index mit vollzogen.
Aktuelle Informationen zum NAX und zu Öko-Aktien generell finden Sie im Internet unter der Adresse http://www.oeko-invest.de.

Ausländische Indizes

311 Neben den deutschen Indizes gibt es natürlich auch eine Vielzahl ausländischer Indizes. Die wichtigsten wollen wir Ihnen hier vorstellen:

USA: Dow Jones

312 Der weltweit bekannteste und in den USA wichtigste Aktienindex ist der Dow Jones Industrial Average (DJIA), umgangssprachlich bekannt als Dow Jones. Sein Ursprung liegt im Jahre 1894, als Charles Dow einen Index für Eisenbahnwerte schuf. 1896 wurde der Index erstmals von der Börsenzeitung der Firma Dow, Jones & Co., dem heutigen *Wall Street Journal*, ermittelt. Dabei wurden zunächst nur elf Aktien berücksichtigt. Erst vierunddreißig Jahre später wurde der Index auf dreißig Aktienwerte erweitert. Auch heute noch berücksichtigt der Dow Jones dreißig Aktien, die Blue-Chips.
Die Zusammensetzung des Dow-Jones-Index hat sich im Laufe der Zeit mehrmals geändert. Denn die Aktien werden immer wieder nach der Größe der Gesellschaft und ihrer Handelsaktivität aktualisiert. So wurden im Jahre 1991 beispielsweise die Papiere der Gesellschaften USX Corporation, Navistar und Primerica aus dem Dow Jones herausgenommen. Die Werte von Walt

Disney, Caterpillar und J. P. Morgan dagegen wurden hinzugenommen.
Der Dow Jones wird wie der Deutsche Aktienindex während der Börsenzeit laufend ermittelt. Die Berechnung beider Indizes unterscheidet sich jedoch voneinander. Beim Dow Jones wird der Anteil einer Aktie aus ihrem Kurs bestimmt, beim DAX hingegen wird auch das Börsenkapital berücksichtigt.

Australien: All Ordinaries

Die Australian Stock Exchange (ASX) berechnet in Sydney **313**
den australischen Index All Ordinaries, der etwa dreihundert australische Unternehmen beinhaltet. Die Indexbasis war 500 im Jahre 1968.

Großbritannien: FT.SE 100

»Footsie« ist der Spitzname des englischen Index Financial Times/ **314**
Stock Exchange 100. Der FT.SE 100 wird von der *Financial Times* und der London Stock Exchange (LSE) berechnet. Er enthält die Kurse der hundert größten Aktiengesellschaften Großbritanniens. Die Berechnung des FT.SE 100 erfolgt während der Börsenzeit minütlich, seine Basis ist 1000 am 31. Dezember 1983.

Hongkong: HANG SENG

Der Hang-Seng-Aktienindex basiert auf etwa fünfunddreißig be- **315**
deutenden Aktienwerten, die an der Hongkonger Börse notiert sind. Berechnet wird der Hang Seng von der Hang Seng Index Services Ltd., die Indexbasis ist 100 am 31. Juli 1964.

Japan: NIKKEI

Der Nikkei-Aktienindex wird an der Tokioter Börse aus insge- **316**
samt 225 Werten ermittelt. Seine Berechnung erfolgt während der Börsenzeit minütlich. Veröffentlicht wird der japanische Ak-

tienindex seit dem 16. Mai 1949 von der japanischen Finanzzeitung *Nihon Keizai Shimbun.*

Singapur: Straits Time Industrials

317 Der singapurische Aktienindex wird von der Wirtschaftszeitung *Straits Time* erstellt. Er umfasst dreißig bedeutende und in Singapur gehandelte Aktienwerte. Seine Indexbasis ist 100 am 30. Dezember 1964.

Südafrika: JSE Industrial

318 Der Aktienindex der Johannesburg Stock Exchange (JSE) basiert auf etwa vierhundert Industriewerten. Seine Berechnung erfolgt alle 2,5 Minuten während der Börsenzeit. Die Indexbasis ist 281,8 am 1. November 1978.

KAPITEL 7

Optionsscheine – Spekulieren mit Risiko

Erheblich größer als bei Wandel- und Optionsanleihen oder Aktien ist das Risiko beim Kauf von Optionsscheinen (englisch: Warrants), oft einfach nur als Optionen bezeichnet. Mit dem Kauf erwirbt man das Recht, eine Aktie zu einem bestimmten Zeitpunkt zum Festpreis zu erwerben – unabhängig vom gerade notierten Kurswert. Eigentlich handelt es sich um eine Art Wette auf steigende oder fallende Kurse, denn das Geschäft besteht daraus, über die Option Aktien zu niedrigeren als den Kurswerten kaufen zu können. So lange warten die meisten Spekulanten jedoch gar nicht. Das Geschäft mit Optionsscheinen wird vorher gemacht, weil mit jeder Veränderung des Aktienkurses auch der Wert des Optionsscheines (stärker als der Aktienkurs) zu- oder abnimmt. **319**

TIPP:

Optionsscheine nicht leichtfertig erwerben **320**

Wer sich hier verspekuliert, kann das gesamte eingesetzte Kapital verlieren. Das Risiko eines Totalverlustes ist hoch. Das muss man wissen, wenn man sich für Optionsscheine entscheidet.

Fällt der Aktienkurs, wird sich nämlich niemand mehr für einen Optionsschein interessieren, der auf eine Kaufoption zu erheblich höherem Preis lautete. Handelt es sich aber um eine Verkaufsoption zu einem hohen Preis, während der Aktienkurs längst in den Keller gerutscht ist, hat sich das Geschäft gelohnt. **321**

Call und Put

322 Der Optionsschein bietet folgende Möglichkeiten:
Will sich ein Aktionär z. B. gegen *fallende Kurse* absichern, kann er dies durch Verkaufsoptionen tun. Ihr Wert steigt, wenn die Kurse fallen. In Erwartung fallender Kurse wird in Verkaufsoptionen (Put) investiert.
Will der Aktionär hingegen auf *steigende Kurse* setzen, kann er Kaufoptionen erwerben, deren Wert dann viel schneller steigt als der eigentliche Aktienkurs. Auf steigende Kurse wird also grundsätzlich mit einer Kaufoption (Call) gesetzt.

323

Kaufoption (Call)		
Erwartungen und Chancen	**Käufer eines Call**	**Verkäufer eines Call**
Setzt auf:	Steigende Kurse	Gleich bleibende oder fallende Kurse
Risiko:	Gleich bleibende oder fallende Kurse	Steigende Kurse
Gewinn:	Differenz aus Börsenkurs und Basispreis, abzüglich Optionspreis und Spesen	Wird der Kauf (Call) nicht wahrgenommen: Optionsprämie abzüglich Spesen
Möglicher Verlust:	Begrenzt: Optionspreis und Spesen	Unbegrenzt. Bei mangelnder Absicherung über die Basispapiere: Differenz zwischen Börsenkurs und Ausübungspreis, abzüglich Optionspreis und Spesen

Verkaufsoption (Put)			324
Erwartungen und Chancen	**Käufer eines Put**	**Verkäufer eines Put**	
Setzt auf:	Fallende Kurse	Gleich bleibende oder leicht steigende Kurse	
Risiko:	Gleich bleibende oder steigende Kurse	Fallende Kurse	
Gewinn:	Differenz aus Basispreis und Börsenkurs, abzüglich Optionspreis und Spesen	Wird der Verkauf (Put) nicht wahrgenommen: Optionsprämie abzüglich Spesen	
Möglicher Verlust:	Begrenzt: Optionspreis und Spesen	Nahezu unbegrenzt. Wird der Put ausgeübt: Differenz zwischen Basispreis und Börsenkurs (kann null betragen!), abzüglich Optionspreis und Spesen	

Beispiel: Nehmen wir an, eine Aktie (oder Währung, Anleihe, ein Index) wird mit 100 DM notiert. Der Anleger ist sicher, dass der Kurs demnächst auf 120 DM steigen wird. Er ordert nun einen Optionsschein, der ihn berechtigt, innerhalb einer bestimmten Laufzeit (amerikanischer Typ) die Aktie zu beispielsweise 110 DM zu kaufen. Er bestellt also eine Kaufoption, einen Call. Diese Summe von 110 DM ist damit der in den Optionsbedingungen festgelegte Basispreis. Für dieses Recht, die Aktie innerhalb eines bestimmten Zeitraums zu 110 DM zu kaufen, zahlt der Anleger eine Optionsprämie, z. B. 5 DM. Liegt der Anleger richtig mit seiner Spekula- **325**

tion und klettert die Aktie auf 120 DM, so verdoppelt sich der Wert des Optionsscheins auf 10 DM. Dieser Betrag entspricht nämlich genau der Differenz zwischen dem Aktienkurs von 120 DM und dem niedrigeren Basispreis von 110 DM, zu dem der Anleger ja mit seinem Optionsschein die Papiere beziehen kann. In diesem Beispiel erzielt der Aktionär einen Gewinn von 20 Prozent, der Optionsscheinbesitzer hingegen verdoppelt seinen Einsatz. Der Optionsschein steigt im Kurs wie die Aktie, doch er bindet weit weniger Kapital. Dieses Phänomen wird Hebelwirkung (Leverage-Effekt) genannt.

326 Genau umgekehrt funktioniert die Absicherung eines Aktiendepots durch Optionsscheine: Mit einem Put erhält der Anleger das Recht, während einer bestimmten Laufzeit das festgelegte Wertpapier zu einem vorab fixierten Kurs zu verkaufen. Fallen die Notierungen unter den vom Optionsscheinbesitzer spekulierten Basispreis, erhält der Anleger die Differenz als Gewinn. Der Basispreis ist der Preis, zu dem die Option ausgeübt werden kann. Er ist standardisiert, die Staffelung hängt also vom jeweiligen Aktienkurs ab. Der Anleger kann demnach frei entscheiden, bis zu welchem unteren Kurs er sich absichern möchte. Sind die Kurse dann tatsächlich niedriger, erleidet der Anleger zwar mit seinen Aktien Verluste, kann diese aber durch die Gewinne aus den Verkaufsoptionen wieder ausgleichen.

Chancen und Risiken von Optionsscheinen

Weil im Verhältnis zum eingesetzten Kapital die Option auf jede Kursbewegung viel stärker reagiert, kann schon ein kleiner Einsatz beinahe unbegrenzte Gewinnchancen (oder totalen Verlust) bringen. Doch die bunte Vielfalt der Optionstypen und die Vielzahl ähnlicher Optionsscheine sind für die meisten Anleger kaum zu durchschauen. 327

TIPP:

Die ersten Optionsscheine nicht allein ordern 328
Lassen Sie sich deshalb vor Ihren ersten Transaktionen in jedem Fall von einem Wertpapierberater über die Chancen und Risiken von Optionsscheinen informieren.

Den Möglichkeiten solcher Wetten für einen Anleger sind dabei kaum Grenzen gesetzt, denn heutzutage bekommt er Optionen auf fast alles, was an der Börse gehandelt wird. Will der Anleger Verwechslungen vermeiden, sollte er genau aufpassen und sich gegebenenfalls bei der Emissionsbank informieren, die den jeweiligen Optionsschein ausgegeben hat (siehe nachfolgende Tabelle). 329

Mit Optionen erwirbt der Anleger, wie der Name schon sagt, nur Rechte und keine Pflichten. Ein Optionsschein verbrieft das Recht, innerhalb einer bestimmten Laufzeit eine bestimmte Anlageform zu einem vorher festgelegten Basiskurs zu kaufen oder zu verkaufen. 331
Die bei Geschäftsabschluss zu definierenden Bedingungen sind Menge, Laufzeit, Basispreis der Anlage und der Preis, der der

330 **Optionsscheine können sich beziehen auf:**

↓

Währungen

ausgehend von irgendeiner Währung auf ihr Verhältnis zu einer anderen Währung (beispielsweise der US-Dollar zum japanischen Yen, zum englischen Pfund oder zukünftig zum Euro)

↓

Zinsen

z. B. für verschiedene nationale Staatsanleihen

↓

Indizes

z. B. kann auf einen steigenden oder fallenden deutschen Aktienindex (DAX) oder auf den Dow-Jones-Index für die New Yorker Wertpapierbörse gesetzt werden, ebenso auf den japanischen Nikkei 225 (Börse Tokio) und andere

↓

Schwerpunktaktien

z. B. US-amerikanische, deutsche, italienische, Schweizer, schwedische, japanische

Prämie der Option entspricht. Der Anleger geht also keine Verpflichtung ein, sondern kann die Option ausüben oder das Recht verfallen lassen. Dabei ist der Kapitaleinsatz bei Optionen wesentlich geringer als bei einer unmittelbaren Anlage wie beispielsweise in Aktien.

Unterschieden wird zwischen Optionen amerikanischen und europäischen Typs. Mit amerikanischen Aktienoptionsscheinen erwirbt der Anleger die Berechtigung, eine bestimmte Aktie innerhalb einer Frist zu kaufen oder zu verkaufen. Bei europäischen Warrants sind Kauf und Verkauf nur zu einem bestimmten Zeitpunkt möglich.

TIPP:

Die Rendite eines Aktiendepots mit Optionen steigern 332
Langfristige Betrachtungen zeigen, dass sich die Rendite aus einem Aktiendepot, das durch Optionen abgesichert ist, unter Berücksichtigung aller Kosten um etwa einen Prozentpunkt steigern lässt.

Sowohl bei steigenden als auch bei fallenden Kursen kann es passieren, dass sich die Spekulationen bzw. Befürchtungen des Anlegers nicht erfüllen. Im schlimmsten Fall verfallen die Optionsscheine nach ihrer Laufzeit und werden wertlos. Der Anleger muss das für die Optionen eingesetzte Geld als Totalverlust abschreiben. Wer Optionen unter dem Sicherungsgedanken gekauft hat, kann sich damit trösten, dass er wie bei Versicherungen üblich die Prämie gezahlt, aber keinen Schaden erlitten hat. Optionsscheine kann jeder Privatanleger heute über seine Hausbank ordern, so problemlos wie eine deutsche Aktie. Die Bank wird allerdings schon aus Haftungsgründen auf das Risiko eines totalen Verlustes des eingesetzten Kapitals hinweisen. 333

Was der Anleger bei Optionsscheinen beachten sollte

Jeder Anleger, der Optionsscheine erwerben möchte, sollte sich zusätzlich über weitere Risiken informieren: 334

- allgemeines Kursrisiko
- Risiko der Hebelwirkung
- Risiko der Veränderung des Zeitwerts
- Risiko der Wertminderung bis hin zum Totalverlust
- Währungsrisiko

Außerdem ist es wichtig, bei Optionsscheinen darauf zu achten, ob für den jeweiligen Optionsschein ein hinreichend liquider Markt besteht. Sonst kann es passieren, dass der Anleger zwar mit dem Kauf der Option eine Wette eingegangen ist, hinterher aber niemand die Wette einlösen will.
Wer nach diesen Ausführungen auf den Geschmack gekommen ist, der sollte für eine erfolgreiche Optionsscheinanlage folgende Tipps beachten:

WICHTIGE TIPPS
335 **bei der Anlage in Optionsscheinen**

1. Informieren Sie sich zunächst in den Finanznachrichten über die derzeitige Börsenlage. Überlegen Sie gründlich, wie ein bestimmter Index oder die von Ihnen bevorzugte Aktie in drei bis sechs Monaten bewertet sein könnte. Steigen Sie nie vorher in das Optionsscheingeschäft ein.
2. Wenn Sie neu im Optionsscheingeschäft sind, benötigen Sie eine Bank, die etwas von der Optionsscheinanlage versteht und entsprechende Beratungsleistungen anbietet.
3. Wählen Sie beim Einstieg einen Schein mit einer Standardkonstruktion, das heißt mit Put oder Call. Setzen Sie auf ein Ihnen vertrautes Basisinstrument (z. B. DAX oder MDAX), bei dem es viele Emittenten und Emissionen gibt. Das hat den Vorteil, dass Sie den Kursverlauf gut verfolgen können.
4. Legen Sie nur einen kleinen Teil des Vermögens (maximal zehn Prozent) in Optionsscheinen und Optionen an, und denken Sie daran, dass Totalverluste bei Warrants immer möglich sind. Der Verlust Ihres Einsatzes darf für Sie keine Katastrophe sein.
5. Setzen Sie nie alles auf eine Karte. Splitten Sie Ihren Einsatz wie auch bei Aktien in mehrere Risiken.
6. Wenn Sie sich für eine Option entschieden haben, legen Sie

den Basispreis fest. Geben Sie dem Schein den Vorzug, dessen Basispreis deutlich unter dem aktuellen Kurs liegt. Im Fachjargon heißt das, der Basispreis des Scheins liegt deutlich im Geld. Grundregel: Je weiter der Schein im Geld liegt, desto niedriger wird das Verlustrisiko. Der Nachteil: Auch die Renditechancen sinken.

7. Anschließend wählen Sie einen Emittenten aus. Wenn Sie sich, wie empfohlen, für eine Standardkonstruktion entschieden haben, gibt es eine große Auswahl an Scheinen. Bevorzugen Sie denjenigen, der die engsten Kursspannen aufweist und den liquidesten Markt besitzt. Viele Abschlüsse sprechen für einen regen Handel, Sie können die Zahl der während des Börsenhandels festgestellten Kurse in Wirtschafts- und Finanzpublikationen nachlesen.
8. Seien Sie vorsichtig bei exotischen Optionsscheinen. Kaufen Sie am besten nur solche Papiere, deren Konstruktion Sie verstehen.
9. Limitieren Sie Ihre Aufträge, und setzen Sie sich stets ein Verlustlimit. Verkaufen Sie sofort, wenn das Limit erreicht ist.
10. Wählen Sie Optionsscheine mit ausreichend langer Restlaufzeit. Sie sollte länger als der eigene Erwartungshorizont sein, mindestens aber ein Jahr betragen.

KAPITEL 8

Fonds – eine sichere Alternative im Aktiengeschäft

Fonds besitzen gegenüber Einzelaktien Vorteile: Der Anleger muss sich selbst nicht um das Geschehen der Börse kümmern. Nur beim Kauf der Fondsanteile, muss er eine Entscheidung zur Auswahl des Fonds treffen. Dann genügt es, sich in größeren Abständen ein Bild von der Performance des Fonds zu machen, also den Erfolg der Fondsmanager zu kontrollieren. **336**

Fondsanteile können schon für unter 100 DM und auch per Dauerauftrag gekauft werden. Es ist also möglich, z. B. monatlich 50 DM in einen Fonds-Sparplan einzuzahlen. Dafür gibt es dann zwar oft keinen ganzen Fondsanteil, aber anders als bei Aktien ist es möglich, z. B. 0,78 Anteile zu erwerben.

Der Einfluss der Fondsmanager am deutschen Markt wächst ständig, weil sie zum Teil große Stimmrechtpotenziale in den **337** Hauptversammlungen einbringen können. Weil ihr persönlicher Erfolg vom für den Anleger erwirtschafteten Erfolg abhängt, kann sich der Anleger auf dem Umweg über die Hauptversammlung dort auch gut vertreten fühlen.

TIPP:

Ein sensationeller Wertzuwachs sollte kritisch hinterfragt werden

Von kurzfristigen Erfolgsmeldungen darf sich niemand beeindrucken **338** lassen. Ein sensationeller Wertzuwachs in wenigen Monaten lässt meistens darauf schließen, dass mit hohem Risiko angelegt wird und also auch kurzfristig entsprechend hohe Verluste eintreten können.

339 Es ist sinnvoll, bei einer Anlage in Fonds jeden Monat für einen festgelegten Betrag Fondsanteile zu erwerben. Dazu wird ein Fonds-Sparplan abgeschlossen. Der Vorteil: Man muss sich um die Geldanlage nicht mehr kümmern, alles geht automatisch und per Dauerauftrag.

Es gibt allerdings auch einige Nachteile bei einer Fondsanlage: Der Anleger hat keinen direkten Einfluss darauf, in welche einzelnen Papiere sein Geld investiert wird. Er kann zwar durch die Wahl des Fonds entscheiden, ob z. B. deutsche oder andere Aktien und welche Branchen bevorzugt werden sollen. Aber letztlich entscheidet nicht er, sondern das Fondsmanagement darüber, was ge- oder verkauft wird und welchen Erfolg die Anlagen bringen.

Der Anleger kann nicht in jedem Fall davon ausgehen, dass das Fondsmanagement allein seine Interessen vertritt. In den letzten Jahren hat sich zwar einiges zum Vorteil des Anlegers gewandelt, aber in der Vergangenheit gab es auch schon Fälle, in denen womöglich aufgrund von Verflechtungen zwischen Banken und Fondsgesellschaften, die meist Banken-Töchter sind, Anlageentscheidungen getroffen wurden, die zwar für die jeweilige Bank, nicht aber für Anleger und Performance des Fonds von Vorteil waren.

340 Der Anleger zahlt immer einen Ausgabeaufschlag, das so genannte Agio. Würde er einen Fondsanteil kaufen und am nächsten Tag wieder verkaufen, hätte er – vorausgesetzt, der Kurs bleibt unverändert – einen Verlust in Höhe von etwa 2,5 bis über 7 Prozent zu tragen, nämlich den Ausgabeaufschlag auf den Verkaufspreis. Zusätzlich sind außerdem unterschiedlich hohe Verwaltungs- oder Depotgebühren zu entrichten.

341 Weiterer Nachteil bei allen Fonds: Es können auch Kursverluste entstehen. Fonds sind deshalb nur empfehlenswert, wenn man das Geld wirklich für einen langen Zeitraum anlegen will, inner-

halb dessen sich Kurverluste und Gewinne wieder ausgleichen. Vor allem Aktienfonds brachten in der Vergangenheit im langjährigen Durchschnitt eine Rendite von etwa acht Prozent – trotz gelegentlicher zwischenzeitlicher Kursverluste im zweistelligen Bereich. Aber auch da zahlt sich ein Fonds-Sparplan aus: Bei niedrigen Kursen werden nämlich für den stets gleichen Anlagebetrag vergleichsweise mehr Fondsanteile erworben (weil sie dann ja billiger sind). Steigt der Kurs wieder, profitiert man praktisch doppelt.

Wichtige Kriterien bei der Auswahl des Fonds

Worauf wollen Sie als Anleger setzen? Auf nationale oder inter- **342**
nationale Aktienfonds? Sollen Fonds, die sich auf bestimmte Branchen wie z. B. Kommunikation oder Industrie beschränken, bevorzugt werden?
Grundsätzlich sind bei der Entscheidung folgende Kriterien zu beachten:

TIPP:

Die Stückelung der Fonds ist wichtig **343**
Die Qualität des Fonds und eine mögliche Kurssteigerung lassen sich nicht an der Höhe des Ausgabekurses erkennen, sondern hängen vielmehr von der Stückelung ab. So sollten Anleger auf die prozentuale Wertsteigerung achten.

Bei gemischten Fonds muss ein Anlageschwerpunkt gewählt wer- **344**
den. Welcher das jeweils ist, kann dem entsprechenden Prospekt entnommen werden.

TIPP:

345 **Ob ein Fonds Erträge ausschüttet oder wieder anlegt, ist für die Beurteilung von Fonds nicht wichtig**

Bei der Performanceberechnung wird grundsätzlich angenommen, dass eine Ausschüttung in neue Anteile investiert wird. Eine Wiederanlage wird von den meisten Fondsgesellschaften kostenlos angeboten.

346 Mit der Auswahl des Fonds entscheidet sich der Anleger immer auch für eine bestimmte Vermögensstruktur und für Anlagegrundsätze, die aus den jeweiligen Prospekten zum Fonds klar hervorgehen müssen. Beispiel: Internationale Aktienfonds sind gemäß ihrer Prospekte verpflichtet, achtzig bis hundert Prozent der Anlegergelder weltweit in Wertpapiere zu investieren. Ein Teil des Kapitals wird auch mal anders angelegt (z. B. in festverzinsten Wertpapieren) und quasi geparkt, damit die Fondsmanager für neue Engagements liquide sind. In vielen Fällen ist aus dem Prospekt auch erkennbar, welche Anteile bestimmte Aktienmärkte innerhalb der Vermögensstruktur einnehmen sollen. Da kann z. B. festgeschrieben sein, dass mindestens zwanzig oder fünfundzwanzig Prozent des Fondsvermögens in deutsche Aktien investiert wird oder dass der Fonds sich nicht in Schwellenländern engagiert (wegen größeren Risikos).

TIPP:

347 **Achten Sie nicht nur auf den Wertzuwachs des Fonds**

Der Einsteiger sollte sich bei seiner Entscheidung für einen Fonds nicht nur anhand des Wertzuwachses orientieren, sondern sich ausführlich beraten lassen, die Anlagepolitik des Fonds prüfen. So muss er z. B. bei internationalen Aktienfonds auch Währungsrisiken einkalkulieren. Auf bestimmte Branchen ausgerichtete Fonds können (z. B. durch Verbesserung oder Verschlechterung der Exportchancen für die jeweilige Branche) ganz andere Wertentwicklungen aufzeigen als ein Gesamtindex.

Die Anlagepolitik eines Fonds lässt dann erkennen, in welche Gruppe der Fonds er einzureihen ist.

Aktienfonds

Für einen Hundertmarkschein sind meist nur wenige Aktien zu **348**
haben. Damit wäre man zwar auch Teilhaber, aber Einfluss hätte man nicht. Einen Gewinn zu erzielen wäre ebenfalls kaum möglich. Hohe Gebühren bei Kauf und Verkauf machen so deutliche Kursgewinne erforderlich, dass man lange warten müsste, um in die Gewinnzone zu kommen.

Eine Alternative bieten Aktienfonds. Die Fondsgesellschaften kaufen für das Geld der Anleger Aktien, mit denen sie spekulieren. Allerdings ist eine Anlage in Aktienfonds nicht geeignet, um kurzfristig an der Börse zu spekulieren. Ratsam sind bei dieser Anlageform Zeiträume von etwa drei, besser noch fünf Jahren.

Die Auswahl des Fonds ist allerdings ebenso schwierig wie die **349**
Auswahl einer bestimmten Aktie. Die erste Grundsatzentscheidung ist zunächst einmal die für den jeweiligen Markt. Worauf wollen Sie als Anleger setzen? Auf Aktien in Deutschland oder in Europa? Soll der Fonds schwerpunktmäßig mit amerikanischen oder asiatischen Aktien handeln? Versprechen Sie sich die größten Erfolge, wenn nur auf bestimmte Branchen wie z. B. Kommunikation oder Chemie gesetzt wird?

TIPP:

350 **Die Anlagepolitik des Aktienfonds ist wichtig**
Der Einsteiger sollte sich bei seiner Entscheidung für einen Fonds nicht nur am Wertzuwachs orientieren, sondern sich ausführlich beraten lassen und die Anlagepolitik des Fonds prüfen.

---

351 Er muss z. B. damit rechnen, dass in einen international anlegenden Aktienfonds auch Währungsrisiken (oder -chancen) einfließen. Auf bestimmte Branchen ausgerichtete Fonds können (z. B. durch Verbesserung oder Verschlechterung der Exportchancen für die jeweilige Branche) ganz andere Wertentwicklungen aufzeigen als ein Gesamtindex. Die Anlagepolitik eines Fonds lässt dann erkennen, in welche Gruppe der Fonds er einzureihen ist. Dabei werden folgende wesentliche Entscheidungen getroffen:

Standard-Aktienfonds

352 investieren vorzugsweise in die Standardwerte oder Blue-Chips; in Deutschland z. B. werden Aktien vorzugsweise in DAX-Werte bzw. die hundert wichtigsten Werte der Deutschen Börse (MDAX) investiert.

Spezial-Aktienfonds

353 konzentrieren sich bei ihrer Anlagepolitik immer auf bestimmte Marktsegmente, sie betreiben eine ganz gezielte Anlagepolitik. Unterschieden wird insbesondere nach

354 ◆ Aktienindex-Fonds, die mit der Anlagestruktur einen bestimmten Index (DAX, Dow Jones usw.) nachzubilden versuchen.

355 ◆ Branchenfonds, bei denen nur in die Werte bestimmter Industriezweige investiert wird; ebenso könnte eine Ausrichtung

nur auf bestimmte Wirtschaftssektoren (Energie, Kommunikation, Chemie) erfolgen.

- Small-Cap-Fonds, die sich auf die Werte kleiner oder mittlerer Unternehmen konzentrieren, also quasi ein Gegengewicht zu den Standard- oder Indexfonds bilden. 356

Gemischte Fonds

legen nur einen Teil des Geldes in Aktien an und engagieren sich 357
außerdem in Rentenwerten (festverzinsliche Wertpapiere), wobei auch da noch Unterscheidungen getroffen werden können. Denn manche dieser Fonds nutzen auch die Möglichkeiten an den Termin- und Optionsbörsen oder engagieren sich außer in Aktien auch in Wandel- und Optionsanleihen.

Spezialitäten-Fonds

weisen im Normalfall kaum eine Risikostreuung auf, weil sie 358
sich auf ganz bestimmte Marktsegmente oder Instrumente konzentrieren. Das können z. B. nur Options- oder Genuss-Scheine sein, Verkaufsoptionen auf einen Index usw. Für einen Anleger, der gerade wegen der Risikostreuung nicht in einzelne Aktienwerte gehen will, sondern sich für eine Fondsanlage auch unter dem Gesichtspunkt der Risikostreuung entscheidet, wäre dies dann genau die falsche Entscheidung.

Außerdem lassen sich alle aufgezählten Fonds unterteilen in 359
Länderfonds, Regionen- oder Hemisphärenfonds (z. B. für Europa, Asien, Nordamerika usw.), Internationale Fonds und Emerging-Markets-Fonds (für Anlagen in Schwellenländern). Der Anleger sollte ferner berücksichtigen, ob er regelmäßige Ausschüttungen der Erträge wünscht (ausschüttende Fonds), oder ob er (dann erst beim Verkauf) vom Wertzuwachs profitieren und solche Fonds kaufen will, die sämtliche Erträge gemäß

ihrer Anlagestrategie wieder investieren (thesaurierende Fonds). Die folgende Übersicht verdeutlicht, welche Unterscheidungen der Anleger grundsätzlich bei der Fondsauswahl treffen kann.

360

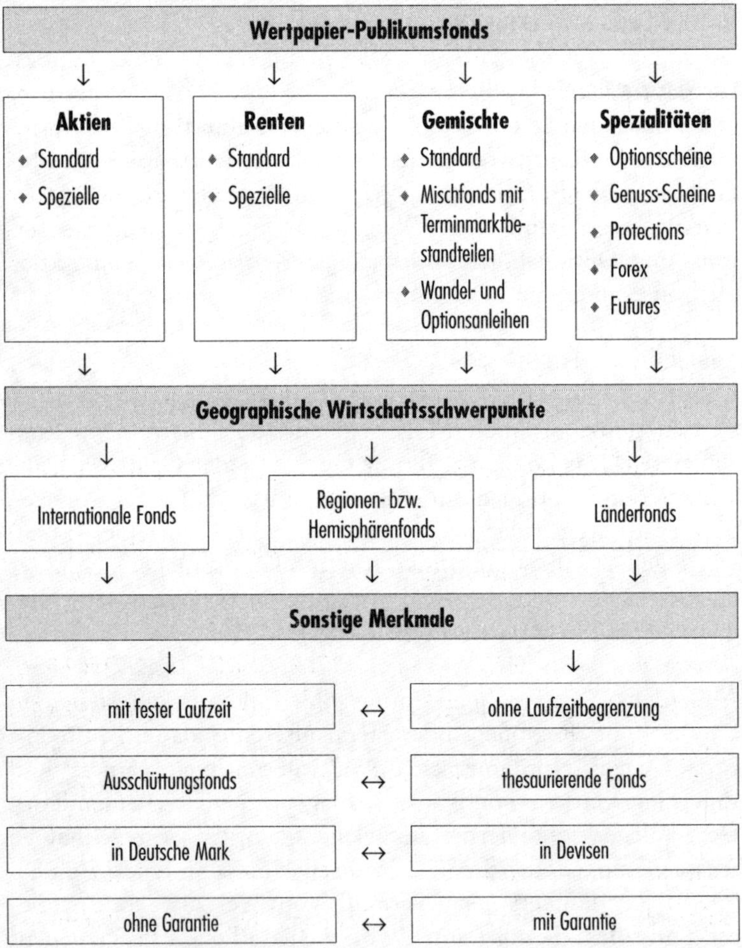

Gerade für den Einsteiger und für den Normalverdiener ist es wichtig, das Risiko möglichst gering zu halten. Eine breite Streuung wäre deshalb immer zu bevorzugen. 361

Aktienfonds im Vergleich

Die folgenden Übersichten wurden nach Unterlagen des Bundesverbandes Deutscher Investmentgesellschaften (BVI) zusammengestellt, der Wertzuwachs wurde nach BVI-Methode (Wiederanlage aller Erträge) ermittelt. Um auch jüngere Fonds zu berücksichtigen, wurde bei spezialisierten Anlageschwerpunkten der Wertzuwachs auch für kürzere Zeiträume ermittelt, obwohl wir eine Anlage für den Zeitraum von z. B. nur drei Jahren nicht für sinnvoll halten. 362

363

Aktienfonds mit Anlageschwerpunkt Deutschland

Ermittelt nach dem höchsten Wertzuwachs in den letzten 20 Jahren (bis 31. 12. 1999). **Fett gedruckte Fonds** lagen außerdem mit ihrem Ergebnis des letzten Jahres über dem Wertzuwachs des DAX von 39 Prozent

Name des Fonds	Investmentgesellschaft	Wertzuwachs in %		Infos unter Telefon
		10 Jahre	20 Jahre	
Investa	**DWS**	**352,2**	**1880,1**	**069/71909-0**
SMH-Special-Fonds I	**UBS INVEST**	**249,1**	**1802,7**	**069/13695000**
FT Frankfurt-Effekten-Fonds	FRANKFURT-TRUST	221,0	1574,0	069/92050-0
Concentra	DIT	251,3	1518,7	069/26314-0
Adifonds	**ADIG**	**271,2**	**1451,2**	**089/46268-0**
DekaFonds	**DEKA**	**249,5**	**1335,3**	**069/2546-0**

Aktienfonds mit Anlageschwerpunkt Deutschland Ermittelt nach dem höchsten Wertzuwachs in den letzten 20 Jahren (bis 31. 12. 1999). **Fett gedruckte Fonds** lagen außerdem mit ihrem Ergebnis des letzten Jahres über dem Wertzuwachs des DAX von 39 Prozent				
Name des Fonds	**Investment-gesellschaft**	**Wertzuwachs in %**		**Infos unter Telefon**
		10 Jahre	**20 Jahre**	
UniFonds	UNION	225,8	1277,7	069/2567-0
Thesaurus	DIT	203,7	1255,9	069/26314-0
MK Alfakapital	MK	239,4	1091,4	089/51492-0
DIT-Fonds für Vermögensbildung	DIT	205,8	1087,5	069/26314-0
Fondak	ADIG	165,0	1005,6	089/46268-0
Hauck-Main-Universal-Fonds	UNIVERSAL	198,7	988,0	069/756191-0
Oppenheim Select	**OPPENHEIM**	**249,8**	**971,9**	**0221/145-03**
Ring-Aktienfonds DWS	DWS	285,2	971,7	069/71909-0
NORIS	**DEAM**	**210,0**	**957,7**	**069/71706-0**

Aktienfonds mit Anlageschwerpunkt international 364

Ermittelt nach dem höchsten Wertzuwachs in den letzten 20 Jahren (bis 31. 12. 1999)

Name des Fonds	Investment-gesellschaft	Wertzuwachs in %		Infos unter Telefon
		10 Jahre	20 Jahre	
Dt. Vermögens-bildungsfonds I	DVG	472,4	2284,9	069/720921
Dt. Vermögens-bildungsfonds A	DVG	346,9	1743,4	069/720921
Akkumula	DWS	238,9	1637,8	069/71909-0
FT Interspezial	FRANKFURT-TRUST	251,8	1415,9	069/92050-0
Intervest	DWS	326,3	1398,2	069/71909-0
Kapitalfonds Spezial	GERLING INVESTMENT	313,8	1398,2	0221/144-3000
SMH-International-UBS-Fonds	UBS INVEST	289,6	1340,9	069/13695000
Fondis	ADIG	175,5	1242,9	089/46268-0
Gerling Dynamik Fonds	GERLING INVESTMENT	251,7	1191,1	0221/144-3000
Interglobal	DIT	271,2	1135,1	069/26314-0
ivera fonds	GERLING INVESTMENT	261,6	1114,9	0221/144-3000
BHF Trust Portfolio FT	FRANKFURT-TRUST	185,2	1038,4	069/92050-0
BW-Wartberg-Universal-Fonds	UNIVERSAL	218,9	942,0	069/756191-0

365

Aktienfonds mit Anlageschwerpunkt Europa Ermittelt nach dem höchsten Wertzuwachs in den letzten 5 Jahren (bis 31.12.1999)				
Name des Fonds	**Investment-gesellschaft**	**Wertzuwachs in %**		**Infos unter Telefon**
		3 Jahre	**5 Jahre**	
DWS Europäische Aktien Typ O	DWS	134,8	320,2	069/71909-0
Arideka	DEKA	181,1	285,7	069/2546-0
INDUSTRIA	DIT	150,4	270,8	069/26314-0
VERMÖGENS-AUFBAU-FONDS	DIT	146,8	265,7	069/26314-0
MK EUROAKTIV	MK	116,4	216,2	089/51492-0
DEVK-Sparda-Aktien-CS	CSAM KAG	108,4	213,9	069/7538-1800
UniEuropa	UNION S.A.	122,8	213,1	00352-4598661
EUROVESTA	DWS	121,5	209,0	069/71909-0
BB-Europa Invest	BB INVEST	133,4	207,8	030/880000-0
FONDIROPA	ADIG	123,4	205,8	089/46268-0
BfG Invest Europafonds	BFG INVEST	136,2	203,0	069/95023-0
FT Europa Dynamik Fonds	FRANKFURT TRUST	123,0	199,8	069/92050-0
SchmidtBank Euro-Aktien FI	FRANKEN INVEST	155,1	194,4	0911/2470-100
Santander europäische Aktien OP	OPPENHEIM	110,4	191,4	069/7124-1150

Aktienfonds mit Anlageschwerpunkt Nordamerika Ermittelt nach dem höchsten Wertzuwachs in den letzten 5 Jahren (bis 31.12.1999)					366
Name des Fonds	**Investment-gesellschaft**	**Wertzuwachs in %**		**Infos unter Telefon**	
		3 Jahre	**5 Jahre**		
FONDSAMERIKA	ADIG	179,4	441,9	089/46268-0	
DWS US Aktien Typ 0	DWS	176,5	410,2	069/71909-0	
MMWI-Amerak-Fonds	MMWI	223,4	408,1	069/971410-0	
DWS Nordamerika	DWS	182,8	311,0	069/71909-0	
UniNordamerika	UNION	146,2	296,9	069/2567-0	
INVESCO Nordamerika Aktienfonds	INVESCO	133,7	281,2	069/29807-250	
DVG-Fonds USA	DVG	117,4	277,5	0180/3111213	

Aktienfonds mit Anlageschwerpunkt Branchen Ermittelt nach dem höchsten Wertzuwachs in den letzten 5 Jahren (bis 31.12.1999)					367
Name des Fonds	**Investment-gesellschaft**	**Wertzuwachs in %**		**Infos unter Telefon**	
		3 Jahre	**5 Jahre**		
DIT-TECHNOLOGIEFONDS	DIT	312,0	543,7	069/26314-0	
DWS-Telemedia	DWS	389,8	503,9	069/71909-0	
DWS-Technologiefonds	DWS	254,4	423,5	069/71909-0	
ADITEC	ADIG	275,1	423,3	089/46268-0	
PHARMA/WHEALTH	OPPENHEIM LUX	103,8	263,1	00352-2215221	
Delbrück Special Union-Fonds	UNION	193,0	223,2	069/2567-0	

Garantiefonds

368 Vollkaskoschutz für Geldanlagen heißt das Zauberwort, bei dem viele Anleger aufhorchen. Fonds mit Garantie gibt es schon seit Jahren im Programm der Anlagegesellschaften. Den Anlegern wird zugesichert, daß beim eingesetzten Geld keine Verluste entstehen. Trotzdem kann man spekulieren und durch den Kauf der Fondsanteile an steigenden Aktienkursen verdienen. Das Prinzip der Garantiefonds ist, dass die Fondsmanager ihre Spekulationen durch den gleichzeitigen Kauf von Optionsscheinen absichern.

369 Funktionieren kann das, weil sich Kursschwankungen über längere Zeit immer wieder ausgleichen. Die Angebote sind also seriös – haben aber trotzdem einen kleinen Haken: Das eingesetzte Geld gibt's nur dann in voller Höhe zurück, wenn man seine Fondsanteile für die vorher vereinbarte Laufzeit von drei oder vier Jahren behält. Wer vorher zum Zeitpunkt stark fallender Kurse aussteigen muss, weil er sein Geld benötigt, riskiert erhebliche Verluste.

Mögliche Gewinne für die Anleger können zwar bis zu fünfzig Prozent betragen. Aber selbst bei einer Hausse am Aktienmarkt steigt der Kurswert dieser Vollkaskofonds nie so schnell wie der Aktienindex. Grund: Ein Teil des Gewinns wird immer durch den Kauf der Papiere aufgefressen, mit denen die Bank sich gegen das Verlustrisiko absichert.

Investmentfonds

370 Für den sicherheitsorientierten Anleger können Investmentfonds eine geeignete Anlagealternative sein. Die Fondsgesellschaften kaufen für das Geld der Anleger Fondsanteile (das können Aktien, Rentenpapiere oder Immobilienwerte sein) und spekulieren damit. Dabei gilt grundsätzlich:

TIPP:

Investmentfonds lohnen sich nicht kurzfristig 371

Eine Anlage in Investmentfonds ist nicht geeignet, um kurzfristig an der Börse zu spekulieren. Investmentfonds sind eine Anlage, die erst ab Zeiträumen von etwa drei, besser noch fünf Jahren interessant und relativ »sicher« wird.

Investmentfonds: So blicken Sie bei Wertentwicklung und Rendite durch

Die stolz präsentierten Wertzuwachsraten von Investmentfonds hören sich mitunter beeindruckend an. Was aber verbirgt sich hinter den Zahlen? Oft sind sie nur die halbe Wahrheit. Eine Wertentwicklung von beispielsweise 110 Prozent bei 10 Jahren Anlagedauer heißt, dass der Anleger in der Vergangenheit 210 DM kassieren konnte, wenn er 100 DM investiert hat – vorausgesetzt, alle Erträge wurden wieder angelegt. Allerdings berücksichtigen die veröffentlichten Wertzuwachsangaben normalerweise nicht den Ausgabeaufschlag (Agio) beim Erwerb der Zertifikate (Differenz zwischen Verkaufs- und Rücknahmepreis des Anteils, die man Ihnen beim Kauf nennt). Entscheidend ist daher die tatsächliche Rendite, auch um einen Vergleich mit anderen Anlageformen anzustellen. Die folgenden Tabellen helfen Ihnen bei der Umrechnung der Wertzuwachsrate in die jährliche durchschnittliche Rendite unter Zugrundelegung verschiedener Prozentsätze bei den Aufgeldern. Unser Beispiel ergibt eine Rendite von knapp über sieben Prozent, nimmt man ein Aufgeld von fünf Prozent an. Das ist kein schlechtes Ergebnis, aber auch kein überragendes. Die folgenden Tabellen ermöglichen eine Umrechnung von Wertentwicklungsangaben unter Berücksichtigung verschiedener Anlagezeiträume und Aufgelder in Renditen. 372

Investmentfonds:
373 So errechnen Sie die bisherige Rendite

Gerade für Anleger mit kleineren Einkommen, die zunächst einmal Vermögen bilden wollen, bieten die Investmentfonds-Sparpläne hervorragende Möglichkeiten. Wenn Sie nun bereits seit einiger Zeit in Form regelmäßiger Beiträge in einen Fonds investieren und wissen möchten, welche durchschnittliche Rendite Sie bereits erzielt haben, nutzen Ihnen die Angaben zur Wertentwicklung herzlich wenig. Das folgende Rechenmuster hilft Ihnen weiter. Dazu müssen Sie allerdings ein wenig Mühe auf sich nehmen. Ein Taschenrechner erweist sich hier als äußerst nützlich.

1. Zunächst zählen Sie die Anzahl der erworbenen Anteile zusammen. Die Summe der Anteile nennen wir einfach Anteile.
2. Als Nächstes finden Sie heraus, wie hoch der Rücknahmepreis pro Anteil für Ihr Zertifikat im Augenblick ist. Dazu genügt oft ein Blick in den Börsenteil der Tageszeitung unter »Investmentfonds«. Ist Ihr Fonds dort nicht aufgeführt, fragen Sie Ihre Bank.

374 **Schritt**
1

Anteile		Rücknahmepreis		Rückkauf gesamt
↓		↓		↓
	×		=	

Schritt 2

Höhe Ihrer monatlichen Zahlung				Ergebnis 1
↓				↓
	×	12	=	

Schritt 3

Rückkauf gesamt		Ergebnis 1		Ergebnis 2
↓		↓		↓
	:		=	

Schritt 4

Suchen Sie nun in der folgenden Tabelle, und zwar in der Zeile 375
mit der entsprechenden Anlagedauer, den Wert, der Ihrem Ergebnis 2 am nächsten kommt. Am oberen Ende der betreffenden Spalte finden Sie dann die Prozentangabe, die Ihrer bis dahin erzielten jährlichen Rendite entspricht. Beachten Sie bitte, dass Sie als Endergebnis einen Näherungswert erhalten, weil die Tabelle von nachschüssigen Jahreszahlungen ausgeht.

376

Dauer der Anlage in Jahren	**Rendite in Prozent**					
	2,0 %	**2,5 %**	**3,0 %**	**3,5 %**	**4,0 %**	**4,5 %**
2	2,0200	2,0250	2,0300	2,0350	2,0400	2,0450
3	3,0604	3,0756	3,0909	3,1062	3,1216	3,1370
4	4,1216	4,1525	4,1836	4,2149	4,2465	4,2782
5	5,2040	5,2563	5,3091	5,3625	5,4163	5,4707
6	6,3081	6,3877	6,4684	6,5502	6,6330	6,7169
7	7,4343	7,5474	7,6625	7,7794	7,8983	8,0192
8	8,5830	8,7361	8,8923	9,0517	9,2142	9,3800
9	9,7546	9,9545	10,1591	10,3685	10,5828	10,8021
10	10,9497	11,2034	11,4639	11,7314	12,0061	12,2882
11	12,1687	12,4835	12,8078	13,1420	13,4864	13,8412
12	13,4121	13,7956	14,1920	14,6020	15,0258	15,4640
13	14,6803	15,1404	15,6178	16,1130	16,6268	17,1599
14	15,9739	16,5190	17,0863	17,6770	18,2919	18,9321
15	17,2934	17,9319	18,5989	19,2957	20,0236	20,7841
16	18,6393	19,3802	20,1569	20,9710	21,8245	22,7193
17	20,0121	20,8647	21,7616	22,7050	23,6975	24,7417
18	21,4123	22,3863	23,4144	24,4997	25,6454	26,8551
19	22,8406	23,9460	25,1169	26,3572	27,6712	29,0636
20	24,2974	25,5447	26,8704	28,2797	29,7781	31,3714

377

Dauer der Anlage in Jahren	Rendite in Prozent					
	5,0 %	5,5 %	6,0 %	6,5 %	7,0 %	7,5 %
2	2,0500	2,0550	2,0600	2,0650	2,0700	2,0750
3	3,1525	3,1680	3,1836	3,1992	3,2149	3,2306
4	4,3101	4,3423	4,3746	4,4072	4,4399	4,4729
5	5,5256	5,5811	5,6371	5,6936	5,7507	5,8084
6	6,8019	6,8881	6,9753	7,0637	7,1533	7,2440
7	8,1420	8,2669	8,3938	8,5229	8,6540	8,7873
8	9,5491	9,7216	9,8975	10,0769	10,2598	10,4464
9	11,0266	11,2563	11,4913	11,7319	11,9780	12,2298
10	12,5779	12,8754	13,1808	13,4944	13,8164	14,1471
11	14,2068	14,5835	14,9716	15,3716	15,7836	16,2081
12	15,9171	16,3856	16,8699	17,3707	17,8885	18,4237
13	17,7130	18,2868	18,8821	19,4998	20,1406	20,8055
14	19,5986	20,2926	21,0151	21,7673	22,5505	23,3659
15	21,5786	22,4087	23,2760	24,1822	25,1290	26,1184
16	23,6575	24,6411	25,6725	26,7540	27,8881	29,0772
17	25,8404	26,9964	28,2129	29,4930	30,8402	32,2580
18	28,1324	29,4812	30,9057	32,4101	33,9990	35,6774
19	30,5390	32,1027	33,7600	35,5167	37,3790	39,3532
20	33,0660	34,8683	36,7856	38,8253	40,9955	43,3047

378

Dauer der Anlage in Jahren	**Rendite in Prozent**					
	8,0 %	**8,5 %**	**9,0 %**	**9,5 %**	**10,0 %**	
2	2,0800	2,0850	2,0900	2,0950	2,1000	
3	3,2464	3,2622	3,2781	3,2940	3,3100	
4	4,5061	4,5395	4,5731	4,6070	4,6410	
5	5,8666	5,9254	5,9847	6,0446	6,1051	
6	7,3359	7,4290	7,5233	7,6189	7,7156	
7	8,9228	9,0605	9,2004	9,3426	9,4872	
8	10,6366	10,8306	11,0285	11,2302	11,4359	
9	12,4876	12,7512	13,0210	13,2971	13,5795	
10	14,4866	14,8351	15,1929	15,5603	15,9374	
11	16,6455	17,0961	17,5603	18,0385	18,5312	
12	18,9771	19,5492	20,1407	20,7522	21,3843	
13	21,4953	22,2109	22,9534	23,7236	24,5227	
14	24,2149	25,0989	26,0192	26,9774	27,9750	
15	27,1521	28,2323	29,3609	30,5402	31,7725	
16	30,3243	31,6320	33,0034	34,4416	35,9497	
17	33,7502	35,3207	36,9737	38,7135	40,5447	
18	37,4502	39,3230	41,3013	43,3913	45,5992	
19	41,4463	43,6654	46,0185	48,5135	51,1591	
20	45,7620	48,3770	51,1601	54,1222	57,2750	

Investmentfonds und Steuern

Renten- und Geldmarktfonds sind überwiegend ertragssteuerpflichtig, denn der aus ihnen gewonnene Ertrag besteht fast ausschließlich aus Zinsen. **379**
Aktienfonds liegen in diesem Vergleich ganz vorn. Der Kursgewinn bleibt steuerfrei, wenn der Anleger den Anteil länger als zwölf Monate liegen lässt. Nur die Dividenden sind anteilig steuerpflichtig, bei deutschen Aktien liegt der Anteil bei etwa drei Prozent. Der Nachteil ist, dass bei den meisten Aktienfonds auch in Jahren mit Kursverlusten steuerpflichtige Erträge anfallen, da die Dividenden trotzdem weitergezahlt werden.

TIPP:

Schwankungen bei Aktienfonds berücksichtigen **380**
Wer in Aktienfonds anlegen möchte, sollte stets einen längeren Anlagehorizont wählen, denn Aktienfonds unterliegen im Durchschnitt sehr viel höheren Schwankungen als z. B. Rentenfonds.

Die Investmentgesellschaft stellt am Ende eines Fondsgeschäftsjahres (das nicht mit dem Kalenderjahr übereinstimmen muss) eine Steuerbescheinigung aus. Diese enthält eine genaue Aufstellung über die steuerpflichtigen Ertragsanteile eines Fonds, das Körperschaftsteuer-Guthaben und die ausländischen Ertragsanteile. **381**

TIPP:

Anleger ohne Freibeträge müssen ans Finanzamt zahlen **382**
Die steuerpflichtigen Erträge eines Fonds müssen als Einkünfte aus Kapitalvermögen dem Finanzamt gemeldet werden. Das gilt für alle

Anleger, die ihre Freibeträge überschritten oder womöglich gar keinen Freistellungsauftrag erteilt haben.

383 Die Steuerbescheinigung muss der Anleger seiner Steuererklärung beifügen. Bleiben Fragen offen, sollte der Anleger sein depotführendes Institut um Erklärung bitten.
Neben der Unterscheidung von unterschiedlichen Fondskategorien gibt es weitere Merkmale der Besteuerung von Investmentfonds. So spielen beispielsweise auch immer der Sitz der Fondsgesellschaft und die Registrierung beim Bundesaufsichtsamt für das Kreditwesen eine entscheidende Rolle. Dabei sollte das Augenmerk besonders auf den in Deutschland vertriebenen Anteilen ausländischer Kapitalanlagegesellschaften liegen.
Laut Gesetz gibt es drei verschiedene Klassen, die steuerlich sehr unterschiedlich behandelt werden:

1. registrierte Auslandsfonds
2. Auslandsfonds mit einem steuerlichen Vertreter
3. Auslandsfonds ohne steuerlichen Vertreter

TIPP:

384 **»Steuerfreie« Fonds aussuchen**

Auch aus steuerlichen Gründen ist es empfehlenswert, die Anlageentscheidung auf inländische Fonds, Luxemburger Fonds und Auslandsfonds mit deutscher Zulassung zu beschränken. Denn nur auf diese Kategorien trifft der Begriff »steuerfreies Zweckvermögen« zu.

Was unterscheidet deutsche von ausländischen Fondsgesellschaften?

Nach dem Gesetz über Kapitalanlagegesellschaften haben die deutschen Investmentgesellschaften denselben Status wie Kreditinstitute. Für ihre Geschäfte benötigen sie eine Erlaubnis des zuständigen Bundesaufsichtsamts. Und auch wenn die erteilt ist, unterliegen sie der laufenden Kontrolle des Amtes. **385**
Der Anleger wird bei diesen Unternehmen nicht Miteigentümer an der Gesellschaft selbst, sondern sein Geld fließt in ein Sondervermögen. Dies ist dann der jeweilige Fonds. Das Geld der Anleger und das Vermögen der Anlagegesellschaft sind also getrennt. Anleger haften dementsprechend nicht mit ihrem in die Fonds investierten Geld für Verpflichtungen der Anlagegesellschaft. Ebenso sind die einzelnen Fonds voneinander getrennt. Es kann nicht passieren, dass die Gewinne des einen Fonds verwendet werden, um die Verluste eines anderen auszugleichen.
Ausländische Fondsgesellschaften können ebenso organisiert **386**
sein wie deutsche. Das ist z. B. der Fall bei den aus Luxemburg operierenden Tochtergesellschaften deutscher Banken. Es sind aber auch gänzlich andere Organisationsformen möglich. So kann z. B. eine ausländische Fondsgesellschaft als Aktiengesellschaft operieren, an der sich der Anleger durch Kauf von Aktien beteiligt. Die Firma kauft dann wiederum selbst Wertpapiere. Und an diesem Vermögen ist der Anleger über seine Beteiligung an der Aktiengesellschaft Teilhaber. Die Engagements werden also nicht als Sondervermögen gehalten, sondern es gibt quasi nur einen großen Topf, aus dem heraus die Gesellschaft wirtschaftet.

TIPP:

387 **Kein größeres Risiko bei ausländischen Fonds**
Es besteht kein Unterschied zwischen inländischen und ausländischen Fonds, die in Deutschland zum Vertrieb zugelassen sind. Beide Arten werden staatlich kontrolliert und gleich besteuert. Werden die Anteile im Ausland verwahrt, kommt die Zinsabschlagsteuer nicht zum Zug, die Erträge müssen jedoch in der Steuererklärung angegeben werden.

Die neuen Fonds

388 Seit April 1998 hat sich das Fondsangebot für den Anleger erheblich vergrößert. Der Grund liegt im so genannten Dritten Finanzmarktförderungsgesetz, das zu diesem Zeitpunkt in Kraft getreten ist. Investmentfirmen bekamen damit die Erlaubnis, ihre Angebote auszuweiten und neue Ableger von Investmentfonds zu bilden. Diese werden dem Anleger überwiegend als Möglichkeiten der Altersvorsorge angeboten.

Aktien-Laufzeitfonds

389 Ein Garantiefonds ist der Aktien-Laufzeitfonds nicht – den gibt es nach wie vor nur in Luxemburg. So kann also auch bei diesem Fonds dem Anleger das eingesetzte Kapital zum Laufzeitende nur in Aussicht gestellt, nicht aber garantiert werden. Wichtige Neuerung: Bei diesem Fonds wird die Laufzeit bereits beim Kauf festgelegt. Die Optionen sind maßgeschneidert, das Fondsvermögen ist abgesichert. Die Renditechancen sind dadurch allerdings gesenkt.

Altersvorsorge-Sondervermögen

Das Altersvorsorge-Sondervermögen (AS) ist ein Fonds, mit dem 390
besonders »Renten-Verunsicherte« angesprochen werden sollen. Das Vorbild dieser Fonds sind die angloamerikanischen Pension Funds, die Basis ist die Anlage in Aktien und Immobilien. Mit Blick auf die Altersvorsorge wurden Spar- und Auszahlpläne entwickelt. Das heißt, dass zunächst – wie bei den herkömmlichen Fonds auch – in einer Ansparphase Vermögen gebildet wird. Investiert wird in risikoreiche Anlagen mit hohen Renditechancen. Steht jedoch die Auszahlphase bevor, wird das Vermögen vom Fondsmanagement in sicherheitsorientierte Anlagen umgeschichtet. Die Zusammensetzung der Altersvorsorge-Sondervermögen sieht grundsätzlich aus wie folgt: Der Aktienanteil der Sondervermögen muss zwischen 21 und 75 Prozent des Fondsvermögen liegen, in Immobilien dürfen bis zu 30 Prozent investiert werden.

Dachfonds

Ihr richtiger Name lautet Investmentfondsanteil-Sondervermö- 391
gen. Sie bilden ein Standardprodukt zur Vermögensverwaltung. Der Fonds beteiligt sich an anderen Aktien-, Renten- oder Immobilienfonds. Mit dieser breiten Streuung über die verschiedenen Fonds können, im Gegensatz zu der Anlage in einzelne Wertpapiere, Kursrisiken verringert werden.

Geschlossene Wertpapierfonds

Bei den geschlossenen Wertpapierfonds kann der Fondsmanager 392
langfristig investieren. Bei den offenen Fonds geht das nicht, denn dort ist er verpflichtet, die Fondsanteile jederzeit vom Anleger zurückzukaufen. So ist er bei den geschlossenen Fonds davon befreit, die fortlaufenden Rückflüsse in seine Kalkulationen mit einzubeziehen. Ausnahme: In den USA werden die Papiere zu je-

der Zeit gehandelt, denn hier werden geschlossene Wertpapierfonds als Aktien notiert. Geschieht das auch in Deutschland, gilt die gleiche Sachlage.

Indexfonds und -zertifikate

393 Auch Indexfonds werden mit dem Dritten Finanzmarktförderungsgesetz ganz offiziell als eigene Fondsgattung zugelassen. Dabei wird das Vermögen von Indexfonds so gestaltet, dass die Zusammensetzung des Depots einen bestimmten Index genau nachbildet. Wird ein Fonds beispielsweise dem DAX 100 nachgebildet, so partizipiert der Anleger an der Entwicklung der hundert Standardwerte.

Eine neue Form des Indexprodukts sind die so genannten Indexzertifikate. Das sind Schuldverschreibungen einer Bank, auf die der Anleger jedoch keine Zinszahlungen, sondern seine Anleihe am Fälligkeitstag zu dem entsprechenden Indexstand zurückgezahlt bekommt. Sie erfreuen sich bei Banken und Brokerhäusern wachsender Beliebtheit. Der Anleger ist dadurch an der Wertentwicklung der in dem jeweiligen Index enthaltenen Aktien beteiligt. Dabei sollten steuersensible Anleger Indexzertifikate auf den DAX bevorzugen.

TIPP:

394 **Empfehlenswert sind Zertifikate auf den DAX**

Besser als Papiere auf ausländische Börsenbarometer sind Zertifikate, die dem DAX folgen. Denn der DAX ist ein Performanceindex (total return index), das heißt, er erfasst neben der Kursveränderung auch die Erträge der Indexwerte. Das sind z. B. Dividendenzahlungen, Erlöse aus der Veräußerung von Bezugsrechten usw. Diese Einnahmen und Erlöse werden zum Indexstand hinzugezählt. Dadurch kann der DAX auch bei stagnierenden Kursen steigen.

Indexzertifikate besitzen im Vergleich zu den Indexfonds auf den ersten Blick erhebliche Kostenvorteile. Bei den Zertifikaten etwa entfallen laufende Verwaltungskosten. Wer allerdings noch Spielraum in seinem Freibetrag hat, kann mit einem Indexfonds oft mehr erreichen. Ein weiterer Vorteil von Indexfonds ist ihre unbefristete Laufzeit. Indexzertifikate werden hingegen irgendwann fällig, wie jedes festverzinsliche Wertpapier auch. Für jeden Umstieg auf ein neues Papier werden wieder Kosten fällig, also: 395

TIPP:

Zertifikate mit langer Laufzeit wählen 396

Die kurzfristige Spekulation mit Zertifikaten ist verlockend, schließlich gibt es eine reichliche Auswahl an Zertifikaten. Sie ersparen sich jedoch unnötige »Ersatzkosten« fälliger Papiere, wenn Sie bei der Anlageentscheidung diejenigen mit längerer Laufzeit (bei gleicher Ausstattung) bevorzugen.

Mischfonds

Bei gemischten Fonds liegt es in der Natur der Sache, dass die Rendite in erster Linie vom Konzept abhängt; die Fähigkeit des Fondsmanagers ist hier zweitrangig. So ergab eine Untersuchung der Stiftung Warentest, dass diejenigen gemischten Fonds, die in den vergangenen Jahren verstärkt auf Aktien gesetzt haben, auch die besten Ergebnisse für den Anleger erzielen konnten.

TIPP:

Bei den Mischfonds das Konzept prüfen 397

Der Anleger sollte bei den gemischten Fonds zuerst das Konzept begutachten, bevor er die Rendite beurteilt. Andernfalls läuft er Gefahr, Äpfel mit Birnen zu vergleichen.

---

398 Mischfonds bestehen aus gemischten Wertpapier- und Grundstücks-Sondervermögen. Das Fondsvermögen darf bis zu dreißig Prozent in Grundstücke, Beteiligungen an Grundstücksgesellschaften oder Anteile an Immobilienfonds investiert werden. Darüber hinaus können Fondsmanager Liquidität in Form von Geldmarktfonds halten. Anlageentscheidungen werden dadurch flexibler.

KAPITEL 9

Die Rolle der Banken bei Aktiengeschäften

Niemand darf von seinem Kreditinstitut erwarten, immer richtig und fair beraten zu werden – leider. Nicht selten wird das verkauft, was für die Bank das beste Geschäft darstellt. Ein Bank- oder Sparkassenkunde aber kann oft gar nicht erkennen, ob er gut und halbwegs fair beraten wird und ob man ihm vernünftige Preise berechnet. Mit dem folgenden kleinen Test können Sie Ihr Geldinstitut einmal überprüfen. 399

400

Checkliste: Wie gut ist Ihre Bank bei der Anlageberatung? (Bitte Ihre Antwort ankreuzen)		
Barabhebungen vom eigenen Konto: Müssen Sie dafür Buchungs- oder Auszahlungsgebühren bezahlen?	ja	nein
Bausparen: Hat man Ihnen einen Bausparvertrag mit einer Summe von mehr als 40 000 DM angeboten?	ja	nein
Beratungsqualität: Hat man sich mindestens einmal 45 Minuten Zeit genommen, um mit Ihnen über verschiedene Anlagemöglichkeiten zu sprechen?	nein	ja
Geldumtausch: Hat man Sie schon mal darauf hingewiesen, dass ein Wechsel im Urlaubsland meist günstiger ist und Sie zu Hause nur wenig umtauschen sollten?	nein	ja
Kontoüberziehungen: Hat man Ihnen bei einem Minus von mehr als zweieinhalb Gehältern schon einmal angeboten, mit einem Ratenkredit umzuschulden?	nein	ja
Kreditverhandlungen: Haben Sie mit Ihrem Geldinstitut schon einmal über Zinssätze für Darlehen verhandelt und dabei bessere als die Standardsätze angeboten bekommen?	nein	ja

Checkliste: Wie gut ist Ihre Bank bei der Anlageberatung? (Bitte Ihre Antwort ankreuzen)		
Lebensplanung: Hat man mit Ihnen schon einmal über Ihre beruflichen und familiären Pläne gesprochen?	nein	ja
Ratenkredite: Hat man Ihnen mehrere Alternativen mit unterschiedlichen Laufzeiten, Raten ausgerechnet und die jeweiligen Gesamtkosten in DM genannt?	nein	ja
Steuern: Hat man Ihnen einmal erklärt, wie Steuerabzüge bei Zinsen zu vermeiden sind, und Sie auf steuersparende Finanzgeschäfte hingewiesen?	nein	ja
Urlaub: Hat man Ihnen bereits empfohlen, die Reisekosten mit einem Ratenkredit zu bezahlen?	ja	nein
Vermögensbildung: Hat man Ihnen einmal verschiedene Möglichkeiten vorgeschlagen, mit Arbeitgeber- und Staatszulagen die größte Rendite herauszuholen?	nein	ja
Vorsorge: Hat man Ihnen eine Kapital-Lebensversicherung als Geldanlage vorgeschlagen, ohne vorher Ihre gesamte Vermögens- und Rentensituation zu berechnen?	ja	nein
Zinserträge: Hat man Sie schon darauf hingewiesen, wie Sie ohne Risiko für das Geld auf dem Sparbuch höhere Zinsen bekommen können?	nein	ja
Auswertung: Je mehr Kreuze Sie in der linken Spalte haben, desto schlechter werden Sie als Kunde behandelt. Kundenfreundliches Verhalten zeigt sich immer, wenn Sie rechts ein Kreuz gesetzt haben.		

401 Die Rechtsprechung hat zum Thema Anlageberatung viele verbraucherfreundliche Urteile gesprochen (siehe dazu Kapitel 13).

Die optimale Vorbereitung auf ein Beratungsgespräch

402 Bevor Sie eine Anlageberatung in einem Kreditinstitut aufsuchen, sollten Sie einige Vorbereitungen treffen, um sich abzusi-

chern. Dazu gehören grundsätzliche Überlegungen zu Ihrer persönlichen Risikobereitschaft, schriftliche Notizen sowie eine Begleitung für das Gespräch.

Die persönliche Risikoeinschätzung

Jeder Anleger hat seine eigene Risikobereitschaft. Der eine empfindet schon den Verzicht auf Zinsen als großes Risiko – für den anderen fängt das Risiko erst bei einer Verlustmöglichkeit von 10 000 DM an. **403**

Um Ihnen ein paar Anhaltspunkte zu geben, schlagen wir für die Einschätzung des Risikos folgende Unterteilung vor: **404**

- Frei von jedem Risiko sind Anlagen, bei denen das eingesetzte Kapital niemals aufs Spiel gesetzt wird und man für den jeweiligen Anlagebetrag mit einer festen Verzinsung rechnen kann (z. B. Festgeld, Bundeswertpapiere, Pfandbriefe). **405**
- Geringes Risiko bedeutet, dass die eingesetzten Beträge zwar nicht aufs Spiel gesetzt werden, der Anlagebetrag also auf jeden Fall erhalten bleibt, eine Rendite aber mal größer und mal kleiner ausfallen kann. Das ist z. B. bei Investmentfonds der Fall, wobei Immobilienfonds zumindest in den nächsten Jahren von den meisten Experten sogar als Anlage ohne Risiko angesehen werden. **406**
- Großes Risiko besteht immer dann, wenn man das eingesetzte Kapital zum Teil oder auch ganz verlieren kann. Eine typische Anlage mit großem Risiko sind Aktien. **407**

Auch dann, wenn der Anleger bereit ist, ein Risiko einzugehen, muss ihn der Berater über den Umfang des Risikos aufklären. Deshalb haben wir in der Checkliste für das Beratungsgespräch extra eine Spalte eingerichtet, in der solche Angaben eingetragen werden können. Doch die Berater sollen nicht nur darüber infor- **408** mieren, welche Chancen oder welche Risiken sich hinter der jeweiligen Anlage verbergen, sondern sie sollen ihren Kunden auch erklären, was sich hinter der jeweiligen Anlageform verbirgt.

409 Vor allem bei unerfahrenen Anlegern gehört es zur Beratungspflicht, auf versteckte Risiken hinzuweisen. Angenommen, der Kunde wird zum Kauf von Anlagen in einer fremden Währung ermuntert, dann darf der Berater nicht nur auf die dort womöglich sogar garantierten hohen Zinsen hinweisen. Er muss seinen Kunden vielmehr darüber aufklären, dass die Rendite bei solchen Papieren auch von den Wechselkursen am internationalen Währungsmarkt abhängig ist. Bei Anlagen in einer schwachen Währung müsste er seine Kunden also davor warnen, dass sie trotz hoher Verzinsung bei gleichzeitigem Kurssturz der Währung einen Verlust erleiden können.

Checkliste für das Beratungsgespräch

410

Anlagewünsche Gesamtbetrag: 60 000 DM			Angebot von der Bank oder Sparkasse	
Summe	**Geld soll verfügbar sein innerhalb von**	**Risikobereitschaft**	**Anlageart**	**Rendite bzw. Gewinn- oder Verlustrisiko in %**
10 000 DM	wenigen Tagen	ohne jedes Risiko		
20 000 DM	3 Monaten	ohne jedes Risiko		
10 000 DM	1 Jahr	geringes Risiko		
10 000 DM	2 Jahren	geringes Risiko		
10 000 DM	2 Jahren	großes Risiko		

Besprochen mit: ______________________________
(Name des Beraters/Instituts)

Am: ______________________________
(Datum)

Natürlich handelt es sich bei den Beträgen und ihrer Aufteilung in dieser Checkliste nur um Beispiele. Die Angaben des Anlegers sollten jedoch so detailliert erfolgen wie in diesem Muster. Das Kreditinstitut erhält damit klare Anweisungen, mit deren Hilfe es die Risikobereitschaft des Anlegers erkennen kann. Der Anleger wiederum erfährt durch die einzutragenden Angaben der Bank, worauf er sich möglicherweise einlässt. 411

Gehen Sie nicht allein zum Anlageberater

Kreditinstitute müssen ausdrücklich darauf hinweisen, wenn sie über eine bestimmte Anlageform keine Erfahrungen besitzen oder nicht versucht haben, die Qualität der Anlagen zu überprüfen. Dem in Beratungsgesprächen typischen Satz »Sie könnten natürlich auch die XY-Papiere nehmen …« müsste der Berater danach sofort hinzufügen: »Wir haben aber keine Erfahrungen mit diesem Papier und können daher nicht einschätzen, ob Sie damit glücklich werden.« 412

Im Grunde genommen verlangen die Gerichte damit nur Selbstverständlichkeiten von den Beratern der Geldhäuser. Sie sollen ihren Kunden so viel wie irgend möglich über die Anlage erzählen, um es ihnen zu ermöglichen, sich selbst eine Meinung zu bilden. Bei seiner Entscheidung soll der Kunde sorgfältig zwischen Vor- und Nachteilen abwägen können – ohne allein den Überredungskünsten des Beraters aufzusitzen. 413

TIPP:

414 **Verlassen Sie sich nicht auf den Berater allein**
Sie wissen nicht, auf welchen Typ von Berater Sie stoßen werden. Deshalb sollten Sie eine Grundregel immer beachten: Gehen Sie nie allein ins Beratungsgespräch, nehmen Sie immer einen Zeugen mit.

So setzen Sie Ihr Recht durch

415 Musterbrief: Schadenersatzforderung wegen Anlageverlusten

… *(Absender)*

… *(Datum)*

An … (*Vorstandssekretariat Ihres Geldinstituts*)

Betrifft: Kontonummer … *(eventuell von Ihrem Stammkonto abweichendes Depotkonto angeben)*, Anlageverluste durch … *(Anlagegeschäft näher beschreiben, z. B. Bezeichnung der Wertpapiere angeben)*

Sehr geehrte Damen und Herren,

am … *(Datum einsetzen)* habe ich in Ihrer Filiale … *(Ortsangabe)* mit … *(Name des Mitarbeiters, der Mitarbeiterin)* ein Beratungsgespräch über Geldanlagen geführt. Dabei habe ich meine Ziele und Vorstellungen klar erläutert. Wesentliche Vorgabe von mir war, dass

* bei der vorzuschlagenden Anlage keine Verluste des eingesetzten Kapitals drohen und

* bei der vorgeschlagenen Anlage maximal ein Verlust von ... *(Maximalgrenze angeben)* Prozent des eingesetzten Kapitals riskiert werden darf.

Dennoch wurde mir zum oben näher bezeichneten Geschäft geraten. Hierdurch entstand mir ein Verlust in Höhe von ... *(Betrag angeben)* DM.

Im gleichen Zeitraum wäre es möglich gewesen, mit festverzinslichen Wertpapieren ohne Risiken eine Rendite von ... *(ermittelte Rendite angeben)* Prozent zu erwirtschaften.

Mir entstand durch den Verlust beim oben näher bezeichneten Geschäft und dem Verlust der Verzinsung ein Gesamtschaden in Höhe von ... *(angeben)* DM.

Ich fordere Sie auf, Schadenersatz wegen Falschberatung zu leisten und den Gesamtbetrag in Höhe von ... *(Betrag)* DM bis zum ... *(Datum einsetzen, 14 bis 16 Tage nach Absendetag des Schreibens)* meinem Konto mit der Nummer ... *(angeben)* gutzuschreiben.

Bei fruchtlosem Fristablauf werde ich juristische Schritte gegen Sie einleiten.

Mit freundlichen Grüßen

(Unterschrift)

Bringen Sie eigenes Wissen mit

Im Umgang mit dem Kreditinstitut hat es natürlich der Anleger **416**
am leichtesten, der sich beim Thema Geldanlage auskennt. So

kann er sich möglicherweise eine Menge Ärger ersparen. Deswegen muss aber niemand gleich zum Anlageprofi werden. Es reicht schon zu wissen, welche Anlageformen es gibt und welche Vor- und Nachteile sich dahinter verbergen. Mit diesem Wissen kann das Beratungsgespräch viel gezielter und effektiver geführt werden. Jeder Anleger sollte also einige Grundregeln beachten, bevor er sein Geld in eine Anlageform investiert.

Das kleine Einmaleins des Anlegers

417 Überlassen Sie Ihr Geld nicht dem Zufall, spielen Sie nicht blind. Die Geldanlage muss nicht zum Glücksspiel werden, die Gewinnchancen lassen sich nämlich durchaus absehen. Die folgenden Grundregeln sollten bei jeder Geldanlage beachtet werden.

418 Sie müssen die Welt der Finanzmärkte verstehen

419 Wer sich auf den Finanzmärkten auskennt, begreift die Zusammenhänge schneller, und das ist ein großer Vorteil. So gibt es bestimmte Regeln, nach denen sich die Kurse bisher immer bewegt haben und die aller Wahrscheinlichkeit nach auch künftig ihre Gültigkeit behalten. Steigen beispielsweise die Zinsen, lohnt sich das Sparen, Wertpapiere bringen sichere Gewinne. Die Aktienkurse sinken, denn viele Anleger verkaufen. Sinken dagegen die Zinsen, steigen die Aktienkurse. Sparen lohnt dann nicht mehr.
Eine andere wichtige Regel auf den Finanzmärkten: Steht eine Währung unter starkem Abwertungsdruck, werden für Anleihen in diese Währung oft höhere Zinsen gezahlt als bei Investitionen in stabile Währungen. Die hohen Zinsen gelten als Risikoprämie für die Anlage in die schwache Währung – Kursverluste sind zu erwarten.

Informieren Sie sich regelmäßig in den Wirtschaftsnachrichten 420

Verlassen Sie sich nicht nur auf die Informationen, die Ihnen irgendwelche Berater geben. Machen Sie sich selber schlau, und verschaffen Sie sich ein persönliches Bild von der aktuellen Situation. Behalten Sie dabei stets die Entwicklung des Euro im Auge. Ein regelmäßiges Verfolgen der Wirtschaftsnachrichten in Zeitungen, Funk oder Fernsehen ist dazu allerdings notwendig. Mit Ihrem Wissen sind Sie dann in der Lage, bestimmte Entwicklungen vorherzusehen, und können Ihre Anlageentscheidungen gezielt treffen. Natürlich gehört auch etwas Glück dazu, aber Sie investieren mit Verstand und nicht ins Blaue. 421

Das Anlagerisiko sollte gestreut werden 422

Investieren Sie niemals Ihr gesamtes Kapital in Aktien. Sie sollten nur dann Aktien kaufen, wenn Sie außerdem noch über sichere Geldanlagen (Festzinspapiere) verfügen. Hochgradig spekulative Anlagen dürfen nie Ihr einziges Engagement sein. Wenn Sie nur in einen Aktienwert investieren, nehmen Sie an jeder Kursschwankung teil und können gegebenenfalls hohe Verluste machen. Bei einem Aktienfonds hingegen haben Sie bereits eine Risikostreuung, denn der Aktienfonds beinhaltet viele Aktien, sodass sich eventuelle Kursschwankungen einzelner Aktienwerte nicht unbedingt negativ auf die gesamte Anlage auswirken. 423

424 Keine hochgradig spekulativen Anlagen auf Kredit

425 Banken leihen Ihnen gern Geld, wenn Ihre Kontostände für Spekulationen nichts mehr hergeben. Geht Ihre Spekulation jedoch nicht auf, nimmt die Bank darauf keine Rücksicht. Dazu kommt noch, dass die Sollzinsen bei Zinspapieren und auch bei Aktien für den Kredit im Normalfall höher sind als die durchschnittlichen Erträge. Unsere Grundregel: Der Kredit sollte nur dann als Finanzierungshilfe in Anspruch genommen werden, wenn die Anlage als sicher und stabil gilt. Diese Kriterien werden z. B. von Immobilien erfüllt.

426 Hektik schadet jeder Anlage

427 Wenn Sie Ihre Anlageentscheidung getroffen haben, werden Sie nicht hektisch, wenn Sie die Engagements von anderen Anlegern beobachten. Vermeiden Sie hektische Umschichtungen! Begehen Sie nicht den Fehler, immer einem aktuellen Trend hinterherzulaufen und schnell aus der einen Anlage aus- und in eine neue einzusteigen. Folgen Sie in diesem Punkt nicht Ihrem Finanzberater, falls er Ihnen dazu rät. Zu jeder Transaktion gehören Kosten und Gebühren. Je häufiger Sie Ihre Anlagen umschichten, desto höher müssen die Erträge sein, um überhaupt die Kosten wieder hereinzuholen.

Prüfen Sie die Renditeaussichten

428 Mithilfe von Zeitungen und Zeitschriften kann man sich gut einen Überblick über die Renditeentwicklung verschiedener Anla-

gen verschaffen. Zeitschriften wie *Finanztest*, *Capital* und *DM* veröffentlichen immer wieder Tabellen, denen sich die Renditen verschiedener Anlagen entnehmen lassen. Auch für den unerfahrenen Anleger werden die Angebote mithilfe dieser Übersichten schnell durchschaubar, weil die direkt miteinander konkurrierenden Angebote meistens übersichtlich zusammengefasst sind. Langzeitvergleiche sowie Angaben zur letzten Jahresrendite lassen erkennen, ob es sich um eine wirklich über Jahre erfolgreiche Anlage handelt (z. B. einen gut gemanagten Aktienfonds) oder ob – eher zufällig – nur das letzte Geschäftsjahr besonders gut abgeschlossen wurde.

Zinssatz und Rendite können nicht miteinander verglichen werden

Wenn wir vom Ertrag der festverzinslichen Wertpapiere spre- **429**
chen, dann ist immer von garantierten Zinsen die Rede. Das ist auch richtig. Denn auf dem Wertpapier als effektivem Stück steht der Zinssatz deutlich ausgewiesen. Über die Rendite sagt das aber noch nicht alles aus, denn wer sich so ein Papier kaufen will, der muss dafür den Kurswert bezahlen. Der Kurswert richtet sich nach dem augenblicklichen Zinsniveau am Geldmarkt: In Zeiten hoher Zinsen werden Papiere mit niedrigem garantierten Zins zu niedrigen Kurswerten gehandelt – man bekommt sie also für weniger als den aufgedruckten Nennwert. In Zeiten niedriger Zinsen werden Papiere mit hohem garantierten Zinssatz auch zu hohen Kursen gehandelt – man muss also mehr bezahlen, als das Papier bei der Rückzahlung überhaupt wert ist, um von den hohen Zinsen profitieren zu können.

Beispiel: Wer in einer Zeit besonders niedriger Zinsen ein Wert- **430**
papier mit einem Nennwert von 100 DM und einer Verzinsung von 8 Prozent kaufen will, muss dafür nicht 100 DM, sondern (abhängig von der Laufzeit) vielleicht sogar als Kurswert

111 DM bezahlen. Von den bis zum Ende der Laufzeit noch zu kassierenden Zinserträgen muss also die Mehrausgabe wegen des über 100 liegenden Kurswertes abgezogen werden. Es ist daher gar nicht möglich, wirklich eine Verzinsung von 8 Prozent zu erreichen, denn pro Jahr gibt es für jedes Wertpapier mit 100 DM Nennwert schließlich nur 8 DM Zinsen. Weil aber der Kursaufschlag für dasselbe Papier schon 11 DM betrug, hat sein Besitzer nach einem Jahr einen Verlust von 3 DM gemacht. Erst bei der nächsten Zinszahlung bleibt für ihn wirklich etwas hängen – aber auch noch keine 8 Prozent oder DM, denn er muss zunächst den Rest des anfangs gezahlten Kursaufschlages abziehen.

431 In Zeiten hoher Zinsen dagegen werden die Kurswerte für niedrig verzinste Anlagen deutlich unter 100 liegen. Die mageren Zinserträge erhöhen sich dann also um den Betrag, den man beim Kauf gegenüber dem Nennwert des Papiers gespart hat.

Erst nach der Rendite fragen – dann kaufen

432 Spätestens jetzt wird klar, warum es überhaupt keinen Aussagewert hat, wenn der Berater in der Bank oder Sparkasse von einem »schönen Neunprozenter« spricht, den er anzubieten hat. Zunächst einmal muss die Rendite erfragt werden. Für die Leute bei den Banken und Sparkassen ist das ein Knopfdruck auf dem Computerterminal: Sekundenschnell lassen sich verfügbare Papiere und Renditen abfragen.

433 Man kann sich die Rendite aber auch selbst ausrechnen – selbst mit dem billigsten Taschenrechner dauert es nur ein wenig länger. Gegenüber den Renditeangaben der Bank oder Sparkasse werden sich zwar geringfügige Veränderungen bei den Zahlen hinter dem Komma ergeben. (Denn bei unserer relativ einfachen Formel wird die Restlaufzeit des Wertpapiers nur in Jahren berücksichtigt. Die genauere Computerberechnung berücksichtigt aber auch die Tage bis zur nächsten Zinszahlung.) Doch das

Nachrechnen lohnt sich, denn so können Sie selbst die Rendite der Geldanlage überprüfen.

Formel für die Renditeberechnung nach Kursangaben

434

$$\frac{100 - \text{Kurswert des Papiers}}{\text{Restlaufzeit in Jahren}} + \frac{100 \times \text{Garantiezins (Nominalzins)}}{\text{Kurswert des Papiers}} = \text{Rendite in \%}$$

Für ein Rechenbeispiel nehmen wir die folgende beliebig aus dem Börsenteil einer Tageszeitung aus dem Jahr 2000 herausgegriffene Kursnotierung:

8 % – 2008 Frankf. Hypo Pfandbr. 111,95

Es handelt sich also um einen Pfandbrief der Frankfurter Hypothekenbank, für den bis zum Ende seiner Laufzeit (hier das Jahr 2008) ein Zinssatz von 8 Prozent kassiert werden kann, wenn man das Papier zum Kurswert von 111,95 erwirbt. Daraus ist bereits erkennbar, dass es sich um ein Angebot während einer Niedrigzinsphase handelt – um höhere Zinsen zu kassieren, ist ein gewaltiger Kursaufschlag zu bezahlen. Die Berechnung der Rendite sieht nach der genannten Formel so aus: 435

$$\frac{100 - 111{,}95}{8} + \frac{100 \times 8}{111{,}95} = 5{,}65\,\%$$

Diese echte Rendite, in die Garantiezins, Laufzeit und Kurswert einfließen, wird regelmäßig für alle an der Börse gehandelten festverzinslichen Wertpapiere ermittelt. Das Ergebnis ist dann die so genannte Umlaufrendite, die man sich tagesaktuell von jeder Bank oder Sparkasse nennen lassen kann. Wer beurteilen 436 will, ob das ihm angebotene festverzinsliche Wertpapier gute oder schlechte Erträge bringt, darf also niemals nur auf den garantierten Zinssatz schauen, sondern muss die Rendite des jeweiligen Papiers mit der Umlaufrendite vergleichen.

437 Eine besonders hohe Rendite und damit in kurzer Zeit viel Geld bringen nur die Anlagen mit nicht weniger hohen Risiken. Doch das hohe Risiko sollte nicht jeder auf sich nehmen:

438 Wichtig: **Je geringer das Einkommen ist, desto kleiner sollte der Anteil hochgradig spekulativer Anlagen sein**
Diese Anlagen locken zwar mit hohen Renditen, doch das Risiko, mit ihnen »baden« zu gehen, ist ebenfalls hoch. Mögliche Verluste können bei einem geringeren Einkommen nicht verkraftet werden, was böse Konsequenzen haben könnte.

439 Eine gute Rendite lässt sich auch mit sichereren Anlagen erzielen. Eine Rendite gilt dann als ordentlich, wenn sie sich über Jahre hinweg zwischen sieben und zehn Prozent bewegt. Zu diesen sicheren und rentablen Anlagen gehören folgende:

440

Sichere und rentable Anlagen
Aktienfonds Sie zählen als sicher und rentabel, wenn sie über lange Zeiträume laufen und gut gestreut sind.
Festverzinsliche Anlagen Dazu zählen z. B. Sparbriefe, Festzinswertpapiere.
Sachwertanlagen Dazu zählen Immobilien oder offene Immobilienfonds.

Jeder Anleger hat sein persönliches Anlagerisiko, das sich nach seiner Lebenssituation richtet. Generell gilt, dass Sie bei einer sehr spekulativen Anlage nicht auf das eingesetzte Kapital zu einem bestimmten Zeitpunkt angewiesen sein dürfen. Sind beispielsweise im Oktober erhebliche Kurseinbrüche an der Börse zu beobachten, Sie müssen aber verkaufen, weil Sie Ihr Geld im November dringend benötigen, stehen Sie vor einem Dilemma. **441**

Jede Geldanlage kostet Gebühren

Unabhängig vom Erfolg der Ratschläge der Kreditinstitute: Banken und Sparkassen verdienen an jedem Geschäft und auf jeden Fall. Die zu erzielenden Erträge aus einer Geldanlage werden immer um Gebühren und Spesen verringert. Und da kassieren einige Institute kräftig. **442**

Aktien

Bei Kauf und Verkauf werden jeweils etwa 1,0 Prozent des Kurswertes berechnet. Manche Institute verlangen allerdings eine Mindestgebühr bis zu 50 DM. Hinzu kommen bisweilen noch bis zu 20 DM, wenn Kauf oder Verkauf an ein Limit gebunden werden, wenn also der Ankauf mit Ansage eines Höchstkurses oder der Verkauf nicht unter einem angesagten Mindestkurs erfolgen soll. Zusätzlich können Spesen anfallen. Außerdem kommen für die Verwaltung der Aktien auf dem Depotkonto noch einmal 0,05 bis 0,17 Prozent des Kurswertes oben drauf. Für Auslandsaktien, die in Deutschland gehandelt und hier gekauft werden, sind geringfügig höhere Gebühren zu entrichten. **443**

Festgeldanlagen

444 Meistens wird das Festgeldkonto gebührenfrei geführt. Es gibt aber auch Institute, die dafür ein Unterkonto einrichten, für das dann etwas berechnet wird. Fragen Sie vorsichtshalber nach, und verlangen Sie eine kostenlose Führung.

Festverzinsliche DM-Wertpapiere

445 Neuemissionen, also druckfrische Papiere, können ohne Aufschlag erworben werden. Wer aber bereits in Umlauf befindliche Wertpapiere kaufen will, muss dafür Provision und Maklercourtage bezahlen. Das kostet zwischen 0,5 und 1 Prozent des Nennwertes der Papiere, bei Anleihen über 20 000 DM also zwischen 100 und 200 DM. Einige Institute verlangen bei Käufen mit geringem Umfang auch eine Mindestgebühr zwischen 10 und 50 DM. Die Gebühren für ein Depotkonto zur Verwaltung der Papiere betragen pro Jahr durchschnittlich 0,1 bis 0,125 Prozent des Kurs- oder Nennwertes. Manche Institute verlangen aber auch bis zu 0,6 Prozent, während andere die kostenlose Verwaltung anbieten.

Festverzinsliche Wertpapiere in Fremdwährung

446 Zu den Kosten, die beim Kauf von in Umlauf befindlichen DM-Wertpapieren zu bezahlen sind, werden noch die Gebühren der Bank im Ausland und ein Aufschlag für den Devisentausch berechnet – das summiert sich auf durchschnittlich ein bis zwei Prozent des Anlagebetrages. Wer direkt bei der deutschen Filiale einer Auslandsbank kauft, kann die doppelten Bankgebühren vermeiden und die Hälfte der Kosten sparen.

Investmentfonds

447 Die Ausgabeaufschläge, also die Differenz zwischen Verkaufs- und Rücknahmepreis, betragen bei Rentenfonds durchschnitt-

lich drei, bei Aktien- und Immobilienfonds fünf Prozent. Hinzu kommen 0,5 bis 1 Prozent für die laufende Verwaltung auf dem Depotkonto.

Geld sparen bei den Gebühren – so wird's gemacht

Welche Papiere die besten sind, hängt natürlich zunächst einmal **448**
von der Rendite ab. Andererseits aber muss auch daran gedacht werden, dass Nebenkosten (durch Spesen bei Kauf oder Verkauf, Konto- und Depotgebühren) den Effektivzins noch einmal unter die mit unserer Formel zu berechnende Rendite drücken können. Wichtig ist deshalb:

Neue Papiere der öffentlichen Hand und der Geldinstitute **449**
werden ohne Gebührenaufschlag verkauft. Erst wenn die Papiere an der Börse gehandelt werden und man sie dort kaufen lässt, fallen bis zu ein Prozent Spesen, Maklerprovision und Gebühren an.

Kosten entstehen auch für die Verwaltung der Papiere über ein **450**
Depotkonto bei Bank oder Sparkasse. Wer die sparen will, kann kostenlos alle Bundeswertpapiere bei der Bundesschuldenverwaltung in Bad Homburg, Telefon: 0 61 72 / 10 80, verwalten lassen.

Über die kostenlose Verwaltung der Bundeswertpapiere gibt es **451**
ein Merkblatt, das bei allen Banken und Sparkassen vorhanden ist – manchmal wird es aber nicht herausgegeben. Beschwerden über diesen Trick der Institute kommen häufig vor: Sie wollen lieber selbst verwalten und dafür kassieren. Wer diese Erfahrung bei seinem Institut macht, sollte sich sofort bei der Bundesschuldenverwaltung (Telefon siehe oben) darüber beschweren.

Niedrige Gebühren bei Direktbanken

452 Für günstige Gebühren stehen Direktbanken und Discountbroker. Sie stellen für die herkömmlichen Geldinstitute eine starke Konkurrenz dar. Neben dem kostengünstigen Girokonto und dem schnelleren und bequemeren Banking per PC bieten Direktbanken im Gegensatz zu den Filialbanken auch bei Wertpapierprovisionen und Depotgebühren Preisvorteile. Direktbanken arbeiten ohne Filialnetz, das heißt, der Kunde ist hier nicht auf bestimmte Öffnungszeiten angewiesen. Bei einer Direktbank wird er per Telefon über ein Call Center, übers Internet oder Fax bedient, wobei Bankgeschäfte per Computer rund um die Uhr erledigt werden können. Dabei stellt das Online-Banking keine besonderen Ansprüche an die Technik.

TIPP:

453 **Das brauchen Sie für Ihr Online-Banking**

Es genügt ein Standardgerät mit einem Pentium-Chip, 166 MHz, 16 Megabyte Hauptspeicher, zwei Gigabyte Festplatte, Disketten- und CD-ROM-Laufwerk, ein einfaches Modem oder eine Modemkarte. Beim Modem ist es wichtig, dass es nicht zu langsam ist (das würde Ihre Telefongebühren in die Höhe treiben), 33 600 bit pro Sekunde sollte es haben, 56 000 sind natürlich noch besser. Außerdem benötigen Sie einen Zugang zum Datennetz T-Online, wobei viele Banken auch Internet-Zugänge akzeptieren. Für das Surfen im Internet brauchen Sie von jeder dieser Zutaten (besonders Festplatte und Hauptspeicher) allerdings eine etwas größere Portion. Wer seine Kontoauszüge ausdrucken und abheften möchte, benötigt natürlich auch einen Drucker.

Ein Nachteil des Handels mit Direktbanken gegenüber Wertpapiergeschäften mit Geschäftsbanken und Sparkassen ist entsprechend der Wegfall von Beratungsleistungen. Beratungen finden entweder gar nicht oder nur gegen einen Gebührenaufschlag statt. Wer als Kunde also stets eine umfassende Beratung wünscht, ist bei seiner Hausbank im herkömmlichen Sinne besser aufgehoben. Wer sich zutraut, Entscheidungen alleine zu treffen, und auf Filiale und Beratungen nicht angewiesen ist, sie auch in der Vergangenheit bei seiner Hausbank nicht vermisst hat, der sollte sich die Konditionen der Direktbanken einmal näher anschauen und folgende Regeln beachten: **454**

TIPPS zu Direktbanken und Discountbrokern – sechs Merkmale sind wichtig **455**

1. Bei einem Discountbroker erhält der Anleger keine Beratung. Somit sind Discountbroker in erster Linie für erfahrenere Fondsanleger interessant, die sich bei mehreren Fondsgesellschaften bedienen und Gebühren sparen wollen. **456**
2. Auswahlkriterien für Investmentfonds sollten Rendite und Fondsqualität sein. Die Frage nach dem Rabatt auf den Ausgabeaufschlag ist zweitrangig und sollte die grundsätzliche Entscheidung über den Kauf nicht beeinflussen. **457**
3. Der Discountbroker rechnet jede Umschichtung, auch innerhalb einer Fondsfamilie, als neuen Kauf ab. Entsprechend summieren sich dann die Ausgabeaufschläge. Wenn Sie also häufig umschichten, sind Sie bei vielen Fondsgesellschaften günstiger aufgehoben. **458**
4. Nicht alle Fonds gewährleisten Rabatte. In diesen Fällen bringt auch der Kauf über einen Discountbroker für den Anleger keine Preisvorteile. **459**
5. Verhandeln Sie mit Ihrer Bank über den Ausgabeaufschlag. Be- **460**

sonders diejenigen Kunden, die über ein großes Depot oder höhere Anlagesummen verfügen, haben eine gute Verhandlungsbasis.

461 6. Bedenken Sie, dass die Direktbanken bei Fonds Depotgebühren berechnen. Diesen Service bieten dagegen viele Fondsgesellschaften kostenlos an.

Musterdepots und Gebühren

462 Preise für die Depotverwaltung sind häufig kompliziert und undurchschaubar gestaltet. Dazu kommt, dass für die Aufbewahrung von Wertpapieren auf dem Depotkonto stark unterschiedliche Gebühren anfallen. Einige Institute verzichten ganz auf eine Mindestgebühr pro Jahr, berechnen statt dessen eine Mindestgebühr pro Posten oder einen Prozentsatz vom Kurswert. Entscheidend für die tatsächliche Gebührenbelastung ist bei der Aufbewahrung die genaue Zusammensetzung des Depots.

TIPP:

463 **Posten und Dauer sind wichtig**

Nicht nur die Zahl der Posten ist zu berücksichtigen, sondern auch deren genaue Verwahrzeit auf dem Depot – denn manche Institute rechnen mit einer monatlichen Postengebühr. Gelegentlich wird aber auch ganz auf die Gebühr verzichtet, wenn z. B. Aktien der jeweiligen Bank auf einem Depotkonto desselben Instituts gelagert werden.

Den Idealfall für Anleger, dass ein Institut auf alle drei Gebühren verzichtet, gibt es leider nicht. Weil für die Gesamtkosten einer Order allerdings manchmal Mindestsatz und Provision zu berücksichtigen sind, eine Postengebühr zusätzlich zur Provision auf den Kurswert berechnet wird bzw. Gebühren auch davon abhängen, ob die Orders über PC oder per Telefon erteilt werden, haben wir zum besseren Vergleich mit einem Mini-Musterdepot ein Praxisbeispiel durchgerechnet. Außerdem ist zu berücksichtigen, dass eine Bank mit der niedrigsten Grundgebühr nicht automatisch auch die niedrigste Provision bei einer Abrechnung nach dem Kurswert verlangt. 464

465

Gebühren für die Aufbewahrung von Wertpapieren		
Leistung	**höchste**	**niedrigste**
Mindestgebühr pro Jahr	50 DM	keine
Mindestgebühr pro Posten	10 DM	keine
Gebühr abhängig vom Kurswert	0,15 %	keine
Praxisbeispiel: zwei Posten à 5000 DM/12 Monate	50 DM	6 DM

Depotumschichtungen gehen ins Geld

Grundsätzlich hat die Bank gar kein Interesse daran, dass Sie einmal Aktien kaufen und dann abwarten. Am liebsten sind ihr die Kunden, die häufig ein Depot umschichten und gern je nach aktuellen Trends oder Prognosen umschwenken. Schließlich lassen sich da jedes Mal Gebühren abgreifen. 466

Daran sollten Sie auch denken, wenn Ihr Wertpapierberater sich wieder einmal telefonisch bei Ihnen meldet, irgendwelche Anregungen gibt und den einen oder anderen Tipp für Sie bereithält.

Ihm kann es letztlich egal sein, ob Sie gewinnen oder verlieren. Er hat sein Geschäft bereits gemacht, sobald Sie eine Verkaufs- und eine Kauforder erteilt haben. Für die Bank lohnt es sich gleich doppelt, denn für sie stellt der zusammenhängende Vorgang eines Depotumbaus ja immer zwei getrennte Geschäftsvorfälle dar, nämlich Verkauf und Kauf. Deshalb ist es die vordringlichste Aufgabe eines Wertpapierberaters, die Kunden zu Aktivitäten zu verleiten.

TIPP:

467 **Je geringer Ihr Anlagekapital ist, desto seltener sollte das Depot umgeschichtet werden**

Hektisches Kaufen und Verkaufen, die ständige Jagd nach dem schnellen Gewinn, führt einen Kleinanleger binnen kurzer Frist in die Verlustzone.

Konkurrenz unter den Banken bewirkt Gebührensenkung

468 Mit den Direktbanken wurde die Konkurrenz unter den Geldinstituten belebt. Direktbanken arbeiten ohne Filialnetz, sie bedienen ihre Kunden per Telefon, Internet oder Fax. Sie haben sich vor allem mit günstigen Gebühren bei Wertpapierprovisionen und Depotgebühren hervorgetan. Die Beratung entfällt bei Direktbanken zwar, aber angesichts des geringen Nutzens von Beratungsleistungen stellt sich die Frage, ob das zu bedauern ist.

469 Folgende Geldinstitute bieten Anlagegeschäfte zu Sätzen deutlich unterhalb der Standardkonditionen von Geschäftsbanken und Sparkassen an:

Niedrigere Gebühren – fragen Sie bei diesen Geldinstituten		
Geldinstitut	**Firmensitz**	**Telefon**
Sparda-Bank Mainz/Direkt-Order	Mainz	01803/250025
Sparda-Bank Frankfurt/Direct-Order)	Frankfurt	069/7537-0
Citibank Privatkunden AG	Düsseldorf	0180/3322111
FIMATEX	Frankfurt	069/7107500
ConSors Discount-Broker	Nürnberg	01803/252515
Comdirect Bank	Quickborn	01803/4445

Wegen der sich verschärfenden Konkurrenz sollte jeder Anleger **470** die Gebührenstruktur seines Instituts regelmäßig mit den Kosten bei anderen Geldhäusern vergleichen. Eine kostengünstige Entscheidung von heute kann morgen durch neue Konditionen bereits überholt sein. Deshalb ist es kaum möglich, eine über den Zeitraum von vier Wochen hinausgehende Empfehlung der günstigsten Bank auszusprechen.

KAPITEL 10

Börsengeschäfte im Internet

Im Internet Aktien zeichnen: Das ist heute schon möglich und wird in naher Zukunft zur Gewohnheit werden. Manche Anleger nutzen das bereits und suchen über das Netz den schnellen Zugang zu den Aktien. Allerdings wurden bislang überwiegend Aktien von Gesellschaften im Internet angeboten, die nur Branchenkennern bekannt und zudem hochgradig spekulativ waren. Doch es ist wohl nur eine Frage der Zeit, bis sich das Internet durchgesetzt hat und der Aktienkauf im World Wide Web Normalität ist. **471**

Aktien via PC zu zeichnen ist nicht neu. Viele Direktbanken bieten seit einiger Zeit die Möglichkeit, Zeichnungen online zu tätigen. Hinzu kommen jetzt virtuelle Emissionshäuser, bei denen der Anleger einen Zeichnungsschein online ausfüllen kann: **472**

473

Virtuelle Emissionshäuser	
Unternehmen	**Internet-Adressen**
a:kon	www.akon.de
Berliner Effektenbank	www.effektenbank.de
KJD-online	www.kjd-online.de
Net.IPO	www.netipo.de
Virtuelles Emissionshaus AG (VEM)	www.going-public.de

Dabei gibt es jedoch einiges zu beachten.

474 HIER UNSERE TIPPS:

Ausrüstung

475 Für Zeichnungen per Mausklick braucht man einen schnellen PC und eine schnelle Datenleitung, denn oft haben nur die Schnellsten eine Chance, an der Neuemission teilzuhaben. Der Provider muss also in puncto Geschwindigkeit, Stabilität und Sicherheit sehr gut sein. Das kann man allerdings vorher testen. Viele große Online-Dienste bieten eine kostenlose Testphase für ihren Internet-Zugang an.

Persönliche Daten

476 Natürlich können Aktien nicht ohne Absender gezeichnet werden. Wer über das Internet Aktien kauft, muss sich registrieren bzw. anmelden und seine Daten übermitteln. Dazu gehören Bankverbindung, Konto- und Depotnummer, manchmal auch Ausweisnummer, Angaben über Vermögensverhältnisse und Einkommen. Einige Emissionshäuser verlangen ein Mindestgesamtvermögen, bevor sie mit dem Anleger ins Geschäft kommen.

477 Die Angabe der Daten über das Internet birgt immer ein Sicherheitsrisiko. Abgesehen von dieser Problematik kosten diese Formalien Zeit und natürlich Online-Gebühren.

Schriftverkehr

478 Wer im Internet Aktien zeichnet, kommt um den schriftlichen Aufwand nicht herum. Der Anleger muss sich meistens über den Postweg identifizieren. Die ausgefüllten Anträge müssen, wie bei der Eröffnung eines Kontos bei Direktbanken, zur Post gebracht und dort in Anwesenheit eines Mitarbeiters unterschrieben wer-

den. Das Ganze nennt sich Post-Ident-Verfahren. Häufig muss der Anleger außerdem der eigenen Bank einen Abbuchungsauftrag erteilen.

Kursinformationen im Internet

TIPPS:
SO FINDEN SIE DAS RICHTIGE BÖRSENGESCHEHEN IM INTERNET 479

Internet-Adresse	Finanzplatz/Besonderheit
www.exchange.de	Zugang zu den Seiten der Deutschen Börse AG, Frankfurt, zahlreiche Informationen und Statistiken, Live-Blick durch die Parkettkamera auf den DAX-Verlauf
www.neuermarkt.de	alle Wachstumswerte, Schwesterseite der Deutschen Börse
www.smax.de	kleine Titel vom Small-Caps-Segment, Schwesterseite der Deutschen Börse
www.ip.exchange.de	Erklärung der Indizes, Schwesterseite der Deutschen Börse
www.berlinerboerse.de	Berliner Börsengeschehen, Kurse und Infos über osteuropäische Aktien, Links zu Börsenplätzen im Osten
www.boerse-stuttgart.de	Baden-Württembergische Wertpapierbörse, umfangreiche Infos zu Optionsscheinen
www.rwb.de	Rheinisch-Westfälische Börse, Düsseldorf, ähnlich wie Site der Deutschen Börse AG, Infos zum grauen Kapitalmarkt, Hitliste der Tageskurse
www.bayerischeboerse.de	Bayerische Wertpapierbörse, München, direkte Kursabfrage, Prädikatsmarkt, Börsenlexikon

Internet-Adresse	Finanzplatz/Besonderheit
www.boerse-hannover.de	Niedersächsische Börse
www.wtb-hannover.de	Warenterminbörse
www.boerse-bremen.de	Bremer Börse, Kursticker, Infos zum Going Public

Quelle: *Handelsblatt*, Stand: 9/99

Fonds im Netz

480 Auch die Fondsgesellschaften suchen den Kundenkontakt per Internet, und das sogar sehr erfolgreich. So bringen es sechzig ernst zu nehmende deutsche Fondsanbieter im Internet auf monatlich mehrere Millionen Besucher ihrer Seiten. Der potenzielle Fondsanleger findet auf den Homepages der Fondsgesellschaften Informationen über Daten zum jeweiligen Fondsvolumen, Ausgabeaufschlag, Verwaltungsvergütung, Wertentwicklung, Anlagestruktur und -entwicklungen in graphischen Diagrammen sowie Preisseiten für die Fondsanteile. Allerdings: Im weltweiten Netz einkaufen kann man nur bei den wenigsten Gesellschaften. Die meisten verlassen sich noch auf den Berater in der Filiale, den Fondsshop oder die Direktbank. Für den Anleger wäre die Fondsauswahl via Mausklick viel einfacher – vorausgesetzt, er kennt sich aus. Für den Einsteiger empfiehlt sich auf jeden Fall eine Beratung, bevor man Fondsanteile erwirbt.

481 Hier eine Auswahl von Fondsgesellschaften im Internet:

www.adig.de
www.allianz-vermoegen.de
www.bfg-invest.de

www.deka.de
www.dit.de
www.dws.de
www.fidelity.de
www.flemings.lu
www.hypo-invest.de
www.nordinvest.de
www.templeton.de
www.union-investment.de

Daytrading

Was bis vor kurzem nur den Börsenprofis vorbehalten war, ist nun auch für Privatanleger möglich. Ausgestattet mit einem PC und Internet-Zugang, kann jeder von seinem Rechner aus auf Tageskursschwankungen setzen, kaufen und verkaufen. 482
Daytrader arbeiten in direkter Konkurrenz zu Händlern aus Banken und Investmenthäusern. Wie der Name bereits verrät, machen Daytrader ihre Geschäfte innerhalb eines Tages, manchmal halten sie die Papiere nicht länger als einige Minuten. Sie wollen kurzfristige Kursschwankungen an der Börse Gewinn bringend ausnutzen. Daytrader steigen bei günstigen Kursentwicklungen ein und verkaufen schnell wieder – ein risikoreiches Geschäft mit Aktien, Optionen und Futures. Daytrader haben über einen Computerterminal direkte Verbindung zur Börse.

TIPP:

Daytrader sind meist keine Börsenprofis 483
Häufig handelt es sich bei Daytradern nicht um Börsenprofis, ihr Arbeitsplatz ist meist in einem Daytrading-Center gemietet. Und hier

liegt auch die Gefahr: Die Amateure sind auf sich gestellt, Fehler können schnell sehr teuer werden.

---

484 In den USA nimmt der Daytrading-Boom bereits wieder ab, dort hatten sich viele Kleinanleger als Daytrader versucht und sich hoch verschuldet.
Davor warnt auch das Bundesaufsichtsamt für den Wertpapierhandel. Man befürchtet, daß sich die neue Handelsform kontraproduktiv auf die Aktienkultur auswirkt. Besondere Kritik wird an den so genannten Trading Centers geübt, in denen sich Anleger gegen eine Gebühr einen Handelsplatz anmieten und sekundenschnell an den internationalen Finanzmärkten kaufen und verkaufen können. Nach Angaben des Bundesaufsichtsamts machen etwa 75 bis 80 Prozent der Daytrader Verluste. Der Grund: Privatanleger unterliegen keiner Kontrolle durch eine interne Prüfstelle, haben oft keine Kenntnisse über die Funktionsweise der Finanzmärkte und keine Strategien.

TIPPS FÜR DAYTRADING:
485 VORAUSSETZUNGEN UND KENNTNISSE, DIE MAN MITBRINGEN SOLLTE

1. Empfehlenswert: ein halbes Jahr Vorbereitung und Ausbildung, in dieser Zeit den Job üben, zunächst auf Papier und dann mit nur geringem Kapitaleinsatz handeln.
2. Perfekte Hard- und Software: mehrere Monitore, schnelle Internet-Verbindung, Datenübertragungsrate sollte mit spezieller Software getestet werden.
3. Kenntnisse im Risikomanagement sind sehr wichtig: In welcher Höhe können sich Verluste ergeben? Wie hoch darf der Verlust pro Tag maximal sein? Solche Stop-Loss-Marken sind unerlässlich.

4. Ein Risikokapital von 40 000 DM ist angemessen, Daytrading darf grundsätzlich nur mit Risikokapital getätigt werden.
5. Kurzfristige Spekulationsgewinne sind steuerpflichtig, sie können allerdings mit Verlusten verrechnet werden.

Aus: »Investor«, *Handelsblatt*, August 1999

Anfänger können das Daytrading zunächst im Trockentraining üben. Diese Möglichkeit gibt es unter: **486**

www.daytrading-info.de
www.tradewire.de
www.mtrader.com

Broker Boards im Internet

Im Internet gibt es Diskussionsforen für Anleger. Dort werden Börseninformationen ausgetauscht, Börsenbriefe angeboten, Beschwerden über Discountbroker gesammelt und Statements zu Kursentwicklungen abgegeben. Broker Boards haben vielfach keinen guten Ruf, denn nicht alles, was drinsteht, ist seriös oder wirklich ein ernst zu nehmender Tipp. Die Manager dieser Foren übernehmen für die Inhalte der Boards keine Verantwortung, sondern sehen ihr Angebot lediglich als eine Plattform, die sie zur Verfügung stellen. Der Anleger erhält die Möglichkeit eines Einblicks in die Börsenstimmung. **487**

TIPP:

488 **Tatsachenbehauptungen immer überprüfen**
Wer sich in Broker Boards einwählt und die Diskussionsforen nutzt, sollte die dort erhaltenen Informationen immer zeitgleich nachrecherchieren. Oft stimmt nur ein Teil der Meldungen, die dort bekannt gegeben werden.

489 Seriöse Informationen findet man z. B. unter www.vwd.de oder www.handelsblatt.de; hier erhält man Auskunft darüber, ob die Meldung eines Forums verlässlich ist.
Bei den Broker Boards besteht vor allem die Gefahr, dass Aktien gepuscht werden. So etwa loben Antreiber in einem Forum Aktien, die sie kurz zuvor erworben haben, in der Hoffnung, dass viele Unerfahrene darauf einsteigen, die Aktien ebenfalls kaufen und die Kurse in die Höhe treiben. Deshalb sollte alles, was in diesen Foren steht, überprüft und nicht übereilt gehandelt werden. Wer das berücksichtigt, kann aus dem einen oder anderen Forum Wissenswertes herausziehen.

490 Hier eine Auswahl von Diskussionsforen im Internet:

Broker Boards im Internet	
Consors	www.consors.de
Digital Investor	http://digital-investor.de/8/index8/htm
Financial.de	www.financial-boards.de/foren
Interstoxx	http://board.interstoxx.de/cgi-bin/board.cgi
Stock-World	www.stock-world.de// www.gsc-research.de

Broker Boards im Internet	
Wallstreet:online	www.wallstreet-online.de// www.brokerboard.de
Wirtschaftswoche	www.wiwo.de/wwforum/diskussion.htm

Die wichtigsten Börsenplätze im Internet

Börsenplätze in Europa	491
Deutschland:	www.exchange.de
England:	www.stockex.co.uk/ www.ftse.com/
Italien:	www.borsaitalia.it/
Schweiz:	www.swx.ch/
Frankreich:	www.bourse-de-paris.fr/
Österreich:	www.wbag.at/
Spanien:	www.bolsamadrid.es/
Niederlande:	www.aex.nl/
Griechenland:	www-ase.gr/
Schweden:	www.xsse.se/
Dänemark:	www.xcse.dk
Finnland:	www.hex.fi/
Norwegen:	www.ose.no/english/

Börsenplätze in Europa	
Belgien:	www.bourse.be
Irland:	www.ncb.ie/
Ungarn:	www.fornax.hu/fmon
Polen:	www.wse.com.pl/gwp/mapa2.htm
Tschechien:	www.pse.cz/
Portugal:	www.bvl.pt/
Russland:	www.fe.msk.ru/infomarket/ewelcome.html

492

Börsenplätze und Indizes in Nordamerika	
New York Stock Exchange, Wall Street: Dow Jones	www.nyse.com/
The American Stock Exchange: AMEX	www.amex.com/cgibin/WebObjects/AmexWeb
The NASDAQ Stock Market Home Page	www.nasdaq.com/
Standard & Poor's: S & P 500	www.stockinfo.standardpoor.com/
Montreal Exchange: XXM	www.me.org/
Toronto: TSE 300	www.tse.com

493

Börsenplätze und Indizes in Südamerika	
Mexico City: IPC	www.bmv.com.mx/bmenglish/index2.html
São Paulo: BOVESPA	www.bovespa.com.br/
Buenos Aires: MERVAL	www.merval.sba.com.ar/sib_i.htm

Börsenplätze und Indizes in Fernost		494
Tokyo Stock Exchange: NIKKEI	www.tse.or.jp/	
Stock Exchange of Hong Kong: HANG SENG	www.sehk.com.hk/	
Jakarta Stock Exchange: JSX	www.jsx.co.id/	
Korea Stock Exchange: KOSPI	www.kse.or.kr/	
Stock Exchange of Singapore: SES	www.ses.com.sg/	
Australian Stock Exchange: ASX	www.asx.com.au/	

KAPITEL 11

Der Neue Markt – Wachstum und Enttäuschung liegen dicht beieinander

Der Neue Markt startete am 10. März 1997 als neues Handels- 495
segment der Frankfurter Wertpapierbörse (FWB). Der Erfolg stellte sich schnell ein: 1997 gingen 35 Unternehmen an den Neuen Markt, 1998 waren es sogar 68, mit einer Marktkapitalisierung von mehr als 6 Milliarden DM. Im Mai 1999 ging schließlich das hundertste Unternehmen an dieses neue Börsensegment. Damit wurden die Erwartungen bezüglich des Neuen Marktes weit übertroffen. In den ersten zwei Jahren haben, nach Angaben der Deutschen Börse, die Unternehmen des Neuen Marktes nach ihrem Börsengang rund 12 000 Arbeitsplätze geschaffen. Frankfurter Wachstumsbörse, so wurde der Neue Markt deshalb umgehend genannt.

Allerdings war es im Herbst 1999 mit dem Boom am Neuen 496
Markt erst einmal vorbei, Aktien wurden zunehmend am unteren Preisrand ausgegeben und mussten selbst diesen Preis bereits am ersten Börsentag aufgeben. Aktiengewinne bis zu dreihundert Prozent am ersten Börsentag, Emissionspreise, die sich über Nacht verdoppeln und verdreifachen, all das wurde nicht mehr erzielt. Zahlreiche Experten halten diese Entwicklung jedoch für gesund und bezeichnen sie als natürliche Korrekturphase, denn der Aktiengewinn habe bei manchem Börsengänger nicht dem Unternehmenswachstum entsprochen, Gewinne von hundert Prozent seien nicht haltbar. Auch die Schutzgemeinschaft der Kleinaktionäre bewertet den Trend der Ernüchterung positiv. Aufgrund der hohen Börsengewinne hat jeder Anleger blind gezeichnet und gewissermaßen mitgenommen, was er be-

kommen konnte. Das entspricht aber nicht dem eigentlichen Geschehen an der Börse, denn vor dem Aktienkauf sollte der Anleger das Unternehmen hinsichtlich Tätigkeit und Position bereits kennen. Ein natürlicher Selektionsprozess ist deshalb sinnvoll.

497 Diese Einbrüche sind für den Anleger katastrophal, Gewinne werden schnell zunichte gemacht. Risiko muss beim Neuen Markt jedoch kalkuliert sein.

TIPP:

498 **Keine euphorischen Anlagen in den Neuen Markt**

Die Gefahr von rasanten Kurseinbrüchen ist am Neuen Markt besonders groß, denn die meisten Unternehmen sind noch sehr klein und können eine verfehlte Produktpolitik oder Gewinneinbußen längst nicht so gut verkraften wie große Konzerne. Anleger sollten deshalb NM-Anteile nur in geringen Mengen halten, der Aktienanteil sollte maximal zwanzig Prozent am Gesamtdepot betragen.

499 Anleger jedoch, die am Anfang ihres Vermögensaufbaus stehen, ihr Vermögen schon bald zur Altersversorgung benötigen, keine Erfahrung mit Aktienfonds oder Zertifikaten haben, keine Zeit für die Beobachtung der Börsenentwicklung haben oder ihr Geld zu einem bestimmten Zeitpunkt brauchen, sollten nicht in Werte des Neuen Marktes investieren.

Höhen und Tiefen: So funktioniert der Neue Markt

500 Initiator und Marktorganisator ist die Deutsche Börse, sie hat damit erstmals in Deutschland ein Wertpapiersegment auf privatrechtlicher Basis geschaffen. Der Neue Markt entspricht interna-

tionalen Standards und stellt höhere Anforderungen als die traditionellen öffentlich-rechtlichen Segmente des geregelten Marktes und des amtlichen Handels.

Die Titel des Neuen Marktes waren zunächst nur auf dem Parkett handelbar. Mit der Einführung von Xetra Release 3 am 12. Oktober 1998 notieren nun alle Titel ebenfalls fortlaufend im elektronischen Handelssystem und sind damit europaweit zugänglich. 501

Dem Neuen Markt vorgeschaltet hat die Deutsche Börse die Venture Management Services. Noch nicht börsenreife Unternehmen oder Ideen werden hier mit Investoren zusammengebracht. 502

Aufbauend auf den Erfolg des Neuen Marktes wurde am 26. April 1999 das Segment SMAX eingeführt. Seine Eigenschaften: Es weist ein geringeres Chancen-/Risikoprofil auf als der Neue Markt und zielt eher auf etablierte Unternehmen aus mittelständischen Branchen. 503

Die für den Neuen Markt typischen Unternehmen gehören zukunftsträchtigen Branchen an wie z. B. Telekommunikation, Biotechnologie, Multimedia oder Umwelttechnik. Es werden allerdings auch Unternehmen aus traditionellen Sektoren gelistet, wenn sie neuartige Produkte oder Dienstleistungen anbieten. 504

Doch unabhängig davon, ob es sich um Starter oder alteingesessene Unternehmen handelt, Ideen und Pläne für neue Produkte und Dienstleistungen benötigen Eigenkapital.

Mit dem Neuen Markt hatte die Deutsche Börse das Ziel, einen Finanzplatz zu schaffen und zukünftiges Wachstum zu finanzieren – ohne teures Fremdkapital in Form von Krediten, das die Firmen von Anfang an stark belastet. 505

Im Folgenden die wichtigsten Zugangsvoraussetzungen für den Börsengang an den Neuen Markt. 506

Wichtige Voraussetzungen und Verpflichtungen für einen Börsengang an den Neuen Markt

1. Emissionswert mindestens fünf Millionen Euro
2. Streubesitz mindestens zwanzig Prozent, empfohlen werden fünfundzwanzig Prozent
3. Um eine breite Streuung der Aktien und damit ausreichende Liquidität sicherzustellen, sind die emittierenden Unternehmen dazu verpflichtet, mindestens zwanzig Prozent des Stammkapitals an der Börse zu platzieren.
4. Es darf sich ausschließlich um Stammaktien handeln.
5. Verpflichtung von zwei Designated Sponsors für den Handel.
   Die Designated Sponsors sorgen für ausreichende Liquidität im Handel, sie betreuen die Emittenten auch nach dem Börsengang in Fragen rund um Investor Relations, Publizität und Vertrieb.
6. Emissionsprospekt nach internationalen Standards
7. Veräußerungsverbot für Altaktionäre mindestens sechs Monate nach dem Going Public
8. Akzeptanz des Übernahmekodex
9. Emissionsprospekt in Deutsch und Englisch
10. Emission soll zu mindestens fünfzig Prozent aus Kapitalerhöhung stammen.
11. Unternehmen muss seit mindestens einem Jahr bestehen.
12. Gesamtnennwert mindestens 500 000 DM
13. Emission von mindestens 100 000 Aktien

14. Unternehmen können erst nach zwei Jahren von einem anderen Segment an den Neuen Markt wechseln.
15. Informationen erhält zuerst die Börse, bevor sie in der Öffentlichkeit zu deutlichen Kursänderungen führen können.
16. Regelmäßige Berichterstattung über Ereignisse rund um das Unternehmen, die den Kurs beeinflussen können
17. Aussagekräftige Quartalsberichte und Jahresabschlüsse
18. Regelmäßige Analystenveranstaltungen

Deutsche Börse AG

Wenn ein Unternehmen dann im Neuen Markt ist, hat es Folgepflichten. Dazu zählen Quartalsberichte (spätestens zwei Monate nach Ende des Geschäftsquartals), ein Jahresabschluss (spätestens drei Monate nach Ende des Geschäftsjahres), eine Rechnungslegung nach internationalen Standards (auf Basis von IAS, US-GAAP oder GOB mit Überleitungsrechnung) und die Offenlegung des Anteilsbesitzes von Aufsichtsrat und Vorstand. **507**

Verschärfte Bedingungen am Neuen Markt

Am 15. September 1999 hat die Deutsche Börse das Regelwerk des Neuen Marktes aktualisiert. Begründet wurde diese Maßnahme mit den gestiegenen Anforderungen des Marktes. Seitdem gelten strengere Spielregeln: **508**
Die Tatsache, dass Altaktionäre ihre Papiere erst sechs Monate

nach Börsengang wieder veräußern dürfen, ist nicht neu. Außerdem wurde nachträglich aber eine Verpflichtungserklärung aller Altaktionäre eingeführt, die sie mit dem Zulassungsantrag eingehen müssen. Damit bestätigen sie die Einhaltung dieser Frist. Für eine bessere Kontrolle hat die Deutsche Börse eine zweite Wertpapierkennnummer eingerichtet. Auf diesem Weg werden die Anteile der Altaktionäre einfach vom Handel ausgeschlossen.

509 Eine weitere Neuerung ist die zeitlich erschwerte Wechselbedingung vom amtlichen Handel oder geregelten Markt zum Neuen Markt. Wer sich beim Börsengang zunächst für die beiden Erstgenannten entschieden hat, muss dort zwei Jahre notiert bleiben. Erst dann erhält er eine Zulassung für den Neuen Markt. Auf diese Weise soll verhindert werden, dass Unternehmen die Börsensegmente zu schnell wechseln.

Außerdem steht der Streubesitz nunmehr in entsprechender Höhe (mindestens zwanzig Prozent) dem Markt zur Verfügung. Damit ist den Unternehmen die Möglichkeit genommen, in den Streubesitz so genannte bevorrechtigte Zuteilungen für Familie, Freunde oder Mitarbeiter aufzunehmen.

510 Die Regelung mit den Ad-hoc-Meldungen wurde ebenfalls verschärft. Ausländische Investoren sollen künftig auch reagieren können, deshalb müssen die Meldungen jetzt zusätzlich in englischer Sprache veröffentlicht werden.

Verstößt ein Unternehmen gegen eine der geltenden Regeln, drohen Vertragsstrafen. In den meisten Fällen wird dann eine Geldstrafe zwischen 2500 und 10 000 Euro fällig.

Designated Sponsors

511 Mit den Designated Sponsors im Neuen Markt wurde im Handel eine neue Dimension eingeführt. Der Designated Sponsor stellt verbindliche Geld- und Brieflimits für die betreuten Werte, und zwar auf Anfrage oder eigene Initiative. Damit wird der Handel belebt, die Wartezeiten für Order und Auftrag verringern sich, weil die Geld- und Briefspanne kleiner wird. Für Investoren bedeutet das einen Vorteil, denn sie können betreute Aktien einfacher kaufen und verkaufen. Ein Preisabschlag für mangelnde Liquidität soll dadurch verhindert werden.

Designated Sponsors müssen während der gesamten Handelszeit **512**
erreichbar sein. Sie arbeiten ausschließlich auf Xetra und haben bestimmte Qualitätskriterien zu erfüllen, die die Deutsche Börse vorgibt. Die Strenge dieser Kriterien richtet sich nach den Eigenschaften der Aktie, beispielsweise nach ihrer Volatilität.

Designated Sponsors beobachten stets die Märkte und erwerben **513**
sich dadurch ein Expertenwissen über die Aktien und die zugehörigen Branchen, deren Werte sie betreuen und deren Liquidität sie fördern. Wenn allerdings ein Designated Sponsor seine pflichtgemäßen Leistungen im Handel nicht erbringt, kann die Deutsche Börse seine Zustimmung widerrufen.

Index und Strategie

Am 1. Juli 1999 startete mit NEMAX 50 der Blue-Chip-Index **514**
für die fünfzig größten Unternehmen im Neuen Markt. Der NEMAX 50 umfasst die nach Marktkapitalisierung und Börsenumsatz größten Unternehmen, die Auswahlkriterien sind also analog zu den anderen Aktienindizes der Deutschen Börse. Sowohl deutsche als auch ausländische Unternehmen können in den Index aufgenommen werden. Voraussetzung für die Aufnahme ist, dass ein Unternehmen nach der so genannten 60/60-Regel bei Börsenumsatz und Marktkapitalisierung zu den sechzig größten Neuer-Markt-Titeln gehört. Der Anteil eines Unternehmens am

Neuer-Markt-Blue-Chip-Index kann maximal zehn Prozent betragen. Der NEMAX 50 spiegelt etwa achtzig Prozent der Marktkapitalisierung und des Börsenumsatzes am Neuen Markt wider. Die Basis des Blue-Chip-Index ist der 30. 12. 1997 mit dem Wert 1000, er wird als Preis- und Performanceindex berechnet. Der NEMAX 50 spricht vor allem institutionelle Investoren an, die mit ihren Portfolios gezielt Indizes abbilden. Besonders Privatanleger haben mit dem Index eine neue Grundlage für ihre Anlageentscheidung gewonnen.
Die Zusammensetzung des Blue-Chip-Index wird halbjährlich überprüft. Ein eventueller Austausch von Unternehmen erfolgt zu den so genannten Verkettungsterminen im März oder September. Der erste Termin für den NEMAX 50 ist im März 2000. Die Anpassung der Gewichte erfolgt vierteljährlich, genauso wie bei den anderen Aktienindizes.

515 Der NEMAX-All-Share-Index bündelt dagegen sämtliche Unternehmen des Neuen Marktes.

Durchblick mit Zertifikaten

516 Als Folge der raschen Expansion des Neuen Marktes, der zahlreichen Notierungen und angekündigter Neuemissionen sind viele Anleger verwirrt. Die Suche nach geeigneten Titeln wurde dadurch erschwert, die Auswahl unübersichtlich. Deshalb haben sich manche Kreditinstitute eine besondere Anlageform überlegt.

TIPP:

517 **Den Neuen Markt gibt es auch in Körbchen**

Einige Banken bieten den Neuen Markt körbchenweise in Zertifikaten an. So gibt es beispielsweise Zertifikate, die einen Aktienkorb aus den zehn gewichtigsten Werten umfassen: mit den größten Blue

Chips des Neuen Marktes. Damit sollen dann fünfzig Prozent der gegenwärtigen Marktkapitalisierung des Neuen Marktes abgedeckt werden.

Discountzertifikate

Darüber hinaus gibt es auch so genannte Discountzertifikate auf einzelne NM-Aktien. Bei einem Discountzertifikat ist der Wertzuwachs, im Gegensatz zu den herkömmlichen Indexzertifikaten, von vornherein begrenzt. 518

Der Ablauf ist folgendermaßen: Sinkt der Aktienkurs unter den vorher vereinbarten maximalen Rückzahlungsbetrag, erhält der Anleger bei Fälligkeit eine Aktie des jeweiligen Unternehmens für sein Zertifikat. Liegt der Aktienkurs darüber, wird der vereinbarte Rückzahlungsbetrag bar ausgezahlt. Die Renditechancen sind somit begrenzt, doch dafür ist das Zertifikat billiger als die Aktie. Die Abschläge variieren zwischen den jeweiligen Unternehmen, und auch die maximal zu erzielenden Renditen sind unterschiedlich.

KAPITEL 12

Wirtschaftspolitische Signale, die man im Börsengeschäft kennen sollte

Inflation

Von einer Inflation spricht man, wenn sich das durchschnittliche und gewichtete Preisniveau über einen längeren Zeitraum erhöht. Der Grund für eine Inflation liegt darin, dass die Volkswirtschaft mit Geld praktisch überversorgt ist und als Folge dessen das Geld immer wertloser wird. **519**

TIPP:

Die Inflationsrate ist ein wichtiges wirtschaftspolitisches Zeichen **520**
Da nicht alle Preise samt ihren Veränderungsraten erfasst werden können, werden verschiedene Preisindizes gebildet. Der bekannteste Index ist der Verbraucherpreisindex: Er beinhaltet die Preisentwicklung eines repräsentativen Warenkorbs im Verhältnis zu einer Basisperiode. Dieser Index ist bekannt unter der Bezeichnung »Inflationsrate«.

Mit einer Inflation vermindert sich die Kaufkraft des Geldes, das heißt, für 100 DM kann man in Zeiten der Inflation weniger Güter kaufen als vorher. **521**
In Zeiten starker Preissteigerungen klettert die Anlage in Immobilien und Gold auf der Beliebtheitsskala. Dafür gibt es auch his-

torische Gründe. Während der Hyperinflation im Jahre 1923, in der deflationären Phase von 1929 bis 1933, während des Zweiten Weltkrieges und zur Zeit der beiden Ölkrisen 1973 und 1979 galt Gold als so genannte Krisenwährung. Wenn die Aktienkurse aus Furcht vor Inflation fielen, hatte Gold die Funktion, vor der schleichenden Geldentwertung zu schützen. Der Wert von Gold stieg stets mit dem Anstieg der Preise. Auch im Oktober 1987, zur Zeit des Börsencrashs am »Schwarzen Montag«, ist der Goldpreis bei steigenden Inflationsraten und Zinsen gestiegen und fungierte einmal mehr als Rettungsanker.

TIPP:

522 **Der Goldpreis ist ein guter Frühindikator für Inflationsgefahren**
So wurden Zinsanstiege ohne vorhergehenden Anstieg des Goldpreises auf den Aktienmärkten nur vorübergehend und dann auch nur sehr geringfügig beobachtet. Der Goldpreis reagiert am schnellsten auf drohende Preissteigerungen.

523 Das bedeutet: Solange der Goldpreis fällt, droht den Aktienmärkten auch bei steigenden Zinsen mittelfristig noch keine größere Gefahr.

524 Allerdings sollte bei einer Anlage in Gold niemand mehr Renditeerwartungen haben. Vor allem mit der weltweit konsequenten Inflationsbekämpfung seit Beginn der achtziger Jahre wurde deutlich, dass auch Immobilien und Gold im Preis stark fallen können.

TIPP:

Anlage in Gold nicht empfehlenswert 525
Eine Anlage in Gold lohnt sich seit 1980 nicht mehr, im Vergleich dazu haben sich Aktien und Anleihekurse im selben Zeitraum vervielfacht.

Auch wenn sich Gold in der Vergangenheit in politischen Krisen als Schutz bewährt hat, kann man sich darauf nicht immer blind verlassen.

TIPP:

Die Politik der Zentralbanken bestimmt den Goldpreis ebenfalls 526
Wenn die Zentralbanken versuchen, die Inflation mithilfe hoher Zinsen zu bekämpfen, dann entwickeln sich diese zu einer starken Konkurrenz für das zinslose Gold.

Ein gravierender Zusammenhang besteht zwischen Inflation und 527
Aktienkursen:

TIPP:

Preise, Zins und Aktienkurse hängen zusammen
Steigen die Preise dauerhaft, herrscht also Inflation, so besteht die Gefahr von Zinserhöhungen. Höhere Zinsen wiederum bedingen häufig fallende Aktienkurse, da die Anleger dann auf steigende Zinsen setzen und ihr Geld aus dem Börsengeschehen abziehen.

Kurzfristig reagiert die Börse stark auf die Zinsentwicklung. Dabei schlägt sich die Zinsentwicklung immer mit einer gewissen Zeitverzögerung in der Lage am Aktienmarkt nieder. Die Zinsentwicklung gibt daher das Trendsignal für das Börsengeschehen, Zinsen gelten als Frühindikator. Steigen die Zinsen, werden Anleihen gegenüber Aktien attraktiver. Außerdem wird das Kapital für die Unternehmen mit steigenden Zinsen teurer, das Konjunkturtempo verlangsamt sich, die Gewinnaussichten der Unternehmen schrumpfen – ein weiterer möglicher Grund dafür, dass mit Kurssteigerungen nicht zu rechnen ist. Obwohl dies eine logische Kette von wirtschaftlichen Zusammenhängen ist, lässt sich darauf allerdings noch keine Anlagestrategie bauen.

TIPPS:

528 **Strategien mit dem Zinssignal**
Stellvertretend für die vielen existierenden Anlagestrategien stellen wir Ihnen hier zwei Strategien vor. Sie wurden in *Finanztest* besprochen und zeigen das Know-how, das der Anleger besitzen sollte, bevor er mit solchen Strategien arbeitet.

529 Die Analysten der SGZ-Bank haben allerdings eine Strategie entwickelt, deren Grundprinzip darin besteht, am Jahresanfang zu entscheiden, wie viel Prozent des Depots in Aktien aus dem DAX und wie viel in deutsche Rentenpapiere investiert werden sollen. Die dem zu Grunde liegende Idee ist die Umschichtung von Aktien in Renten, wenn der Ertrag am Rentenmarkt im Vorjahr unter einen bestimmten Wert sinkt. Die Entscheidung fällt zugunsten der Aktien aus, wenn der Ertrag am Anleihemarkt, gemessen am REX-Performanceindex, im vergangenen Jahr mindestens fünf Prozent erzielen konnte und der Ertrag am Rentenmarkt höher als am Aktienmarkt war.

530 Wurde jedoch nur eine der beiden Bedingungen erfüllt, wird in ein Mischportfolio mit jeweils fünfzig Prozent Aktien und Renten inves-

tiert. Ist keine der beiden Bedingungen erfüllt, setzt man auf Anleihen.
Laut SGZ-Bank ist die Methode des Zinssignals für renditeorientierte und flexible Anleger geeignet, die Chance besteht in einem Renditeplus von mehr als drei Prozentpunkten gegenüber einer reinen Kauf- und Haltestrategie mit Aktien.

Konjunkturelle Stimmung beeinflusst die Aktienkurse
Steigende Zinsen sind aber nur eine wirtschaftspolitische Entwicklung, die einer Hausse an der Börse gefährlich werden könnte. Die Aktienkurse reagieren auch auf andere Signale aus Wirtschaft und Politik – und zwar sehr sensibel. 531

TIPP:

Die Aktienkurse nehmen jede konjunkturelle Veränderung vorweg 532
Wer sich nun selbst bei seinen Anlagen nach der Konjunktur richten will, muss dabei allerdings immer auf die Zeitverzögerung der Konjunkturentwicklung achten. Am günstigsten sind Aktien erfahrungsgemäß dann, wenn die konjunkturelle Stimmung am schlechtesten ist.

Deshalb hat es Sinn, auf konjunkturpolitische Zeichen zu achten, wobei Sie das internationale Geschehen mit berücksichtigen sollten.

TIPP:

Wirtschaftspolitische Signale aus aller Welt sind entscheidend 533
Die Frage, ob Inflationsgefahr droht, kann nicht allein mit einem Blick auf die Entwicklung der Verbraucherpreise in Deutschland

beantwortet werden. Wichtig sind Preistendenzen und Konjunkturdaten aus aller Welt.

---

534 Mehrere Indikatoren nehmen Einfluss auf die Börse, und die wollen wir im Folgenden vorstellen.

Arbeitsmarkt

535 Der Zusammenhang ist erstaunlich, aber doch wieder einfach: Steigt die Arbeitslosigkeit im Land, dann ist das ein Hinweis auf konjunkturelle Abschwächung. Die Folge: Die Zinsen sinken, die Aktienkurse steigen. Mit anderen Worten: Höhere Arbeitslosenzahlen sind gut für die Börse.

Bei guter Konjunktur und hoher Beschäftigung hingegen steigen neben den Zinsen auch die Lohnkosten. Und die Frage nach der Höhe der Lohnabschlüsse in den bedeutenden Industrienationen ist wichtig für die Aktienkurse. Entsprechen die Abschlüsse dem Zuwachs des Bruttosozialprodukts, der Preissteigerungsrate, oder gehen sie darüber hinaus? Unerwartet hohe Lohnsteigerungen können ein Hinweis auf höhere Inflationsraten und damit einhergehend auf höhere Zinsen sein. Hohe Lohnkosten drücken die Unternehmensgewinne und lassen die Preise stärker ansteigen.

Rohstoffpreise

536 Die Entwicklung der Rohstoffpreise ist für jeden Anleger interessant, auch wenn man nicht an der Terminbörse mit Rohstoffen spekuliert. Dabei sollte man wissen, dass sich fallende Rohstoff-

preise meist positiv auf die Aktienkurse auswirken. Die Unternehmensgewinne werden zusätzlich durch die damit einhergehenden fallenden Zinsen gesteigert. Allerdings ist auch hier alles nur relativ.

TIPP:

Stark fallende Rohstoffpreise können die Aktienkurse mit hinunterziehen 537

Wenn Rohstoffpreise zu stark sinken, hätte das zur Folge, dass die Erzeugerländer in eine finanzielle Notlage geraten, was für die Weltwirtschaft eine Gefahr darstellt.

---

538 In diesem Zusammenhang können manchmal auch steigende Rohstoffpreise von Vorteil für die Börsengeschäfte sein. Entscheidend ist dabei auch, ob an den Aktienmärkten zurzeit eher das Gespenst der Inflation oder der Deflation umgeht.

539 Rohstoffpreise werden vor allem natürlich vom Wetter beeinflusst. Dazu kommen die Ernteerwartungen, die Preisdisziplin der Erzeugerländer und das voraussichtliche Verhalten der Abnehmer. Für die Bewertung der Rohstoffpreise wurden einige weltweit anerkannte Indizes entwickelt, die die Preise sämtlicher an den Terminbörsen gehandelter Rohstoffe wie Öl, Metalle, Kautschuk oder Agrarprodukte enthalten.

TIPP:

Diese Indizes sind bei Rohstoffpreisen wichtig 540

Der CRB-Index sollte immer beobachtet werden, aber auch der Moody-Index oder der Base-Metal-Index sind interessant.

---

541 Der CRB-Index umfasst alle agrarischen Rohstoffe (Soja, Weizen, Zucker etc.) sowie Energie- und metallische Rohstoffe. Der Moody-Index ist ein in den USA berechneter Preisindex für Stapelwaren des Welthandels. Der Base-Metal-Index basiert auf den Preisen der metallischen Rohstoffe (ohne Eisen und Gold) und wird in US-Dollar berechnet.

TIPP:

542 **Behalten Sie den Trend der Rohstoffmärkte im Auge**
Der Trend der Rohstoffpreise lässt sich am besten über einen Zeitraum von etwa einem halben Jahr verfolgen. Den CRB-Index finden Sie in jeder überregionalen Tageszeitung. Vergleichen Sie seinen heutigen Wert mit dem vor sechs Monaten.

EXTRA-TIPP:

543 **Behalten Sie jeden Monat eine Tageszeitung**
Sammeln Sie über einen Zeitraum von mindestens sechs Monaten jeweils eine Tagesausgabe einer überregionalen Zeitung, nehmen Sie jeweils die monatsletzte. Notieren Sie sich nach Ablauf eines halben Jahres die jeweiligen Rohstoffpreise, und zeichnen Sie die Entwicklung nach. Wie sieht der Trend aus, fallen oder steigen die Preise?

Dollarkurs

544 Der US-Dollar hat als Weltleitwährung eine wichtige Funktion für die Stabilität der Weltwirtschaft und damit auch für die europäischen Aktienmärkte. Wenn der Dollar fällt, also abgewertet

wird, steigt der Außenwert der anderen, im Verhältnis zum Dollar betrachteten Währungen. Steigt der Dollar, werden sie abgewertet. Wirtschaftspolitisch bedeutet eine Abwertung der Landeswährung, dass sich die Importe, die ja in heimischer Währung bezahlt werden, verteuern: Es gibt nicht mehr so viel Ware für die gleiche Menge Geld. Im Gegenzug werden die Exporte verbilligt. Für Ausländer, die in ihrer Währung zahlen, wird der Einkauf günstiger.

Doch welche Konsequenz haben Auf- und Abwertungen einer **545**
Währung auf die Börsen? Ist es empfehlenswert, Aktien von Ländern zu kaufen, deren Währung gefallen ist? Oder ist es ratsamer, mit dem Aktienkauf zu warten, bis die Währung steigt? Und wie beeinflusst der Wert des US-Dollars die Börsen der anderen Länder? All das sind Fragen, die hier beantwortet werden.

TIPP:

Börseneinstieg bei fallender, nicht bei steigender Währung **546**

Wird eine Währung abgewertet, werden die in dieser Währung lautenden Aktien billiger. Außerdem steigt die Konkurrenzfähigkeit der in diesem Land ansässigen Unternehmen, da durch die Abwertung die Exporte steigen (für Ausländer wird der Einkauf billiger), die Produktion und Auslastung der Firmen angekurbelt werden.

Konjunktur-, Preis- und Arbeitsmarktentwicklung in den USA

Die Veröffentlichung von wirtschaftspolitischen Daten aus den **547**
USA sorgt umgehend für heftige Bewegungen an den Weltbörsen. Am Tag der Bekanntmachung der neuesten Wirtschaftszah-

len blicken alle wie gebannt auf New York. Doch die anschließend sofort eintretenden Kursreaktionen haben häufig eine andere Ursache als beispielsweise die gesunkene Arbeitslosenzahl in Amerika. Denn viele Händler legen gegen 14.30 Uhr MEZ zahlreiche Stop-Orders fest, also den Zeitpunkt, zu dem in der Regel die Daten bekannt gegeben werden. Damit wollen sie auf erwartete Kursausschläge spontan reagieren. Bei einer Stop-Order wird bei einem festgesetzten tieferen Kurs automatisch sofort verkauft, bei einem festgesetzten höheren Kurs automatisch gekauft. Bei jeder Kursentwicklung in die eine oder andere Richtung greifen diese Stops und treiben die Entwicklung voran. Das bewirkt, dass immer mehr Marktteilnehmer diesem Trend folgen und entsprechende Orders erteilen. Deshalb erhalten die Daten aus den USA ein oft überschätztes, zu hohes Gewicht. Die Stimmung an den Börsen ist dann schon im Vorfeld von Spannung, Euphorie und Panik gezeichnet. Allerdings kann sich bereits nach wenigen Stunden das Börsengeschehen wieder in die andere Richtung wenden, nämlich dann, wenn Experten die Zahlen anders interpretieren. Und schon nach wenigen Wochen, manchmal nur Tagen, ist die Aufregung bereits in Vergessenheit geraten, an den Börsen herrscht wieder Ruhe.

TIPP:

548 **Keine übereilten Käufe oder Verkäufe bei Zahlen aus den USA**

Ruhe und Gelassenheit sind wichtig für den Anleger. Lassen Sie sich von aktuellen Konjunkturzahlen nicht verrückt machen. Mit kurzfristigen Spekulationen und dem Blick auf Tagesdaten und -ereignisse lassen sich keine Gewinnsprünge erzielen.

Politische Ereignisse und Naturkatastrophen

Kurzfristig können politische Ereignisse sehr starken Einfluss **549** auf die Börse nehmen. Besonders deutlich wurde das bei der Festnahme von Michail Gorbatschow, der im August 1991 an seinem Urlaubsort unter Hausarrest gestellt wurde. Die Aktienkurse verloren weltweit an Wert, heute bekannt als »Gorbatschow-Crash«. Sie erholten sich erst wieder, als es Boris Jelzin, dem russischen Präsidenten, nach einigen Tagen gelang, den Aufstand von Politikern und Militärs zu beenden. Kursschwankungen können aber nicht nur bei einem Putsch auftreten; auch wenn das Oberhaupt eines Staates erkrankt oder stirbt, wenn wichtige Wahlen anstehen oder politische Unruhen im Land herrschen, reagiert die Börse.

TIPP:

Keine Spekulation auf politische Stimmungen **550**
Allerdings sind diese politischen Reaktionen nur von kurzer Dauer. Die Aktienmärkte erholen sich relativ schnell, man sollte also nicht auf politische Entscheidungen oder Ereignisse spekulieren.

Naturkatastrophen können die Börsenkurse ebenfalls beeinflussen, wenn dadurch Industrie und Finanzplätze nicht nur im Katastrophenland, sondern weltweit betroffen sind. **551**

Beispiel: Das Erdbeben in der japanischen Millionenstadt Kobe im Januar 1995. Die Auswirkungen betrafen nicht nur Japan, sondern es drohte eine über die Grenzen hinausgehende Finanzkrise durch nicht einzubringende Kredite. Diese mögliche Gefahr der Geldvernichtung und zahlreiche Nachbeben brachten den japanischen Nikkei-Aktienindex am Montag, den 23. Januar 1995, um fünf Prozent zum Absturz. So mancher Experte befürchtete damals einen Börsencrash mit anschließender zehnjähriger Depression. Doch eine Weltwirtschaftskrise blieb aus, und bereits wenige Wochen später war das Ereignis an den Aktienmärkten in Vergessenheit geraten. So haben auch Naturkatastrophen bislang keinen nachhaltigen Einfluss auf das Börsengeschehen ausgeübt, auf solche Vorkommnisse sollte also nicht übereilt reagiert werden.

Steuererhöhungen

552 Steuererhöhungen lassen Aktienkurse in der Regel sinken. So sorgen Mineralölsteuererhöhungen grundsätzlich für eine fallende Tendenz bei Autoaktien, die Erhöhung der Mehrwertsteuer lässt die Konsumaktien im Wert sinken, und eine Erhöhung der Einkommensteuer schlägt sich negativ auf den gesamten Börsenmarkt nieder. Wie weit die Aktienkurse langfristig beeinflusst werden, hängt von der Verwendung der zusätzlich eingenommenen Steuern ab.

TIPP:

553 **Bei Steuererhöhungen wegen Staatsfinanzkrise Aktien meiden**
Werden damit ausschließlich Haushaltslöcher in der Staatskasse gestopft, dann sollte man nicht unbedingt in die Aktien dieses Landes investieren.

554 Sind die Steuererhöhungen allerdings projektbezogen begründet, beispielsweise für den Umweltschutz oder den Aufbau Ost, so

wird die Börse davon nicht langfristig berührt – Steuererhöhungen dieser Art sind bei den Kursen bereits berücksichtigt.

Wirtschaftslage

Zu den Frühindikatoren der Wirtschaft gehören vor allem die 555
Entwicklung der Auftragseingänge im verarbeitenden Gewerbe, in der Investitionsgüterindustrie (z. B. Maschinen- und Anlagenbau), in der Verbrauchsgüterindustrie und im Bauhauptgewerbe. Entsprechende Zahlen werden monatlich vom Statistischen Bundesamt ermittelt und von fast allen Wirtschaftsredaktionen veröffentlicht. Denn der Auftragseingang von heute bestimmt bei den Unternehmen Produktion, Auslastung und Ertragslage von morgen.

Dabei wird nach Inlands- und Auslandsnachfrage unterschieden. 556
Unter schwacher Inlandsnachfrage (z. B. durch hohe Arbeitslosigkeit, niedrige Reallohnsteigerungen) leiden z. B. Konsumwerte (Kaufhausaktien), unter schwacher Auslandsnachfrage (z. B. wegen ungünstiger Wechselkurse) leiden die traditionellen Exportbranchen (z. B. Maschinenbau, Chemie).

Es wäre also falsch, dann Aktien zu kaufen, wenn alle Unternehmen in einer Phase der Hochkonjunktur mit hervorragenden Ergebnissen glänzen und die Wirtschaft boomt. Dann kann es zwar sein, dass Sie auf einen noch fahrenden Zug aufspringen – dessen Ziel könnte aber bereits das Abstellgleis, ein baldiger Kurseinbruch wahrscheinlich sein.

EXTRA-TIPP: 557

Um die richtige Stimmung zu erkennen, sollten Sie nicht nur Zahlen zu den Auftragseingängen beachten, sondern auch die Konjunkturumfragen unter Führungskräften, die in regelmäßigen Abständen von zahlreichen Wirtschaftsredaktionen veröffentlicht werden.

Deflation

558 Jahrelang galt die Inflation als größter Feind der Börse, jahrelang war sie der Schrecken der Finanzmärkte. Seit etwa 1997 warnen Experten vor einer drohenden Deflation, ein Risiko, das mit den Finanzkrisen in Ostasien und Russland aufkam.

559 Als Deflation wird der entgegengesetzte Prozess von Inflation bezeichnet: Hier herrscht eine Geldverknappung, eine Geldvernichtung – die Preise sinken.

TIPP:

560 **An diesen Indikatoren erkennt man eine Deflation**

Eine Deflation ist meist gekennzeichnet durch zunehmende Arbeitslosigkeit, schrumpfendes statt steigendes Wirtschaftswachstum, sinkende Preise aufgrund von Nachfrageschwäche und trotz niedriger Zinsen keine Erholung von Wirtschaft und Börse.

---

561 Experten sehen hinter einer Deflation eine Vertrauenskrise gegenüber den Märkten. Aufgrund der engen weltweiten Verflechtung der Finanzmärkte spricht man auch von einer Deflationsspirale. Immer schneller werden immer neue Unternehmen, Länder und Märkte in den Strudel der Deflation hineingerissen. Mögliche katastrophale Folgen: Absatzmärkte gehen verloren, Kredite können nicht gehalten werden, Banken brechen zusammen. Anleger werden panisch, die Aktienkurse an den Börsen fallen in den Keller. Das Kapital wird knapp, die Nachfrage nach Waren und Dienstleistungen geht drastisch zurück. Die traurige Konsequenz: Produktionen werden zurückgefahren, Mitarbeiter von ihren Unternehmen entlassen.

KAPITEL 13

Ihr Recht im Börsengeschäft

Die Rolle der Banken

Geldinstitute sind Unternehmen, die wie jeder beliebige Markt- 562
schreier versuchen, durch teilweise haltlose Versprechen Kunden zu gewinnen. Auch Banken und Sparkassen versuchen, Ihnen möglichst hohe Summen abzuknöpfen, Anlagen mit schlechten Zinsen aufzuschwatzen und Ihnen Kredite mit relativ hohen Zinsen zu verkaufen. Dass es woanders preiswertere Kredite gibt oder dass man woanders höhere Zinsen zahlt, darauf muss Sie kein Geldinstitut hinweisen.
Gerichte leisten deshalb auch keine Hilfe, wenn Sie ohne Not ein schlechtes Anlage- oder Kreditgeschäft abgeschlossen haben.
Nur bei einem Verstoß gegen 563

- Beratungs- und Aufklärungspflichten,
- Vorschriften über Vertragsinhalte,
- bei der Ausnutzung von Notlagen für schlechte Geschäfte (Wucher),
- bei überhöhten Zinsforderungen,
- bei Verstoß gegen das Verbraucherkreditgesetz (VerbrKrG)

haben Sie eine Chance, juristische Erfolge zu erzielen.

564 Mit einem Darlehens- oder Kreditvertrag verpflichtet sich

1. der Darlehensgeber (die Bank), dem anderen eine bestimmte Menge von Geld oder Waren zu geben. Der kann dann damit machen, was er will.
2. der Darleiher (meist der Verbraucher), das Empfangene in Geld oder Waren von gleicher Art, Güte und Menge zurückzuerstatten. Meist wird noch ein Aufschlag vereinbart, mit dem der Nutzungsvorteil bezahlt wird: die Zinsen.

565 Das Darlehen bzw. der Kredit ist ein gegenseitiger Vertrag. Der Darlehensgeber gibt das Geld, um es später mit Zinsen wiederzubekommen, der Empfänger des Darlehens muss das Geld samt Zinsen zurückzahlen.

Beratungs- und Aufklärungspflichten

566 Das deutsche Zivilrecht verfolgt ein einziges Ziel: Verträge sollen für beide Seiten fair und gerecht sein. Um dieses Ziel zu erreichen, reicht es nicht aus, bestimmte Auswüchse zu verbieten. Über Generalklauseln werden für jedes Vertragsverhältnis gewisse Verhaltenspflichten vorgeschrieben. Wer die verletzt, schuldet dem anderen Schadenersatz.

567 Verträge können nur dann fair und gerecht aufgesetzt werden, wenn auf beiden Seiten Chancengleichheit herrscht. Dazu ist es nötig, Informationsunterschiede auszugleichen. Das heißt: Der Anbieter muss seinen Kunden vor Vertragsschluss umfassend und wahrheitsgemäß informieren.

TIPP:

Bestehen Sie darauf, dass man Ihnen den Vertrag erklärt 568
Wenn Sie etwas nicht verstehen, dann lassen Sie es sich erläutern. Sind Sie mit der Beratung nicht zufrieden, gehen Sie zu einem anderen Anbieter.

Problematisch bei der Aufklärungspflicht ist, dass natürlich niemand verpflichtet ist, einen Kunden so umfassend zu informieren, dass der unter Umständen gar keinen Vertrag unterschreibt. Die Grenze zwischen der nötigen Aufklärung und der bloß nützlichen Beratung ist fließend. Der Anbieter muss trotzdem bestimmte Fragen in jedem Fall stellen und darf Gefahren oder Risiken nicht verschweigen. 569

TIPP:

Mit dem Berater mitdenken 570
Auch wenn der Berater von einem »zu vernachlässigenden Risiko« spricht: Denken Sie mit und überlegen Sie selbst, ob ein bestimmtes Risiko auch für Sie persönlich zu vernachlässigen ist.

Für einen Anlage- oder Kreditberater reicht es völlig aus, auf typische Risiken hinzuweisen. Wer die Risikoeinschätzung des Anbieters einfach übernimmt, ist jedoch selbst schuld, denn der nötigen Aufklärung ist damit Genüge getan. Der Kunde wird sich nicht mehr darauf berufen können, vom Risiko nichts gewusst zu haben. 571

Beispiel: Ist eine Geldanlage risikobehaftet, muss der Anbieter das deutlich sagen. Er ist verpflichtet, das individuelle Risiko 572 nicht dadurch zu verschleiern, dass er einen Durchschnittsverlust beziffert. In einem höchstrichterlich entschiedenen Fall hatte ein Anlageberater von einem zehnprozentigen Risiko gesprochen und damit den Durchschnittsverlust gemeint. Damit hatte er verschwiegen, dass sich dieser Durchschnitt aus einzelnen Verlusten errechnete, die im Einzelfall bis zu fünfzig oder hundert Prozent betrugen. Zwar wurde er wegen Betrugs verurteilt (BGH, 1 StR 423/94, 3. 11. 1994; *wistra* 1995, 102), doch das Kapital der Anleger war zunächst natürlich vernichtet.

TIPP:

573 **Bleiben Sie misstrauisch**
Ist das Geld erst einmal verloren, kann es lange dauern, bis sich der Erstattungsanspruch realisieren lässt. Und so lange müssen Sie natürlich auf nennenswerte Erträge verzichten.

Vertragsinhalte: Was vereinbart werden darf

574 Das wichtigste Gesetz gegen unlautere Anbieter ist das AGB-Gesetz, das Gesetz zur Regelung der Allgemeinen Geschäftsbedingungen. Es verbietet vor allem:

1. Klauseln, die ein vernünftiger Mensch in Verträgen dieser Art nicht erwarten würde. Als objektiv überraschende Klauseln werden sie nicht wirksam. Das steht in § 3 AGBG.
2. Unverständliche Klauseln wirken zulasten des Verwenders, § 5 AGBG. Das heißt, wenn die Geschäftsbedingungen missverständlich formuliert sind, gilt die für den Verbraucher günstigste Interpretation.

3. In jedem Fall gehen individuelle Vereinbarungen vor, § 4 AGBG. Doch Vorsicht: Wenn es eine Schriftformklausel in den Geschäftsbedingungen gibt, müssen die Zusatzvereinbarungen niedergeschrieben werden, um wirksam zu werden.
4. Und schließlich sind Klauseln unwirksam, wenn sie den Kunden unangemessen benachteiligen und damit gegen den Wohlverhaltensgrundsatz des Zivilrechts verstoßen (Treu & Glauben). Das steht allgemein in § 9 AGBG und wird dann weiter ausgeführt. Hier hat die Rechtsprechung einen weiten Ermessensspielraum.

Ob eine Klausel sinnvoll oder für Sie von Nachteil ist, muss natürlich erst einmal geklärt sein. Dazu muss man erst einmal das gesamte Regelwerk kennen und verstanden haben. Dabei sollte der Vertragspartner helfen. Schließlich ist es ja sein Wunsch, dass die AGB in den Vertrag einbezogen werden. **575**

TIPP:

Lesen Sie sich deshalb das Kleingedruckte in jedem Fall sorgfältig durch **576**
Ein seriöser Vertragspartner wird Ihnen dafür genug Zeit lassen und Ihre Fragen beantworten.

Erst danach sollten Sie die AGB akzeptieren, ablehnen oder mit dem Vertragspartner etwas Neues aushandeln, mit dem beide Seiten leben können. Bleiben Zweifel, kann man die Geschäftsbedingungen einfach ausschließen, z. B. mit dem Zusatz: »*Einverstanden, aber ohne AGB*«. **577**

TIPP:

578 **Lässt sich Ihr Verhandlungspartner nicht darauf ein, gibt es einen Trick**
Beim Unterschreiben wird vor den eigentlichen Namen der Zusatz: »Ohne AGB« gesetzt. Handschriftlich kann das beinahe so aussehen wie ein merkwürdiger Vorname. Im Ernstfall aber wird dieser Zusatz als Willenserklärung zu werten sein: Sie bringen auf diese Weise zum Ausdruck, dass Sie eine Einbeziehung der AGB nicht wünschen.

579 Lässt sich die Einbeziehung der AGB aber weder offen noch heimlich umgehen, kann die Wirksamkeit der einzelnen Klauseln mit Fachleuten überprüft werden. Sollte es später darauf ankommen, lassen sich so viele AGB-Klauseln vom Gericht wieder beseitigen, dass der ehemalige Verhandlungspartner staunt.

580 Fachleute finden Sie vor allem bei der örtlich zuständigen Rechtsauskunft oder in der nächsten Verbraucherzentrale. Natürlich können Sie sich auch gleich von einem Rechtsanwalt beraten lassen, was jedoch Geld kosten wird.

581 Die Anschriften von Verbraucherzentralen und Verbraucherberatungsstellen erfahren Sie aus Ihrem örtlichen Telefonbuch oder von der

Arbeitsgemeinschaft der Verbraucherverbände e. V.
Heilsbachstraße 20
53123 Bonn
Telefon: 02 28 / 6 48 90
Internet: http://www.agv.de/

Das Verbraucherkreditgesetz (VerbrKrG)

Vor den übelsten Auswüchsen des Waren- und Geldhandels soll das Verbraucherkreditgesetz schützen. Im Überblick bestimmt das Gesetz Folgendes: **582**

- Alle Kreditbedingungen sollen schriftlich festgehalten sein, § 4 VerbrKrG.
- Fehlen bestimmte Angaben über den Kredit in dem Formular, das der Verbraucher ausgehändigt bekommt, ist der gesamte Vertrag nichtig.
- Trotzdem darf der Verbraucher den Kredit in Anspruch nehmen, allerdings gilt dann der gesetzliche Zinssatz von vier Prozent, nicht der höhere Zinssatz, den der Kreditgeber verlangt.
- Interessant für Verbraucher ist die Bestimmung, nach der ihm bei Konsumkrediten alle Rechte aus Gewährleistung nicht nur gegen den Händler, sondern auch gegen den Kreditgeber zustehen. Ein »verbundenes Geschäft« zwischen Kauf- und Darlehensvertrag ist vor allem dann anzunehmen, wenn der Händler das Antragsformular ausfüllt.
- Alle Kreditverträge, die mit einem Verbraucher geschlossen werden sollen, dürfen innerhalb einer Woche ohne Angabe von Gründen widerrufen werden, § 7 VerbrKrG.

Das Verbraucherkreditgesetz gilt **583**

1. für Kreditverträge und Kreditvermittlungsverträge;
   das sind:
   a) *Darlehens*verträge (Kredit)
   b) *Zahlungsaufschub* (»Zahlen Sie in dreißig Tagen«)
   c) sonstige *Finanzierungshilfen*

d) Vereinbarungen mit *Maklern*, die einen geeigneten Kreditgeber finden sollen (Kreditvermittler).

2. für Verträge zwischen
   a) *Kreditgebern*, das sind vor allem die Banken oder Versicherungen, die das Geld haben, oder
   b) *Kreditvermittlern*, also zwischen denjenigen, die den Kreditvertrag anbahnen – häufig sind das die Händler selbst, die »Finanzkauf« anbieten
   c) *normalen Menschen*, die mit diesem Kredit alles Mögliche bezahlen wollen, was sie für den Privathaushalt verwenden wollen; das sind die Verbraucher. Wer den Kredit allerdings für seinen Geschäftsbetrieb als selbständiger Unternehmer braucht, ist kein Verbraucher.

TIPP:

584 **Das VerbrKrG ist wichtig**

Prägen Sie sich die Inhalte des VerbrKrG gut ein – es ist auf die meisten Ab- oder Teilzahlungsgeschäfte anwendbar!

Was ist Wucher?

585 Wer eine Leistung zu einem höheren Preis verkauft, als sie objektiv wert ist, wuchert möglicherweise bereits. Ein wucherischer Vertrag gilt als »von Anfang an nichtig«, § 138 BGB. Ein solcher Vertrag kann jederzeit beendet werden. Die gegenseitigen Leistungen müssen zurückerstattet werden, wenn sich der Kunde auf Wucher beruft. Darüber hinaus schuldet der Wucherer oft auch noch Schadenersatz.

TIPP:

Beobachten Sie den Markt, bevor Sie sich vertraglich binden 586
Sind die Konditionen auffällig unverschämt, könnte es sich um Wucher handeln.

Allerdings ist es schwierig, einem Anbieter das Wuchern nachzuweisen. Denn es besteht nicht nur aus objektiv feststellbaren Vertragsbedingungen, sondern auch aus einer subjektiven Komponente: Ob der Anbieter bewusst mehr verlangt als allgemein üblich, muss ihm nachgewiesen werden. Das ist schwer, weil man normalerweise nicht in seinen Kopf hineinschauen kann. 587

Wucher ist gegeben 588

1. bei einem objektiv auffälligen Missverhältnis zwischen Leistung und Gegenleistung. Nach der Rechtsprechung ist in diesem Sinne »auffällig«, wenn der Anbieter einen um wenigstens fünfzig Prozent höheren Preis verlangt als allgemein üblich
2. bei einer objektiven Zwangslage oder einer Unerfahrenheit auf Seiten des Kunden, einem mangelnden Urteilsvermögen oder einer erheblichen Willensschwäche
3. wenn der Anbieter diese Schwächen des Kunden erkannt und bewusst ausgenutzt hat.

TIPP:

Ist der Preis beinahe doppelt so hoch wie üblich, handelt es sich um Wucher 589
Nur wenn alle diese Elemente zusammentreffen, handelt es sich um Wucher. Immerhin: Sobald jemand für eine Leistung etwa das Dop-

pelte des Üblichen verlangt (neunzig- bis hundertprozentige Preisüberhöhung), wird ihm die Wucherabsicht unterstellt.

---

590 **Beispiel:** Gewährt eine Teilzahlungsbank ein Darlehen, dessen Kosten und Zinsen relativ mehr als achtzig Prozent über den marktüblichen Sätzen liegen und den Marktzins um mehr als zwölf Prozentpunkte übersteigen, kommt es auf die subjektive Komponente nicht mehr entscheidend an. Ein solches Geschäft ist dermaßen unvorteilhaft für den Kunden, dass er darin nur einwilligen wird, wenn er sich in einer Zwangslage befindet. Das muss die Bank erkennen. Sie kann sich nicht damit herausreden, dass der Kreditnehmer sich die Raten gerade noch leisten kann (BGH, III ZR 30/87, 24. 3. 1988; NJW 1988, 1659).

Pflichten bei der Anlageberatung

591 Von Banken und Sparkassen erwarten wir, dass sie uns dabei helfen, mehr aus unserem Geld zu machen. Sie sollten uns natürlich davor bewahren, bei Geldanlagen auf das falsche Pferd zu setzen und Kapital zu verlieren. Im Gegensatz zu früher gibt es in der neuen Rechtsprechung viele Beispiele dafür, dass die Banken bei schlechter Beratung und falschen Tipps haftbar gemacht werden können.

Anlegergerechte Beratung

592 Das heißt jedoch noch lange nicht, dass man wie ein Glücksspieler an der Börse sein Vermögen nach den Tipps der Institute einsetzen kann und die Verluste erstattet bekommt, wenn der eine oder andere Tipp sich als falsch erwies. Die Gerichte machen

nämlich bei der Entscheidung über Schadenersatzforderungen sehr feine Unterschiede: 593

1. Unerfahrene Geldanleger, die bisher nur in sehr sichere Anlagen investiert haben, z. B. festverzinsliche Wertpapiere gekauft haben, müssen umfassend beraten und auf Risiken deutlich hingewiesen werden.
2. Erfahrene Geldanleger, die auch in der Vergangenheit schon mit risikoreichen Anlagen wie z. B. Aktien spekuliert haben, sind automatisch schlechter gestellt. Bei ihnen setzen die Gerichte voraus, dass sie sich der Gefahren bewusst sind und auch wissen, dass Tipps vom Bankberater keine Garantie für sichere Gewinne sind.

TIPP:

Erzählen Sie Ihrem Broker/Anlageberater möglichst wenig über Ihre Erfahrungen 594

Lassen Sie nicht durchblicken, dass Sie über die Börsenwelt Bescheid wissen.

Wenn es wegen schlechter oder falscher Beratung tatsächlich zu einem Prozess kommt, hat es aber für erfahrene Anleger keinen Sinn, sich unwissend zu stellen. Solche Schutzbehauptungen lassen sich von einem Mitarbeiter des Geldinstituts, der als Zeuge auftritt und sich an zurückliegende Spekulationsgeschäfte erinnert, schnell entkräften. 595

Doch auch umgekehrt wird ein Schuh daraus: Behauptet der Berater später, Sie über alles Mögliche aufgeklärt zu haben, könnte Ihnen ebenfalls ein Zeuge helfen. 596

TIPP:

597 **Am besten ist es, wenn Sie mit einem Zeugen zur Beratung kommen**
So haben Sie auf jeden Fall einen Zeugen für alles, was besprochen wurde.

598 Erhebt der Kunde Ersatzansprüche wegen falscher Beratung und reicht der Anlageplan mitsamt den Eintragungen und Änderungen durch den Berater als Beweisstück nicht aus, können Zeugen im Gerichtsverfahren aussagen. Der Kunde selbst hat nämlich keine Möglichkeit, als Kläger (Beklagter ist die Bank) in den Zeugenstand zu treten. Die Bank aber kann ihren eigenen Mitarbeiter (den Berater nämlich) als Zeugen benennen. Und dann ist es nur von Vorteil, wenn der Kläger auch einen Zeugen hat.

599 Für die spätere Eignung als Zeuge ist es unerheblich, ob ein Verwandter mitgenommen wird oder ein Fremder. Entscheidend ist, dass der Begleiter nur aufmerksam zuhört und sich eventuell zu den Angaben des Beraters ein paar Notizen macht. Selbst wenn sich die Begleitperson mit Geldanlagen auskennt, sollte sie sich nicht in das Beratungsgespräch einschalten und schon gar nicht mit ihren womöglich vorhandenen Kenntnissen auftrumpfen. Sonst könnte es nämlich leicht passieren, dass die Anwälte des Geldinstituts den Kunden und seinen Zeugen im Prozess gegeneinander auszuspielen versuchen: »Auf dieses Risiko hat unser Berater nicht noch einmal ausdrücklich hingewiesen. Denn die Risiken hat ja bereits der Zeuge dem Beklagten ausführlich im Beisein unseres Beraters geschildert …«

600 Die Gerichte stellen an das Beratungsgespräch hohe Anforderungen. Sofern der Berater die Risikobereitschaft des Kunden nicht einschätzen kann, muss er gegebenenfalls nachfragen. Entschei-

dend ist, dass die Beratung einerseits anlegergerecht sein muss (der Kunde muss sie verstehen können), andererseits soll sie objektgerecht sein (die Angebote müssen zu dem Kunden passen). Und obendrein muss die Bank ihren Kunden ständig auf dem Laufenden halten, was mit seiner Geldanlage passiert oder zu passieren droht.

So darf sich eine Bank nicht einmal auf das berufen, was der **601**
Kunde selbst verfügt hat, wenn seine Anweisung im Einzelfall auf ein Informationsdefizit schließen lässt. In einem höchstrichterlich entschiedenen Fall hatte ein Kunde verfügt, dass die Bank ihm keine Mitteilungen zuschicken sollte. Er wollte sie in der Bank abholen und dadurch Porto sparen. Daran hielt sich die Bank selbst dann, als Optionsscheine des Kunden fällig wurden. Bei seinem nächsten Besuch erfuhr er, dass seine Geldanlage leider verfallen war, und fühlte sich betrogen. Ganz so weit ging der BGH in seinem Urteil nicht, aber immerhin verpflichtete er die Bank zum Schadenersatz. Sie hatte den Kunden bei der Geldanlage nicht darüber aufgeklärt, dass Optionsscheine nach Fälligkeit nichts mehr wert sind (BGH, XI ZR 133/88, 18. 4. 1989; NJW 1989, 2120).

Ist ein Bankkunde im Wertpapierhandel überhaupt nicht erfah- **602**
ren, muss der Berater das ausgleichen. Von dieser Pflicht profitierte ein Kunde, der auf den Rat seiner Hausbank 20 000 DM in eine ausländische Anleihe investiert hatte. Sein Berater hatte ein Kursrisiko für eine Firmenanleihe in Australien zwar zu Recht verneint, damit aber den Anleger in die Irre geführt: Wenige Monate später ging die Firma Pleite, und damit waren die Papiere praktisch nichts mehr wert. Der BGH billigte dem Kunden einen Schadenersatzanspruch zu, weil der Kunde dieses besondere Risiko der Bond-Anleihe nicht kennen konnte. Der Berater hätte wissen müssen, dass dieser Kunde mit dem Wertpapierhandel gar keine Erfahrung hatte. In der Vergangenheit hatte er sich näm-

lich immer für risikolose Geldanlagen wie Sparbriefe entschieden (BGH, XI ZR 12/93, 6. 7. 1993; NJW 1993, 2433).

Wie viel Risikoaufklärung nötig ist

603 Auch wenn der Anleger bereit ist, ein Risiko einzugehen, muss ihn der Berater über den Umfang des Risikos aufklären. Gegebenenfalls muss sich der Berater sogar davon überzeugen, wie groß die Kenntnis seines Kunden von den jeweiligen Anlagen und den damit verbundenen Risiken ist.

TIPP:

604 **Lügen Sie Ihren Berater nicht an**
Merken Sie sich, was man Sie gefragt hat und wie Sie geantwortet haben.

605 In einem Haftungsprozess verliert Ihre Aussage an Glaubwürdigkeit, wenn Ihnen nachgewiesen wird, dass Sie auch im Vorgespräch in der Bank gelogen haben.
Zur Beratungspflicht gehört vor allem bei unerfahrenen Anlegern, auf versteckte Risiken hinzuweisen. Angenommen, der Kunde wird zum Kauf von Anlagen in einer fremden Währung ermuntert, dann darf der Berater nicht nur auf die sehr hohen Zinsen hinweisen. Er muss seinen Kunden vielmehr darüber aufklären, dass die Rendite bei solchen Papieren auch von den Wechselkursen am internationalen Währungsmarkt abhängig ist. Bei Anlagen in einer schwachen Währung müsste er seine Kunden also davor warnen, dass ihnen trotz hoher Verzinsung bei gleichzeitigem Kurssturz der Währung ein Verlust entstehen kann.

TIPP:

Beschränkt sich der Berater bei seiner Risikoeinschätzung auf die Erwähnung, dass ein Wertpapier auf dem deutschen Markt zugelassen ist, sollten Sie misstrauisch werden 606

Für eine fachgerechte Risikobewertung und Beratung reicht keinesfalls der Hinweis aus, dass die Aktie für den deutschen Börsenhandel zugelassen ist (BGH, XI ZR 12/93, 6. 7. 1993; NJW 1993, 2433).

Die Zulassung beruht nämlich ausschließlich auf den Angaben 607
des ausgebenden Instituts; eine eigene Bonitätsprüfung nimmt die Zulassungsstelle nicht vor. Zwar haftet die ausgebende Bank neben der eigentlichen Firma, doch darauf darf sich der Anlageberater nicht verlassen und schon wegen der offiziellen Zulassung ein Risiko verneinen. Er muss gegebenenfalls eigene Erkundungen einziehen und seinen Kunden darüber informieren.

Selbst wenn dem Kunden das Verlustrisiko beim Wertpapierhan- 608
del bewusst ist, kann es zu einer Schadenersatzpflicht des Beraters bei besonderen Anlageformen kommen. In einem höchstrichterlich entschiedenen Fall hatte jemand eine ausführliche Informationsbroschüre für den Handel mit Penny Stocks ausgegeben. In der Broschüre und den direkten Beratungsgesprächen ist der Kunde aber nicht darüber aufgeklärt worden, dass solche Papiere oft nur von einem einzigen Broker ausgegeben werden. Geht in einem solchen Fall der Händler Pleite, wird der Inhaber von Penny Stocks seine Wertpapiere nicht mehr los; schon gar nicht mit Gewinn (BGH, XI ZR 151/89, 22. 1. 1991; NJW-RR 1991, 1008).

Der Berater darf erst recht nicht verschweigen, dass jede Trans- 609
aktion auf dem Wertpapiermarkt Geld kostet. Schließlich nützt

der schönste Zinsertrag wenig, wenn der Gewinn zur Hälfte oder zur Gänze von Bankentgelten und Gebühren aufgefressen wird. **Beispiel:** Beträgt der Handelsaufschlag auf den Preis eines Optionsscheins hundert Prozent oder mehr und lässt sich deswegen ein Kursgewinn gar nicht mehr erzielen, ist der Kunde betrogen worden (BGH, 1 StR 576/82, 28. 6. 1983; BGHSt 32, 22). Ging der Kunde wegen einer fehlerhaften Beratung außerdem davon aus, der Handel mit Optionsscheinen sei mit einem wertbeständigen Anlagegeschäft gleichzusetzen, besteht sein Schaden aus dem Gesamtpreis der Option.

TIPP:

610 **Verlassen Sie sich niemals auf Schadenersatz**

Die Rechtsprechung hängt viel zu sehr davon ab, was im Einzelfall festgestellt wird. Versuchen Sie besser, Verluste schon bei der Anlageentscheidung zu vermeiden.

Wer für einen Schaden haftet

611 Häufig versuchen Firmen, die sich auf Anlageberatung spezialisiert haben, die Haftung intern weiterzugeben. Grundsätzlich muss ein Institut nur für eigenes Verschulden haften. Gelingt dem Institut allerdings der Nachweis, dass einer seiner Mitarbeiter außergewöhnlich viel Mist gebaut hat, wäre dann der Mitarbeiter allein für Schadenersatz zuständig. Das hat den Nachteil, dass ein einfacher Angestellter üblicherweise nicht über die Mittel verfügt, den Schaden sofort auszugleichen.

TIPP:

Vergewissern Sie sich, dass Ihr Gesprächspartner berechtigt ist, die Geldanlage wirklich zu verkaufen, die er anbietet 612
Immerhin hat sich in den vergangenen Jahren herausgestellt, dass sich Banken und Sparkassen selten die Blöße geben, einen Mitarbeiter für solche Haftungsfälle in den Vordergrund zu heben. Damit würden sie ja gleichzeitig einräumen, dass sie ihre Angestellten nicht vernünftig ausbilden und Amateure auf die Kunden loslassen.

Doch auch bei jungen Makler- und Brokerbüros funktioniert die Enthaftung der Firma nicht mehr. Der Bundesgerichtshof hat festgestellt, dass es auf dem Aktienmarkt nicht immer Sache des Kunden sein kann zu erkennen, wer gerade sein Geschäftspartner ist. Selbst wenn eine Geldanlage nur vermittelt wird und der Berater für ihre Qualität nicht haften will, haftet er dennoch. Ist beispielsweise im Verhältnis zwischen der Stelle, die ein Wertpapier ausgegeben hat, und dem Vermittler selbst keine Haftung vereinbart, muss der Berater selbst bluten. Entweder deswegen, weil er den Eindruck hinterlassen hat, die Geldanlage selbst zu vertreiben, oder deshalb, weil er schon vor dem Vertragsschluss beim Anleger Hoffnungen geweckt hat, die von der Anlage enttäuscht worden sind (BGH, III ZR 268/96, 7. 5. 1998; NJW-RR 1998, 1342). 613

TIPP:

Achten Sie vor allem auf die Fußzeile des Auftragsformulars 614
Fragen Sie nach, wenn dort etwas von »Verkauf für Rechnung ...« steht – hier hatten Sie es mit einem Makler oder Handelsvertreter zu tun und nicht mit der Firma, die auf dem Briefkopf steht.

615 Wenige Monate zuvor schon hatte das Gericht einen Fall beurteilt, in dem ein Außendienstmitarbeiter Anlagen verkauft hat, die zu verkaufen ihm sein Auftraggeber verboten hatte. Nur war der Mitarbeiter beim geschädigten Anleger schon mehrfach erfolgreich als Vermittler aufgetreten. Deswegen musste der Anleger davon ausgehen, sein Ansprechpartner sei auch für diese besondere Anlage zuständig und alles sei in Ordnung. Wegen dieses Anscheins haftete schließlich der Auftraggeber für den Schaden, den sein Handelsvertreter verursacht hatte (BGH, III ZR 183/96, 5. 3. 1998; VersR 1998, 888).

616 Selbst wenn ein Mitarbeiter eine Kundenweisung absichtlich missachtet, haftet die Firma. Es kommt nämlich nur darauf an, ob ein Außenstehender geglaubt hat, der Mitarbeiter handle im Namen und auf Rechnung seines Arbeitgebers. Erst wenn dieser Mitarbeiter den Rahmen verlässt, den seine Tätigkeit üblicherweise mit sich bringt, haftet er selbst und allein. Im Anlagegeschäft könnte das beispielsweise dann der Fall sein, wenn der Kunde seinem Berater eine zusätzliche Provision verspricht, die der Kunde selbst zahlen will (BGH, XI ZR 31/96, 4. 2. 1997; VersR 1997, 703).

TIPP:

617 **Vorsicht mit Geldanlagen bei Leuten, die Anlageberatung nicht im Hauptberuf ausüben**

Nur in Ausnahmefällen erhält man Schadenersatz.

618 Beispielsweise können Anwälte und Steuerberater nebenbei durchaus auch Geldanlagen empfehlen oder vermitteln. Tun sie das allerdings so, dass es sich für den Anleger nachteilig auswirkt, müssen sie für ihre Fehler haften. Auf den Nachweis eines

Beratungsfehlers kommt es dagegen nicht mehr entscheidend an, wenn sich der Steuerberater beim Anlageunternehmen eine Provision versprechen ließ, ohne das seinen Mandanten zu offenbaren. Dieses berufswidrige Verhalten begründet einen selbständigen Ersatzanspruch (BGH, IVa ZR 36/86, 20. 5. 1987; VersR 1987, 1095).

Die Rechte des Aktionärs

Als Aktionär sind Sie Miteigentümer des Unternehmens und damit am Gewinn und Verlust der AG beteiligt. Allerdings nur in der Höhe Ihrer Beteiligung, und die hängt vom Nennwert der Aktie ab. Der Nennwert ist der auf der Aktie aufgedruckte Geldbetrag. Für die Schulden des Unternehmens müssen Sie als Aktionär allerdings nicht haften, die Verantwortung tragen ausschließlich Vorstand und Aufsichtsrat. Sie riskieren allein Ihre Einlage. Als Miteigentümer haben Sie jedoch auch einige Rechte. 619

TIPP:

Als Aktionär haben Sie folgende Rechte: 620
Der stimmberechtigte Aktionär kann an den Hauptversammlungen derjenigen Gesellschaft teilnehmen, deren Aktien er besitzt. Der Vorstand dieses Unternehmens muss dem Anspruch des Aktionärs auf Information Genüge tun. Außerdem hat der Aktionär das Recht auf Gewinnbeteiligung und auf den Bezug junger Aktien. Bei der Auflösung der AG hat er Anspruch auf einen Anteil am Liquidationserlös.

Wichtige Urteile zur Haftung bei Anlageverlusten

621 Bank haftet für Fehler des Kreditvermittlers

Werden die Kreditanbahnung und der Vertragsabschluss von einem provisionsberechtigten Kreditvermittler durchgeführt, muss sich die Bank das Wissen und das Verhalten des Vermittlers zurechnen lassen. Beantragen hoch verschuldete, geschäftsunerfahrene Kunden auf Vorschlag eines Kreditvermittlers ein Darlehen zur Finanzierung eines Immobilienkaufs, um damit ein Sicherungsmittel für einen neuen Konsumentenkredit zu bekommen, dann gebietet es die Aufklärungs- und Beratungspflicht der Bank, diesen Kreditwunsch abzulehnen (OLG Düsseldorf, 17 U 74/92).

622 Bei finanziellen Verlusten Schadenersatz von der Bank

Ein Geldinstitut muss den Kunden umfassend über die Risiken bestimmter Anlageformen aufklären. Verlangt der Kunde ausdrücklich eine risikofreie Anlage, darf die Bank nur solche Möglichkeiten empfehlen, bei denen keine Verluste entstehen können. Einem Frankfurter Bankkunden, der ausdrücklich »kein Risiko eingehen« wollte, dann aber bankeigene Rentenfonds angedreht bekam und in einem Jahr zehn Prozent des eingesetzten Kapitals verlor, wurde deshalb Schadenersatz zugesprochen (AG Frankfurt/Main, 31 C 3752/94).

623 Keine schlechten Tipps, um gute Geschäfte zu machen

Banken müssen ihre Kunden auf die Risiken aufmerksam machen, die mit dem Befolgen bestimmter Ratschläge verbunden sind, und eventuelle Schäden ersetzen. Das gilt vor allem, wenn die Tipps einen einseitigen Vorteil für die Bank bringen und der Kunde schlechter gestellt wird. Im verhandelten Fall hatte die Bank einem Kunden davon abgeraten, Geld auf ein Notarkonto zu zahlen. Die Überweisung erfolgte entsprechend dem Tipp der Bank direkt auf das Konto des Empfängers. Grund für den schlechten Rat der Bank war die Tatsache, dass der Geldempfänger hohe Schulden bei der Bank hatte (BGH I ZR 180/94-5/95).

Bank haftet nur, wenn Risiken verschwiegen werden 624

Um einen Kunden über die mit bestimmten Anlageformen verbundenen Verlustgefahren aufzuklären, genügt die Übersendung einer Informationsbroschüre. Das Geldinstitut ist nicht verpflichtet, den Anleger auch noch in einer mündlichen Beratung auf die Risiken hinzuweisen. Nur wenn die Bank den Kunden überhaupt nicht warnt und ihm keine Informationen zur Verfügung stellt, hat der Kunde Anspruch auf Schadenersatz für die entstandenen Anlageverluste (OLG Stuttgart, 9 U 185/94).

Berater haften auch bei Wertpapierverkauf am Telefon 625

Wer sich am Telefon zum Kauf von Wertpapieren oder anderen Geldanlagen überreden lässt, kann bei Anlageverlusten Schadenersatz verlangen. Die Berater sind verpflichtet, unerfahrene Anleger über alle mit dem Geldeinsatz verbundenen Risiken aufzuklären. Wird das nicht getan, müssen sie zahlen (OLG Düsseldorf, 17 U 280/93).

Banken sind zum Hinweis auf hohe Gebühren verpflichtet 626

Bei bestimmten Geldanlagen und Spekulationspapieren können erhebliche Gebühren für An- und Verkauf anfallen. Zum Teil sind diese Provisionen so hoch, dass eingesetztes Geld allein schon durch mehrmaligen Kauf und Verkauf von Papieren in erheblichem Umfang aufgezehrt werden kann. Auf dieses Risiko müssen unerfahrene Kunden von den Banken hingewiesen werden. Geschieht das nicht, ist die Bank zum Schadenersatz verpflichtet (BGH XI ZR 188/95-6/96).

627 Spekulieren auf Kredit – Bank muss nicht für Verluste haften

Normalerweise müssen Banken ihre Kunden umfassend auf die Risiken bei Spekulationsgeschäften (mit Aktien, Optionsscheinen) hinweisen. Das gilt vor allem, wenn der Kunde die Anlagepapiere mit einem Kredit finanziert, den ihm dieselbe Bank gibt. Ohne die Risikoberatung könnte die Bank bei Verlusten des Kunden haftbar gemacht werden und ihre Ansprüche auf Kreditrückzahlung verlieren. Lässt sich der Kunde aber gar nicht beraten, sondern erteilt nur den Auftrag, Spekulationspapiere zu kaufen, die ihm von anderer Seite empfohlen worden sind, haftet die Bank nicht (BGH XI ZR 232/95-3/96).

628 Bank muss bei Spekulationen auf Kredit entstandene Geldverluste ersetzen

Banken sind nicht verpflichtet, ihre Kunden über die Verwendungsrisiken eines Darlehens aufzuklären. Rät der Bankberater aber unerfahrenen Kunden dazu, den Kauf von Wertpapieren per Kredit zu finanzieren, liegen besondere Voraussetzungen vor. Bei so einer Spekulation auf Pump muss die Bank Schadenersatz zahlen, wenn sich der Kunde ausschließlich dafür verschuldet. Im vorliegenden Fall hatte die Bayerische Hypo- und Wechselbank einen Anleger überredet, einen Kredit von einer Million DM für den Aktienkauf aufzunehmen. Im Zuge der Fehlspekulation wollte die Bank sich später schadlos halten und verlangte von ihrem Kunden die Zwangsversteigerung seines Hauses – die Ansprüche wurden jedoch abgelehnt (BGH XI ZR 22/96 bis 03/97).

629 Kundenwünsche sind verbindlich, bei Verlust haftet die Bank

Schon wieder ein verbraucherfreundliches Urteil für Anleger, die einer Bank ihr Geld zur Vermögensbildung anvertrauen: Die Wünsche eines Bankkunden, wie mit seinem Geld zu verfahren sei, sind für das Kreditinstitut bindend. Andernfalls muss es für Verluste geradestehen. Der Fall: Ein Kunde verlor innerhalb von fünf Jahren circa 160 000 DM, weil die Bank seine Vorgaben ignoriert hatte (BGH XI ZR 260/96–01/98).

Kreditinstitute brauchen Kunden nicht vor steuerlichen Nachteilen zu schützen 630

Wer der Bank zur Absicherung eines Darlehens Ansprüche aus Kapital-Lebensversicherungen abtritt, muss sich um die steuerlichen Folgen selbst kümmern. Hier hatte eine Bankkundin geklagt, die durch eine Steuerrechtsänderung Nachteile befürchtete. Eine Änderung der Abtretungsvereinbarung wäre zwar möglich gewesen. Dies aus eigener Initiative in die Wege zu leiten, so das Gericht, dazu ist ein Kreditinstitut allerdings nicht verpflichtet (BGH XI ZR 25/97–12/97).

Hat die Bank keine Ahnung, ist sie aus dem Schneider 631

Ein Bankkunde, der ein Termin- oder Optionsgeschäft abschließen will, sollte sich selbst genau über die damit verbundenen Risiken informieren. Die eigene Bank darf sich grundsätzlich mit einer mündlichen Risikoabwägung begnügen. Mit dem Hinweis auf ihre fehlende Kompetenz kann sie sich schließlich ganz aus der Verantwortung stehlen. Das gilt zumindest, wenn sie sich außer Stande sieht, das Geschäft abschließend zu beurteilen. Das Risiko eventueller Verluste trägt der Kunde dann allein. Denn trotz erwähnter Bedenken muss die Bank den Vertragsabschluss nicht verweigern (BGH XI ZR 286/97–05/98).

Geldinstitute tragen das Risiko für falsche Informationen 632

Wenn eine Bank wegen falscher Auskünfte Schadenersatz zahlen muss, ist ihr offensichtlich keine Ausrede zu dumm. In der Verhandlung berief sich ein Geldinstitut darauf, dass sein Angestellter zu diesem Thema gar keine Auskunft hätte geben können und dürfen, da er nicht sachkundig war. Das Urteil der Richter: Es reicht aus, dass der Angestellte in einem Bereich beschäftigt war, zu dem das Erteilen von Auskünften gehört. Der Kunde bekommt Schadenersatz (BGH XI ZR 375/97–09/98).

633 Entschädigung, wenn Edelsteine als wertbeständig verkauft werden

Diamanten sind, weil es keinen echten Marktpreis für Privatleute gibt und Wertsteigerungen fraglich sind, eine noch schlechtere Geldanlage als Gold. Gewerbliche Verkäufer, die nicht ausdrücklich auf das Risiko beim Erwerb von Diamanten hinweisen und fälschlicherweise den Eindruck einer krisensicheren Wertanlage erwecken, handeln darum grob treuwidrig. Im verhandelten Fall sprach das Gericht ein Machtwort: Der Kunde erhält den Kaufpreis zuzüglich der gegenüber anderen Anlagen entgangenen Zinsen erstattet (LG Hamburg, 301 O 78/97–10/98).

634 Kunden müssen besser informiert und aufgeklärt werden

Wenn eine Bausparkasse den Kunden nicht rechtzeitig auf erkennbare Probleme bei der Finanzierung aufmerksam macht und von sich aus informiert, muss sie Schadenersatz leisten. Das gilt auch, wenn die Fehler von einem für die Bausparkasse tätigen, aber selbständigen Berater begangen werden. Im verhandelten Fall war von einer Bausparerin im Vertrauen auf die zugesagte Finanzierung ein Grundstück gekauft worden. Die Finanzierung platzte jedoch. Die Bausparkasse musste einen Teil des finanziellen Schadens übernehmen, den Rest musste die Frau selbst tragen: Sie hatte versäumt, sich noch einmal eine schriftliche Finanzierungszusage geben zu lassen (OLG Karlsruhe, 3 U 2/94 bis 01/95).

KAPITEL 14

Die Steuertricks im Aktiengeschäft

Der Staat braucht Geld – und das holt er sich unter anderem bei Aktionären und anderen Geldanlegern. Die Einkünfte aus der Anlage von Kapitalvermögen unterliegen der Steuerpflicht, und hierzu zählen auch Dividenden von Aktionären oder Gesellschaftern einer Kapitalgesellschaft. Ebenso wie bei Lohn und Gehalt dürfen aber auch da Ausgaben im Zusammenhang mit dieser Einkunftsart von den Einnahmen abgezogen werden. Die Differenz kann ein Gewinn oder Verlust aus Kapitalvermögen sein. Die positiven oder negativen Einkünfte erhöhen oder vermindern dann die übrigen persönlichen Einkünfte. Es gibt auch Ausgaben im Zusammenhang mit Kapitalvermögen, die nicht sofort als Werbungskosten nach § 9 EStG abgezogen werden dürfen. Es handelt sich dann um Anschaffungskosten für Wertpapiere, die bei der Ermittlung eines Spekulationsgewinnes oder -verlustes berücksichtigt werden. Hierauf wird später noch eingegangen. **635**

Die Freibeträge für Einkünfte aus Kapitalvermögen wurden zum 1. 1. 2000 halbiert. Das bedeutet für den Steuerpflichtigen: **636**

- weniger Rendite für seine Kapitalanlagen, da hier die Steuerpflicht schon für Kapitaleinkünfte ab 3100 DM (Ledige) bzw. 6200 DM (Verheiratete) einsetzt,
- höhere Steuerprogression für die übrigen Einkünfte (z. B. nicht selbständige Tätigkeit, Vermietung und Verpachtung, Gewerbebetrieb), da die steuerpflichtigen Kapitaleinkünfte das gesamte zu versteuernde Einkommen erhöhen.

637 Gerade weil der Staat rigoros abzugreifen versucht, sollten alle legalen Möglichkeiten zum eigenen Vorteil ausgeschöpft werden. Dabei gelten immer die folgenden Grundsätze:

- Strafbar ist es, eine Verkürzung der Steuern vorzunehmen.
- Völlig legal ist es, die Entstehung von Steuern zu vermeiden.

638 Auf dieses Ziel sind deshalb alle unsere Hinweise ausgerichtet. Aber bevor es um die geschickten Gestaltungsmöglichkeiten geht, sollten wir uns erst einmal die steuerliche Situation für den Anleger vor Augen halten. Dabei haben wir die Situation zum Redaktionsschluss dieses Buches (Ende 1999) berücksichtigt – mit allen Unwägbarkeiten durch die geplanten Änderungen des Steuerrechts. Soweit diese aber schon konkrete Formen zeigen, weisen wir darauf bereits hin.
Dies betrifft auch die geplanten Änderungen für Gewinnausschüttungen aus einer Kapitalgesellschaft.

Wann bleibt Kapitalvermögen steuerfrei?

639 Ist Ihr gesamtes zu versteuerndes Einkommen eines Kalenderjahres nicht höher als die nachfolgend genannten Grundfreibeträge, tritt keine Steuerpflicht ein. Wenn Sie der Bank dann eine Nichtveranlagungsbescheinigung (NV-Bescheinigung) vorlegen, entfällt der Abzug der Kapitalertragsteuer bzw. Zinsabschlagsteuer plus Solidaritätszuschlag. Die von der Kapitalgesellschaft einbehaltene Körperschaftsteuer wird dann wieder vergütet.

Grundfreibeträge und Steuersätze für Ledige im privaten Bereich 640

Jahr	Grundfreibetrag Ledige	Eingangsteuersatz	Spitzensteuersatz
2000	13 499 DM	22,9 %	51 % ab 114 696 DM
2001	14 040 DM	19,9 %	48,5 % ab 114 696 DM
2002	14 093 DM	19,9 %	48,5 % ab 107 568 DM

Privater Bereich Verheiratete 641

Jahr	Grundfreibetrag	Eingangsteuersatz	Spitzensteuersatz
2000	26 999 DM	22,9 %	51 % ab 229 392 DM
2001	28 080 DM	19,9 %	48,5 % ab 229 392 DM
2002	28 186 DM	19,9 %	48,5 % ab 215 136 DM

Voraussichtliche Unternehmensbesteuerung für Kapitalgesellschaften 642

Jahr	Körperschaftsteuer auf nicht ausgeschüttete Gewinne	Körperschaftsteuer auf ausgeschüttete Gewinne, z. B. Dividenden	Höchststeuersatz für Unternehmer*
2000	40 %	30 %	43 %
2001	25 %	25 %	25 %
2002	25 %	25 %	25 %

* gilt voraussichtlich ab 2001 auch für Einzelunternehmer und Mitunternehmer einer Personengesellschaft, deren Gewinn im Betrieb verbleibt, also nicht entnommen wird

643

Wie viel Kapitalertragsteuer Ihnen das Finanzamt für Ihre Sparanlage wegnimmt			
Art der Sparanlage	**Vorschrift des Einkommensteuergesetzes**	**Abzug der Kapitalertragsteuer in Prozent**	**Erleichterungen**
Sparbuchzinsen, Wertpapierzinsen, sonstige Kapitalforderungen	§ 20 [1] Nr. 7 EStG	30	Freistellungsauftrag, Nichtveranlagungsbescheinigung
Zinsen aus Tafelgeschäften	§ 43 a [1] Nr. 4 EStG	35	Keine
Außer- und rechnungsmäßige Zinsen aus den Sparanteilen kurz laufender Lebensversicherungen	§ 20 [1] Nr. 6 EStG	25	Freistellungsauftrag, Nichtveranlagungsbescheinigung
Einnahmen als stiller Gesellschafter	§ 20 [1] Nr. 4 EStG	25	Freistellungsauftrag, Nichtveranlagungsbescheinigung
Dividenden aus Kapitalgesellschaften (GmbH-Gewinnausschüttungen, Aktiendividenden), Dividenden aus Aktienfonds	§ 20 [1] Nr. 1 EStG	25	Bei Nichtveranlagungsbescheinigung kann Erstattung durch das Bundesamt für Finanzen erfolgen
Zinsen aus Wandelanleihen, Gewinnobligationen, Genussrechten	§ 20 [1] Nr. 7 EStG	25	Wie bei Dividenden

Was das Finanzamt von Ihren Aktiengewinnen haben will

Zweimal hat das Finanzamt die Möglichkeit, bei Ihren Gewinnen zuzulangen: **644**
Denn grundsätzlich besteht eine Steuerpflicht auf

- Spekulationsgewinne (also Geld aus Kurssteigerungen innerhalb eines Jahres) und
- laufende Ausschüttungen (also vor allem Geldzahlungen als Dividende).

Nun lassen sich Kursgewinne einfach durch richtiges Timing aus der Steuerpflicht herausnehmen.

Was ist neu für Aktionäre?

Spekulationsbesteuerung **645**

Gewinne aus Aktienverkäufen sind steuerpflichtig, wenn zwischen Kauf und Verkauf weniger als zwölf Monate liegen. Gewinne bis 999,99 DM pro Person und Jahr bleiben nach § 23 Abs. 3 EStG jedoch steuerfrei. Achtung: Wird diese Grenze überschritten, muss nicht der darüber liegende Betrag, sondern der Gesamtbetrag versteuert werden.

Verlustverrechnung **646**

Verluste aus privaten Veräußerungsgeschäften (früher hieß das Spekulationsverlust) können weiterhin mit Gewinnen aus diesen Veräußerungsgeschäften des gleichen Kalenderjahres verrechnet werden, jedoch nicht mit Gewinnen aus anderen Einkunftsarten.
Erstmals seit 1999 können Spekulationsverluste auch mit Speku- **647**

lationsgewinnen des Vorjahres verrechnet oder in die folgenden Jahre unbegrenzt vorgetragen werden. Somit sind ein einjähriger Verlustrücktrag und ein unbegrenzter Verlustvortrag innerhalb dieser Einkunftsart möglich. Spekulationsverluste dürfen jedoch nicht mit positiven Einkünften anderer Einkunftsarten (z. B. aus nicht selbständiger Tätigkeit, Vermietung und Verpachtung etc.) verrechnet werden. Veräußerungsgewinne dürfen mit Verlusten aus anderen Einkunftsarten ausgeglichen werden.

TIPP:

648 **Verluste genau ermitteln**

Wegen des möglichen Verlustrücktrages und Verlustvortrages von Verlusten aus Aktienverkäufen lohnt sich die Mühe, die Verluste genau zu ermitteln. Diese können nach § 23 Abs. 3 EStG auch mit Spekulationsgewinnen aus Immobilienverkäufen nach § 23 Abs. 1 Nr. 1 EStG verrechnet werden, sofern es sich in beiden Fällen um private (und nicht um betriebliche oder gewerbliche) Veräußerungsgeschäfte handelt.

649 **Wichtig:** Sie erhalten von Ihrer Bank für Ihre laufenden Kapitaleinkünfte eine Erträgnisaufstellung, der Sie die Einnahmen, abzugsfähigen Steuern und Depotgebühren (Werbungskosten) entnehmen können. Ihre Spekulationsgewinne und -verluste müssen Sie jedoch selbst ermitteln!

650 **Kapitalertragsteuerabzug auch für Dividenden aus Aktienfonds**

Dividendenauszahlungen aus Aktienfonds werden jetzt (nach § 39 Abs. 2 Kapitalanlagegesetz) in den Kapitalertragsteuerabzug mit einbezogen.

Somit werden diese Dividenden nicht nur wie bisher nur um 30 Prozent Körperschaftsteuer, sondern zusätzlich um 25 Prozent Kapitalertragsteuer und 5,5 Prozent Solidaritätszuschlag bezogen auf die Kapitalertragsteuer gekürzt. Nur wenn Sie der Bank einen nicht ausgeschöpften Freistellungsauftrag oder eine Nichtveranlagungsbescheinigung vorlegen (wird noch erklärt), entfällt dieser Steuerabzug.

Beispiel: 651

Aktienfonds	**mit Freistellungs-auftrag oder NV-Bescheinigung**	**ohne Freistellungs-auftrag oder NV-Bescheinigung**
Bruttodividende	1000 DM	1000 DM
abzgl. Körperschaftsteuer 30 %	entfällt	300 DM
= Bardividende	1000 DM	700 DM
abzgl. Kapitalertragsteuer 25 % auf die Bardividende	entfällt	175 DM
abzgl. Solizuschlag 5,5 % auf die Kapitalertragsteuer von 175 DM	entfällt	9,63 DM
= Nettodividende	**1000 DM**	**515,37 DM**

Wann ist die Veräußerung von Wertpapieren steuerfrei?

652 Seit 1999 sind Veräußerungsgewinne aus dem Verkauf von Wertpapieren steuerpflichtig, sofern zwischen Anschaffung und Veräußerung (Spekulationsfrist) weniger als ein Jahr liegt (§ 23 Abs. 1 Nr. 2 EStG). Entscheidend ist dabei das Verkaufsdatum. Es spielt also keine Rolle, ob die Wertpapiere schon 1998 angeschafft wurden, wenn bis zum Verkaufstag keine 365 Tage vergangen sind.

653 Wie errechnen Sie den Gewinn aus einem privaten Veräußerungsgeschäft nach § 23 EStG?

654 Ermittlung des Spekulationsgewinns

Der Spekulationsgewinn ist die Differenz aus dem erzielten Veräußerungspreis und den Anschaffungs- und Veräußerungskosten. In den Formularen des Finanzamts wird nach der ebenso einfachen Logik »Veräußerungspreis abzüglich Anschaffungs- und Herstellungskosten sowie Werbungskosten ist gleich Spekulationsgewinn« verfahren.

- Für die Ermittlung der Anschaffungskosten werden insbesondere Kaufpreis und Kaufpreisnebenkosten wie z. B. Maklerkosten oder Kaufgebühren addiert.
- Veräußerungskosten vermindern den eventuellen Spekulationsgewinn. Es sind alle Kosten, die der Verkäufer im Zusammenhang mit der Veräußerung zu tragen hat, z. B. Provisionen, jedoch auch Fahrtkosten, Gebühren, Büromaterial und Beraterkosten.

Beteiligt sich der Fiskus auch an den Gewinnen hochspekulativer Differenzgeschäfte (Optionsgeschäfte)? **655**

Seit 1999 sind (nach § 23 Abs. 1 Nr. 5 EStG) Spekulationsgeschäfte aus Differenzgeschäften steuerpflichtig, sofern zwischen Erwerb und Beendigung des Rechtes auf Differenzausgleich, Geldbetrag oder Vorteil nicht mehr als ein Jahr liegt. Es handelt sich hier z. B. um Optionsgeschäfte (z. B. auf steigenden oder fallenden Indizes wie EURO STOXX 50 oder Dow Jones), private Devisentermingeschäfte, Warentermingeschäfte und Zertifikate, die Aktien vertreten. Gewinne aus diesen Geschäften werden innerhalb der Einjahresfrist steuerpflichtig, sofern sie nach dem 31. 12. 1998 abgeschlossen wurden.

Steuerpflichtig ist der Differenzbetrag abzüglich der Werbungskosten. **656**

Wie können Spekulationsgewinne vermieden werden? 657

- Wenn es Ihrem Anlagenziel bzw. der Kapitalverwendung entspricht, könnten Sie die Wertpapiere länger als ein Jahr behalten.
- Bei Ehegatten liegt die Spekulationsfreigrenze bei jährlich 1999,98 DM – vorausgesetzt, beide Ehegatten sind Inhaber des Wertpapierdepots.
- Spekulationsgewinne können mit Spekulationsverlusten verrechnet werden. Haben Sie in einem Jahr bereits Spekulationsverluste erzielt, können Sie auch steuerfreie Spekulationsgewinne realisieren, die über der Freigrenze von 999,99 DM (pro Person) liegen. Dies erfordert jedoch einen genauen Überblick über alle Veräußerungsgeschäfte.
- Ehegatten sollten ihr Aktiendepot aufteilen, um von den doppelten Freigrenzen für Ehegatten zu profitieren; das hat auch

Vorteile für die spätere Erbschaftsteuer, alle zehn Jahre kann steuerfrei verschenkt werden.

- Wenn Sie aus Spekulationsverlusten noch Verlustvorträge haben, können diese bei noch zu erzielenden Spekulationsgewinnen berücksichtigt werden.
- Spekulationsgewinne dürfen mit Verlusten aus anderen Einkunftsarten verrechnet werden. Erwarten Sie für ein Veranlagungsjahr ein niedriges zu versteuerndes Einkommen (Renteneintritt, Verluste aus anderen Einkunftsarten), fällt die Beteiligung des Fiskus selbst an hohen Spekulationsgewinnen nur mager aus, und Sie können jede günstige Chance wahrnehmen.
- Übertragen Sie Wertpapiervermögen auf Kinder, Eltern oder Lebenspartner ohne bzw. mit niedrigem Einkommen. Dies hat jedoch »nicht steuerliche« Nachteile: Sie verfügen nicht mehr über das Vermögen, können dies jedoch mit Unterhaltszahlungen oder den üblichen Geschenken verrechnen.

Das Prinzip der Dividendenbesteuerung

658 Um das Prinzip der Besteuerung darzustellen, sind wir in unserem Beispiel davon ausgegangen, dass weder Freistellungsauftrag noch NV-Bescheinigung vorliegen.

Dann kommen bei der Maximalbesteuerung einige Steuerarten zusammen.

659 Neben der eigentlichen Dividende erhält der Aktionär nämlich noch eine Körperschaftsteuer-Gutschrift, wenn auch zunächst nur den Anspruch darauf. Die Gutschrift muss er sich beim Finanzamt zurückholen. Sie erklärt sich daraus, dass die von Kapitalgesellschaften abzuführende und zu zahlende Körperschaftsteuer auf die Einkommensteuer der Teilhaber anzurechnen ist. Die Körperschaftsteuer-Gutschrift beträgt jeweils 3/7 der Bardividende.

Zusammen ergibt sich aus der Gutschrift (30 Prozent) und der Bardividende (70 Prozent) die Bruttodividende (100 Prozent). **660**

> Im günstigsten Fall kann der Aktionär diese Bruttodividende in voller Höhe und ohne jeden Abzug kassieren. **661**

Zunächst aber greift das Finanzamt bei der Bardividende noch einmal zu. **662**

- Als Quellensteuer oder Kapitalertragsteuer werden 25 Prozent der Bardividende fällig.
- Zusätzlich müssen 5,5 Prozent Solidaritätszuschlag auf die Kapitalertragsteuer gezahlt werden.

Liegt dem Geldinstitut, bei dem Ihr Depotkonto geführt wird, kein Freistellungsauftrag vor, wird der 25-Prozent-Anteil zuzüglich Solidaritätszuschlag gleich von der Bank ans Finanzamt überwiesen. **663**

Beispiel für die Besteuerung einer Bardividende von 7 DM 664

7 DM Bardividende: Diesen Betrag schüttet die Aktiengesellschaft direkt an Sie aus. Er könnte also direkt Ihrem Depotkonto gutgeschrieben werden, wenn da nicht die deutsche Quellensteuer wäre: Sie wird schon von der Bank (wenn's keinen Freistellungsauftrag gibt) an das fürs Geldinstitut zuständige Finanzamt abgeführt.	→ **davon**	**1,75 DM Kapitalertragsteuer** geht direkt an das Finanzamt

Mit Freistellungsauftrag sieht Ihr Ertrag so aus:

5,25 DM Nettodividende: Dieser Betrag wird sofort Ihrem Konto gutgeschrieben. Unabhängig davon, wie Ihre Besteuerung aussieht und ob Sie sich freistellen lassen können, ist dies der immer zur Verfügung stehende Ertrag.	+	**1,75 DM Gutschrift** der einbehaltenen Kapitalertragsteuer	+	**3 DM Gutschrift** der schon von der Aktiengesellschaft direkt ans Finanzamt gezahlten Körperschaftsteuer

=

10 DM Bruttodividende: Dies ist Ihr Anteil am Gewinn der Aktiengesellschaft, über den Sie im günstigsten Fall verfügen können. Bei Ausnutzung aller steuerlichen Möglichkeiten und Abgabe eines Freistellungsauftrags oder einer Nichtveranlagungsbescheinigung haben Sie also die Möglichkeit, das Ihnen zunächst als Bardividende ausgezahlte Geld fast zu verdoppeln. Und dies kann praktisch sofort geschehen. Sie müssen also nicht erst bis zur Steuerrückzahlung warten.

665 Die Körperschaftsteuer, Kapitalertragsteuer und Solidaritätszuschlag sind anrechenbare Steuern. Bei der Einkommensteuerveranlagung können diese einbehaltenen Beträge für das Ausschüttungsjahr auf die Einkommensteuer angerechnet werden. Liegt der durchschnittliche, persönliche Steuersatz unter 47,5 Prozent, was bei den meisten Steuerpflichtigen zutrifft, kommt es zu einer Teilerstattung der einbehaltenen Steuern.

666 Die Bank verrechnet das Freistellungsvolumen ganz simpel nach dem zeitlichen Zufluss der Kapitalerträge. Dabei wird nicht berücksichtigt, aus welcher Quelle diese stammen und wie hoch die Steuerabzüge sind. Für Zinsen werden 30 Prozent Zinsabschlagsteuer (zuzüglich Solidaritätszuschlag), für Aktiendividenden insgesamt 47,5 Prozent Steuern einbehalten. Wenn zeitlich zuerst die Zinsen fließen, rechnet die Bank diese zuerst auf das Freistellungsvolumen an. Ist dieses verbraucht, erfolgt die Dividendenauszahlung mit einer Steuerkürzung von 47,5 Prozent. Diese hohe Steuervorauszahlung können Sie vermeiden:

TIPP:

Verteilen Sie die Freistellungsaufträge 667

Wenn Ihre Aktiendividenden zuzüglich Zinsen aus anderen Kapitalanlagen das gültige Freistellungsvolumen überschreiten, sollten Sie die Freistellungsaufträge ganz gezielt auf ein bestimmtes Wertpapierdepot verteilen, in dem nur inländische Aktien enthalten sind. Dann tritt der Entlastungseffekt zunächst bei den hoch besteuerten Dividenden ein, eine eventuelle Restfreistellung bei den niedrig besteuerten Zinseinnahmen.

Wichtig: Sämtliche einbehaltene Steuern für Kapitalerträge werden auf die Einkommensteuerbelastung angerechnet. Durch diesen »Verteilungstrick« können also nur Liquiditätsvorteile entstehen, denn warum sollten Sie dem Finanzamt ein zinsloses Darlehen geben? 668

Ohne Steuerformulare läuft gar nichts – mit Steuerformularen bekommen Sie sofort mehr Geld

Wenn Sie bisher noch gar keine Erfahrungen mit Geldanlagen gesammelt haben, kommen auf Sie als Aktionär drei neue Formulare zu, nämlich 669

- die Anlage für Kapitalerträge zur Einkommensteuererklärung (Anlage KSO vom Steuerberater oder Finanzamt),

- die Nichtveranlagungsbescheinigung für Geringverdiener (ebenfalls vom Steuerberater oder Finanzamt) und
- der Freistellungsauftrag,

mit dem Sie bei Ihrer Bank (die hat auch den Vordruck) den Vorwegabzug der Kapitalertragsteuer zuzüglich Solidaritätszuschlag verhindern und die Auszahlung der Körperschaftsteuer-Gutschrift erreichen können.

670 In der Praxis wird am häufigsten neben dem (relativ leicht auszufüllenden) Freistellungsauftrag die Anlage KSO zur Einkommensteuererklärung benötigt. Deshalb widmen wir ihr hier den meisten Raum.

Was ist bei der Anlage KSO zur Einkommensteuererklärung zu beachten?

671 In dieser Anlage müssen Sie gegenüber dem Finanzamt erst einmal offenbaren, wie hoch Ihre Einkünfte aus den Anlagen ausfallen. Zur Zeit bleiben diese Einkünfte dann steuerfrei, wenn sie

- jährlich 3100 DM bei Alleinstehenden oder
- jährlich 6200 DM bei Verheirateten

nicht übersteigen. Besonders wichtig ist die Anlage KSO immer dann, wenn Ihre Einnahmen aus Kapitalvermögen zwar unter den zurzeit gültigen steuerlichen Freibeträgen liegen, Sie jedoch vergessen haben, einen Freistellungsauftrag bei Ihrer Bank zu stellen. In diesem Fall müssen Sie das Formular ausfüllen, damit Sie die einbehaltene Kapitalertragsteuer, die Körperschaftsteuer und den Solidarzuschlag erstattet oder angerechnet bekommen. Wenn Aktionäre ihr Wertpapierdepot vollständig freistellen lassen können, erhalten sie eine Bruttoauszahlung ihrer Dividenden.

Bei einer Teilfreistellung werden die Dividenden (und weitere Kapitalerträge) um das Freistellungsvolumen gekürzt, nur von den übersteigenden Dividenden bzw. Kapitalerträgen wird der Steuerabzug von 30 bis 47,5 Prozent vorgenommen. 672

TIPP:

Die Freistellungsaufträge müssen deutlich zugeteilt sein 673

Vermerken Sie in Ihrem Freistellungsauftrag ausdrücklich, mit welchen Teilbeträgen Ihre Aktiendividenden und Zinsen auf das Freistellungsvolumen bei Ihren verschiedenen Konten angerechnet werden sollen. Es sollte zunächst eine Verrechnung mit den Dividenden erfolgen.

Wenn Sie bei verschiedenen Banken Aktiendepots und Guthabenkonten unterhalten, sollten Sie zunächst das höchste Aktiendepot freistellen lassen und exakt angeben, bis zu welchem Betrag Dividenden und Zinsen freigestellt werden sollen. 674

So blicken Sie durch bei der Zinsabschlagsteuer

Wenn die gesamten Einnahmen aus Kapitalvermögen über den Freibeträgen von jährlich 3100 DM bzw. 6200 DM liegen, wird auf die Erträge ein Zinsabschlag von 25 bis 35 Prozent vorgenommen. Bei Aktiendividenden erfolgt der Abzug der Körperschaftsteuer (direkt von der Gesellschaft) sowie der Kapitalertragsteuer zuzüglich Solizuschlag. Der gesamte Steuerabzug beträgt zurzeit 47,5 Prozent. Kein Zinsabschlag wird unter anderem vorgenommen von 675

- ausländischen Kreditinstituten (auch nicht bei ausländischen Filialen inländischer Banken) und

- Sparern, die ihren Wohnsitz im Ausland haben, gleichgültig, ob sie Deutsche sind oder nicht.

676 Sie können den Zinsabschlag durch Erteilung eines Freistellungsauftrages (Formulare hat die Bank) bis zu 3100 DM (Ledige) bzw. 6200 DM (Verheiratete) verhindern. Beziehen Sie Zinseinnahmen von mehreren Kreditinstituten, so können Sie die Freistellungsaufträge auf die entsprechenden Banken aufteilen. Übersteigen Ihre Zinseinnahmen die genannten Freistellungsgrenzen, so wird Ihnen zunächst das jeweilige Freistellungsvolumen angerechnet und nur von dem eventuell noch verbleibenden Betrag die Zinsabschlagsteuer einbehalten.

677 Wie bereits beschrieben, sollten Aktionäre das Freistellungsvolumen zunächst für das Wertpapierdepot verbrauchen, da sonst das Finanzamt von den Dividenden zunächst 47,5 Prozent kassiert.

EXTRA-TIPP:

678 **Behalten Sie den Überblick**

Fertigen Sie in jedem Fall Kopien von allen Freistellungsaufträgen, damit Sie einen genauen Überblick über Ihre Anlagestrategie behalten. Die Freistellungsaufträge können jederzeit geändert werden – bei Ehegatten nur gemeinsam.

Verschärfte Kontrollen durch die Finanzbehörden

679 Neu ist für Kapitalanleger, dass Banken und Sparkassen nach § 45d EStG dem Bundesamt für Finanzen neben den persönlichen Daten des Kunden die Höhe der freigestellten Kapitalerträge melden müssen. Das ermöglicht der Finanzverwaltung eine noch bessere Kontrolle über Vermögen und Erträge, und zwar

für steuerpflichtige und nicht steuerpflichtige Kapitalanleger. Diese Daten dürfen nach § 45d Abs. 3 EStG auch an die Sozialleistungsträger (z. B. Arbeitsamt, Wohngeldstelle) weitergegeben werden, denn hier wird Vermögen auf die Sozialleistungen angerechnet, auch wenn die Erträge unter den Grundfreibeträgen und somit steuerfrei bleiben.

Bei Aktiendividenden und ähnlichen Erträgen muss die Bank die Beträge melden, für die eine Erstattung der Kapitalertragsteuer und die Vergütung von Körperschaftsteuer beantragt worden ist. 680

Achtung: Die Daten aus den Freistellungsaufträgen werden von den Kreditinstituten an das Bundesamt für Finanzen in Bonn weitergeleitet, wo sie gesammelt und dahin gehend überprüft werden, ob die tatsächlich freigestellten Kapitaleinkünfte das gültige Freistellungsvolumen nicht überschreiten. Falls ja, erfolgt eine entsprechende Mitteilung an das zuständige Wohnsitzfinanzamt. 681

Freistellungsaufträge für Ehegatten

Gemeinsam veranlagte Ehegatten müssen den Banken ihre Freistellungsaufträge gemeinsam erteilen – sowohl für getrennte als auch für gemeinsame Konten. Die Freistellungsaufträge müssen alle Personenangaben sowie beide Unterschriften enthalten. Das Freistellungsvolumen beträgt ab 2000 für beide Ehegatten zusammen 6200 DM. 682

In Scheidungsfällen müssen die Ehegatten im Jahr der Scheidung neue Freistellungsaufträge unter Anrechnung des bereits vorher beanspruchten Freistellungsvolumens stellen.

Freistellungsaufträge für getrennt Lebende

683 Getrennt veranlagte Ehegatten und nicht verheiratete Lebenspartner erteilen den Banken jeder für sich die Freistellungsaufträge, jeder erhält ein Freistellungsvolumen von 3100 DM.

Freistellungsaufträge für minderjährige Kinder

684 Auch Kinder müssen ihre Zinserträge freistellen lassen. Für jedes minderjährige Kind ist ein gesonderter Freistellungsauftrag auszufüllen und von den Eltern zu unterschreiben, bei Verteilung auf mehrere Kreditinstitute ist auch das Freistellungsvolumen von 3100 DM pro Kind aufzuteilen.

TIPP:

685 **Eigene Freibeträge der Kinder nutzen**

Kapitaleinkünfte der Kinder sind nicht in die Anlage KSO der Eltern einzutragen, da Kindern eigene Freibeträge zustehen. Wenn Kinder (egal welchen Alters) die Erstattung einbehaltener Steuern beantragen, so sind eigene Steuererklärungen abzugeben, die bei minderjährigen Kindern von den Eltern zu unterschreiben sind. Eventuell kann auch eine Nichtveranlagungsbescheinigung beantragt werden, dann werden von den Banken keine Steuern einbehalten.

686 Freistellungsaufträge können befristet oder unbefristet erteilt werden, sie können auch jederzeit widerrufen oder geändert werden, z. B. wenn sich der Familienstand ändert.

Nichtveranlagungsbescheinigung bei geringen Einkommen

687 Eigentlich ist es ein Widerspruch, dass sich ein Aktionär für diesen Abschnitt interessiert. Denn Aktien sollte man nur kaufen, wenn die gesamten Einkommensverhältnisse rund sind. Die hier

beschriebene Bescheinigung aber drückt letztlich aus, dass der betreffende Steuerzahler Geringverdiener ist.

TIPP:

Steuerabzug vermeiden 688

Wenn Ihre gesamten Einkünfte in 2000 und 2001 unter dem Grundfreibetrag von jährlich zurzeit 13 499 DM für Alleinstehende oder 26 998 DM für Verheiratete (ab 2002 14 093 DM/28 186 DM) liegen und Ihre Kapitaleinkünfte die gültigen Sparerfreibeträge plus Werbungskostenpauschbetrag überschreiten, sollten Sie die Nichtveranlagungsbescheinigung beantragen und diese nach Erhalt Ihrer Bank/Ihren Banken vorlegen. Dann entfallen der Steuerabzug und die Abgabe einer Einkommensteuererklärung!

Diesen Vordruck NV 1 A müssen Sie bei dem für Sie zuständigen Wohnsitzfinanzamt beantragen. Hier tragen Sie neben Ihren persönlichen Daten Ihr Einkommen ein. Wenn das Finanzamt Sie als nicht steuerpflichtig eingestuft hat, wird Ihnen die Nichtveranlagungsbescheinigung (§ 44 a EStG) für drei Jahre ausgestellt und muss anschließend neu beantragt werden. 689

TIPP:

Die NV-Bescheinigung ist wichtig 690

Wegen der Halbierung der Sparerfreibeträge hat die NV-Bescheinigung wieder größere Bedeutung für Rentner, Geringverdiener und Kinder. Eltern, die Kapitalvermögen auf Kinder übertragen, erreichen somit eine Brutto- = Nettoauszahlung der Kapitaleinkünfte.

691 **EXTRA-TIPP FÜR ELTERN:**

Kinder haben Anspruch auf eine NV-Bescheinigung, wenn die gesamten steuerpflichtigen Einkünfte in 2000 den Betrag von 16707 DM nicht überschreiten.

692 **Wichtig:** Wenn während der Gültigkeitsdauer der NV-Bescheinigung die Voraussetzungen hierfür entfallen, weil eine Steuerpflicht eintritt (z. B. wegen Heirat, Erbschaft oder Aufnahme einer steuerpflichtigen Tätigkeit, sonstige Einkommenssteigerung), muss die NV-Bescheinigung dem Finanzamt zurückgegeben werden.

693 Wie viel Kapitalvermögen bleibt ab 2000 steuerfrei?

Zinssatz in Prozent	steuerfreies Kapitalvermögen für Ledige in DM	steuerfreies Kapitalvermögen für Verheiratete in DM
2,0	155 000	310 000
2,5	124 000	248 000
3,0	103 333	206 666
3,5	88 571	177 142
4,0	77 500	155 000
4,5	68 888	137 777
5,0	62 000	124 000
5,5	56 363	112 727

Zinssatz in Prozent	steuerfreies Kapitalvermögen für Ledige in DM	steuerfreies Kapitalvermögen für Verheiratete in DM
6,0	51 666	103 333
6,5	47 692	95 384
7,0	44 285	88 571
7,5	41 300	82 600
8,0	38 750	77 500
8,5	36 400	72 800
9,0	34 400	68 800

Anrechenbare Steuerbeträge: Fordern Sie Abrechnungen an

In der Anlage KSO für die Kapitalerträge ist dann die vom jeweiligen Anlageinstitut einbehaltene Zinsabschlagsteuer bzw. Kapitalertragsteuer zuzüglich Solidaritätszuschlag einzutragen. Dies gilt ebenso für die von der Anlagengesellschaft einbehaltene Körperschaftsteuer. Diese anrechenbaren bzw. erstattungsfähigen Beträge entnehmen Sie den Steuerbescheinigungen, die von den Banken angefordert werden müssen und dem Finanzamt stets im Original vorzulegen sind. 694

Die bloße Abgabe der Erträgnisaufstellung reicht für die Anrechnung der einbehaltenen, abzugsfähigen Steuern nicht aus. 695

Vorsicht: Möchten Sie die Anrechnung bzw. Erstattung der einbehaltenen Steuern beantragen, haben aber in den Vorjahren keine Kapitaleinkünfte angegeben, so wird das Finanzamt in den Vorjahren »schnüffeln«. Können Sie die »plötzliche« Kapitalherkunft nicht plausibel begründen, droht Ihnen eventuell ein Ver- 696 fahren wegen Steuerhinterziehung. Sie können im Falle einer Selbstanzeige (am besten durch Steuerberater, um Formfehler zu vermeiden) zwar straffrei ausgehen. Es sind aber eventuell für zehn zurückliegende Jahre Steuern und Hinterziehungszinsen nachzuzahlen. Es gibt Steuerpflichtige, die deshalb gern auf das Anrechnungsverfahren verzichten.

Werbungskosten: Das alles muss Ihr Finanzamt schlucken

697 Werbungskosten aus Kapitalvermögen sind nach § 9 EStG alle Ausgaben, die zur Erwerbung, Sicherung und Erhaltung Ihrer Einnahmen aus Kapitalvermögen entstanden sind. Sie werden im Jahr der Belastung geltend gemacht und mindern die steuerpflichtigen Kapitalerträge – und damit die Steuerbelastung. Die Beträge sind durch Belege oder Aufzeichnungen nachzuweisen, sonst werden sie vom Finanzamt nicht anerkannt.

698 Werbungskosten aus Kapitalvermögen sind z. B.

- Depotgebühren,
- Gebühren für die Erträgnisaufstellung,
- Fachzeitschriften oder Fachbücher zur Erzielung von Kapitaleinkünften,
- Schuldzinsen für das durch Kredit finanzierte Kapitalvermögen,
- Bausparabschlussgebühren,
- Steuerberatungskosten oder sonstige Beratungskosten in Zusammenhang mit Kapitaleinkünften,
- Fahrtkosten zu Aktionärshauptversammlungen oder Banken mit 0,52 DM je gefahrenem Kilometer wie Dienstreisen,
- angemessene Übernachtungs- und Verpflegungsaufwendungen für Reisen in Zusammenhang mit Kapitaleinkünften,
- Kontoführungsgebühren (nicht fürs private Girokonto),
- Beiträge zu Wertpapierschutzverbänden,

- Software für die Wertpapierverwaltung,
- Kosten für Safemiete, sofern Wertpapiere aufbewahrt werden,
- Safeversicherungen,
- anteilige Telefon- und Faxkosten mit Bank und Vermögensverwalter,
- Portokosten,
- Büromaterial,
- Vermögensverwaltung, soweit Vermögen verwaltet wird, welches nicht nur spekulativ ist, sondern Erträge abwirft.

TIPP:

Pauschale nutzen

Sollten bei Ihnen solche Werbungskosten nicht entstanden sein, be- **699**
rücksichtigt das Finanzamt automatisch einen Werbungskostenpauschbetrag von jährlich 100 DM für Alleinstehende und 200 DM für Verheiratete.

Auch das gibt's: Ausgaben, die keine Werbungskosten sind

Das bedeutet nicht zwangsläufig, dass diese Kosten gar nicht **700**
steuerlich geltend gemacht werden können. Die feine Unterscheidung zwischen Werbungs- und z. B. Anschaffungskosten dient aber dazu, die Ausgaben den jeweiligen Einnahmen (nämlich aus Erträgen oder Spekulationen) zuzuordnen (siehe Abschnitt zu privaten Veräußerungsgeschäften).

Zunächst einmal werden jedoch folgende Positionen vom Fi- **701**
nanzamt nicht als Werbungskosten aus Kapitalvermögen anerkannt:

- Kosten, die mit der Anschaffung oder Veräußerung Ihres Kapitalvermögens zusammenhängen, z. B. Kaufgebühren für die

Anschaffung von Wertpapieren, dies sind Anschaffungsnebenkosten der Wertpapiere,
- Maklergebühren, dies sind ebenfalls Anschaffungsnebenkosten
- Provisionen (auch Anschaffungsnebenkosten),
- Kosten für Safemiete, wenn Goldvorräte aufbewahrt werden oder sonstiges Vermögen, welches im Sinne von § 20 EStG keine Erträge abwirft, sondern nur steuerlich irrelevante Wertsteigerungen ermöglicht,
- Stückzinsen; diese sind negative Erträge und werden in dem Jahr von den Zinseinnahmen abgezogen, in dem sie gezahlt wurden. Sie dürfen nicht mit Erträgen verrechnet werden, die einer Kapitalertragsteuerpflicht von 25 Prozent unterliegen (z. B. Aktien). Wurden in einem Jahr nur Stückzinsen gezahlt und keine Zinserträge erwirtschaftet, so entsteht ein steuerlicher Verlust aus Kapitalvermögen. Die Stückzinsen sind in der jeweiligen Erträgnisaufstellung aufgeführt und müssen entweder von den aufgeführten Zinserträgen abgezogen oder als Minusbetrag eingesetzt werden,
- Verluste aus Wertpapierspekulationen oder Aktien.

Der Sparerfreibetrag

702 Neben dem Werbungskostenpauschbetrag werden die Einnahmen aus Kapitalvermögen um den Sparerfreibetrag (nach § 20 Abs. 4 EStG) gekürzt, der für Alleinstehende jährlich 3000 DM und für Verheiratete 6000 DM beträgt. Aber Vorsicht: Durch die Berücksichtigung des Sparerfreibetrages und des Werbungskostenpauschbetrages (100 DM bzw. 200 DM) darf kein Verlust aus Kapitalvermögen entstehen. Allenfalls können Sie damit die Einnahmen auf null drücken.

Wann entsteht ein steuerrelevanter Verlust aus Kapitalvermögen?

Ein steuerlich zu berücksichtigender Verlust ist nur möglich, wenn die tatsächlichen Werbungskosten die Einnahmen aus Kapitalvermögen übersteigen. Dies ist häufig der Fall, wenn Aktien- oder Wertpapiervermögen durch Kredit finanziert wurde und deshalb hohe Schuldzinsen entstehen. 703

TIPP:

Sprechen Sie mit Ihrer Bank über die Möglichkeiten, Steuern zu sparen 704

Wenn die Bank mitspielt, nutzen Sie dieses Steuermodell für Jahre mit Spitzensteuersätzen und lösen den Kredit ab, wenn Sie weniger verdienen. Möglich ist dann auch eine Umschichtung des Kredits auf andere Einkunftsarten, z. B. Vermietung und Verpachtung zur Finanzierung von Anschaffungskosten oder hohen Werbungskosten.

Hochspekulative Aktiengeschäfte (Neuer Markt, Optionsgeschäfte) sollten *nie* kreditfinanziert sein.

EXTRA-TIPPS:

Wenn Sie in einem Jahr hohe Dividendenzahlungen erwarten, sind folgende Strategien möglich: 705

- Sie nutzen legale Gestaltungsmöglichkeiten, um andere steuerpflichtige Einkünfte (z. B. Gewerbebetrieb, Vermietung und Verpachtung) zu reduzieren.
- Sie kaufen vor Jahresende Wertpapiere mit hohen Stückzinsen, die Sie innerhalb eines Wertpapierdepots mit vereinnahmten Zinsen verrechnen können. Bei Ehegatten ist dies nur bei einem gemeinsamen Wertpapierdepot zulässig. Eine Verrechnung der

Stückzinsen mit Erträgen aus Kapitalgesellschaften ist jedoch nicht möglich. Ein verbleibender Stückzinsenüberhang kann im Rahmen der Einkommensteuerveranlagung als negativer Ertrag geltend gemacht werden.

Wie kann man Steuern ganz vermeiden?

706 Achten Sie zunächst einmal darauf, dass Ihre Zins- bzw. Dividendenerträge unter dem Sparerfreibetrag von 3100 DM für Alleinstehende bzw. 6200 DM für Verheiratete (hier schon einschließlich der Werbungskostenpauschale von 100 bzw. 200 DM) liegen.

Strategien zur optimalen Nutzung des Sparerfreibetrages

707 In einigen Fällen können Sie die Zinseinkünfte in ein anderes Jahr verlagern: Beim Festgeld kann der nächste Zinstermin in ein anderes, vielleicht steuergünstigeres Jahr verschoben werden.

708 In einigen Fällen können Sie die Zinseinkünfte in ein anderes Jahr verlagern, die Einkommensteuersätze fallen bis zum Jahr 2002:

* Bei Privatdarlehen können Ihre Guthabenzinsen erst in einem späteren, für Sie günstigeren Jahr gezahlt werden.
* Bei der GmbH-Ausschüttung kann eventuell ebenfalls vereinbart werden, dass die Dividendenausschüttung erst in einem späteren, steuerlich günstigeren Jahr mit niedrigeren Steuersätzen erfolgt, z. B. ab 2001.

709 Beachten Sie hier das so genannte Halbeinkünfteverfahren, wonach ab 2001 Dividenden nur noch zur Hälfte in die Besteuerung

mit einbezogen werden. Dafür entfällt jedoch die Anrechnung der Körperschaftsteuer auf die Einkommensteuer.

* Beim Kauf von Anleihen oder Investmentfonds sollte auf den nächsten Zinstermin geachtet werden. Die beim Kauf von Anleihen anfallenden Stückzinsen bzw. die beim Kauf von Investmentanteilen im Kaufpreis enthaltenen Zwischengewinne mindern Ihre Einkünfte aus Kapitalvermögen in Form von negativen Erträgen.
* Die beim Verkauf von Anleihen gezahlten Stückzinsen sowie die im Verkaufspreis von Investmentfonds enthaltenen Zwischengewinne erhöhen die Einkünfte aus Kapitalvermögen.
* Beim Kauf von Finanzierungsschätzen liegt der nächste Zinstermin immer im nächsten oder übernächsten Jahr.

Richtige Anlagestrategie mit Kapitalvermögen

1. Sind Sie **Einzelunternehmer**, können Sie Geld aus der Firma **710** entnehmen und steuerunschädlich zinsbringend anlegen, bis die Freibeträge ausgeschöpft sind.
2. Sind Sie **GmbH-Gesellschafter**, können Sie einen Teil Ihres **711** Gehaltes in Dividenden umwandeln, bis die Freibeträge erreicht sind.
3. Falls Sie **Darlehen abzulösen** haben, deren Zinsen Werbungs- **712** kosten oder Betriebsausgaben bilden, sollten Sie die Darlehen nicht vorzeitig ablösen, da sonst die Steuervorteile entfallen.
4. Lösen Sie **Darlehen für selbst genutztes Wohneigentum** ab (da **713** sind die Zinsen sowieso nicht abzugsfähig), oder kaufen Sie endlich Ihr lang ersehntes Domizil in einer der zahlreichen Steueroasen.

TIPP:

714 **Schichten Sie Ihr Kapitalvermögen rechtzeitig um, und investieren Sie in Aktien, Anleihen oder Pfandbriefe**

Hier locken Steuervorteile und weitaus höhere Renditen, jedoch auch höheres Risiko. Aktien sind immer eine hochspekulative oder langfristige Anlage. Der größte Teil des Gewinns fällt als Kursgewinn an, der jedoch nur innerhalb eines Jahres steuerpflichtig ist.

715 Günstig sind auch niedrigverzinsliche Anleihen oder Pfandbriefe, die unter dem Ausgabekurs von 100 Prozent erworben werden können. Zur Fälligkeit wird die Anleihe jedoch zu 100 Prozent ausgezahlt, der Anleger erzielt einen steuerfreien Kursgewinn.

EXTRA-TIPP:

716 **Hochverzinsliche Anlagen im Depot**

Haben Sie noch hochverzinsliche Anlagen im Depot, die jetzt auslaufen (z. B. Bundesschatzbriefe), werden Ihre Zinsen steuerpflichtig. Dann müssen Sie Steuerstrategien bezüglich der übrigen Einkunftsarten wählen, um das zu versteuernde Einkommen insgesamt niedrig zu halten. Zu überlegen ist auch hier eine Übertragung des Kapitalvermögens auf Kinder.

Wenn alle Möglichkeiten ausscheiden: Bundesschatzbriefe können alle dreißig Tage bis 10 000 DM zurückgegeben werden. Diese Möglichkeit scheidet bei Bonussparverträgen aus.

717 **Besonders wichtig:** Achten Sie bei Ihren Anlagestrategien darauf, dass eine steuerpflichtige Ablaufleistung Ihrer Kapital-Lebensversicherung (bei Neuverträgen ab Dezem-

ber 1999 oder Auszahlung vor Ablauf von zwölf Jahren) nicht in ein Jahr mit hohen Zinsauszahlungen oder Dividenden fließt.

Aufteilung des Kapitalvermögens und der Kapitalerträge

Steuerpflichtige mit hohen Einkünften aus Kapitalvermögen **718**
können dieses auf Kinder oder Lebenspartner mit niedrigen Steuersätzen übertragen, die zudem ihren Freibetrag für Kapitalvermögen noch nicht ausgeschöpft haben. Hierdurch können dann bei den Empfängern noch weitere Steuerfreibeträge Wirkung entfalten, die bisher im Sande verliefen. Wenn durch die Vermögens- und Einkunftsübertragung bei den Empfängern keine Steuerpflicht ausgelöst wird, erhöht sich die Rentabilität der Kapitalanlage.

Eine Übertragung von Kapitalvermögen kann erfolgen durch **719**

- Übertragung eines Wertpapier- oder Aktiendepots,
- Übertragung von Sparvermögen,
- Übertragung von Investmentpapieren,
- Übertragung von GmbH-Anteilen.

Wenn Sie Kapitalvermögen auf Kinder übertragen, muss das **720**
Vermögen streng getrennt verwaltet werden. Bankkonto und Depot müssen auf den Namen des Kindes lauten. Rückübertragungsklauseln zur Absicherung des Vermögens, wenn die Kinder volljährig werden, sind steuerschädlich. In diesem Fall würden den Eltern die Kapitaleinkünfte zugerechnet. Unschädlich ist jedoch, wenn die Eltern den laufenden Unterhalt aus dem übertragenen Kapitalvermögen bestreiten. Aktien- und Wertpapier-

käufe und -verkäufe müssen dann von den Eltern im Namen des Kindes getätigt werden.
Durch die Vermögensübertragung werden gleichzeitig Einkünfte verlagert. Steuerfrei bleiben bei Kindern Einkünfte bis 16 707 DM (2000). Dieser Betrag setzt sich aus dem Grundfreibetrag von 13 499 DM, dem Sparerfreibetrag von 3000 DM, dem Werbungskostenpauschbetrag von 100 DM sowie dem Sonderausgabenpauschbetrag von 108 DM zusammen.

721 Beachten Sie jedoch, dass den Eltern Kinderfreibetrag/Kindergeld bzw. der Ausbildungsfreibetrag versagt bleiben, wenn bei einem Kind über achtzehn Jahren die Einnahmen über jährlich 13 500 DM bzw. 6700 DM liegen. Für die Berechnung der eigenen, für die Gewährung des Kinderfreibetrages relevanten Einkünfte und Bezüge der Kinder gilt Abschnitt 180e EStR: Danach werden die nach § 20 Abs. 4 EStG steuerfreien Sparerfreibeträge bei der Feststellung der eigenen Bezüge des Kindes mit einbezogen. Somit ist der Betrag von 13 500 DM schnell erreicht. Für Kinder unter achtzehn Jahren entfällt die 13 500-DM-Grenze für den Anspruch auf Kinderfreibetrag bei den Eltern.

722 Eine Übertragung des Kapitalvermögens auf Kinder oder Lebenspartner lohnt sich jedoch auch dann, wenn eine geringe Steuerpflicht eintritt, die weitaus niedriger ist als der persönliche Steuersatz des Schenkers.

EXTRA-TIPP:

723 **Bitte einmal kurz innehalten ...**

Bevor Sie Vermögen verschenken, sollten aber nicht nur steuerliche Aspekte geprüft werden. Überlegen Sie in diesem Zusammenhang auch, ob Sie das Vermögen noch brauchen. Was ist, wenn der Empfänger grob undankbar handelt, nicht mehr arbeitet und alles verjubelt? Dass Sie ein Auge auf das Geld haben, ist kein Trost. Denn rechtlich ist Ihre Zugriffsmöglichkeit eher beschränkt. Nach außen (also für das Finanzamt) muss das Vermögen nämlich so übertragen werden, dass Sie darüber anschließend nicht mehr verfügen können.

Wird einem Kind durch eine Schenkung Kapitalvermögen auf Dauer übertragen, sind die daraus resultierenden Erträge dem Kind zuzurechnen, das normalerweise sonst keine Einkünfte bezieht. Das ist besonders für diejenigen interessant, deren Freibeträge bei Kapitalvermögen plus Werbungskostenpauschbetrag überschritten werden. **724**
Durch geschickte Verteilung des Kapitalvermögens auf Kinder oder nicht steuerpflichtige Angehörige/Lebenspartner kann einmal der Abzug der Zinsabschlagsteuer, Kapitalertragsteuer, Solidaritätszuschlag und der Körperschaftsteuer vermieden werden und somit eine Besteuerung des Kapitalvermögens überhaupt.

Voraussetzungen: Das Vermögen des Kindes muss (wie schon angedeutet) streng von dem elterlichen Vermögen getrennt bleiben. Aktien und Wertpapiere können auch ohne Pflegerbestellung auf ein minderjähriges Kind übertragen werden, die Eltern können nach der Schenkung das Vermögen verwalten. Kontoauszüge, Sparbücher und Depots müssen aber unbedingt auf den Kindesnamen lauten. Die vermögensverwaltenden Eltern dürfen das Vermögen nicht für sich beanspruchen, sonst ist es ihnen auch ertragsteuerlich zuzuordnen. Entsprechende Regeln gelten für Lebenspartner. **725**

726 Angenehmer Nebeneffekt dieser Gestaltung für Eltern: Es ist steuerunschädlich, wenn sie die Erträge aus Kapitalvermögen für den Unterhalt des Kindes verwenden.

TIPP:

727 **Denken Sie auch an die Vorteile bei der späteren Erbschaftsteuer**
Jeder Elternteil darf alle zehn Jahre einen Betrag von 400 000 DM auf das Kind übertragen, ohne dass Schenkungsteuer anfällt. Verstirbt ein Elternteil vor Ablauf des Zeitraumes von zehn Jahren (seit der letzten Schenkung), wird das übertragene Vermögen mit dem übrigen Nachlass zusammengerechnet. Großeltern dürfen alle zehn Jahre 100 000 DM auf jeden Enkel übertragen.

Wie bleibt höheres Kapitalvermögen steuerfrei, welche Strategien sind jetzt bei Anlagen sinnvoll?

728 Wenn Sie aufgrund einer guten, also hohen Verzinsung mit Ihrem Kapitalvermögen steuerpflichtig werden, sind folgende Strategien möglich:

- Sie vereinbaren für Ihr Festgeld unterschiedliche Zinsauszahlungstermine, sodass Ihnen nur so viel Kapitalerträge in einem Jahr zufließen, dass diese der Höhe der Freibeträge plus Werbungskostenpauschbetrag entsprechen.
- Sie schichten Ihr Kapitalvermögen zum Teil in Aktienvermögen um, da nur die Dividendenerträge steuerpflichtig sind. Kursgewinne sind innerhalb der einjährigen Spekulationsfrist steuerpflichtig.
- Sie übertragen Kapitalvermögen auf Kinder oder Lebenspart-

ner (hier bitte die nicht steuerlichen Risiken beachten, also vor allem wegfallende Zugriffsmöglichkeiten auf »Ihr« Geld).

- Sie schichten Kapitalvermögen in Immobilienvermögen um, das können auch geschlossene Immobilienfonds sein.
- Sie verschieben den Zufluss der Kapitalerträge in ein Jahr mit einem voraussichtlich niedrigen zu versteuernden Einkommen (z. B. Renteneintritt, hohe Verluste aus anderen Einkunftsarten, Wegfall des Ehegatteneinkommens usw.). Das ist z. B. möglich bei abgezinsten Kapitalanlagen (z. B. Bundesschatzbriefe Typ B mit einer Laufzeit von sieben Jahren, Zahlung der Zinsen und Zinseszinsen bei Rückzahlung nach sieben Jahren).

Jetzt schon strategisch in die Zukunft denken

Liegen also Ihre Zinseinkünfte über den gültigen Freibeträgen, **729**
so ist es lukrativ, die Zinsauszahlung in die Jahre zu verschieben, in denen bereits die große Steuerreform greift.

Beim Kauf von Anleihen unter pari, die mit einem Kurs unter 100 **730**
Prozent erworben werden, bleibt der Kursgewinn, der bis zum Fälligkeitstermin entsteht, steuerfrei. Folglich bleibt ein Kursverlust bei einer Anleihe, die mit einem Kurs über 100 Prozent erworben wurde, steuerlich irrelevant.

TIPP:

Anleihen und Obligationen nur bedacht erwerben **731**

Anleihen sollten nur mit einem weit unter 100 Prozent notierten Kurs erworben, und Obligationen über 100 Prozent sollten gemieden bzw. verkauft werden.

Geplante Besteuerung von Kapitalgesellschaften ab 2001, was heißt das für den Anleger?

732 Ab 2001 sollen die Gewinne von Kapitalgesellschaften (Aktiengesellschaften, GmbHs) mit einem einheitlichen Körperschaftsteuersatz von 25 Prozent besteuert werden. Dies soll sowohl für einbehaltene (thesaurierte) als auch für ausgeschüttete Gewinne gelten. Dies hätte für den Anleger ebenfalls steuerliche Auswirkung für seine Dividenden.

733

Jahr	Körperschaftsteuer auf nicht ausgeschüttete Gewinne	Körperschaftsteuer für ausgeschüttete Gewinne	Höchststeuersatz für Unternehmer*
2000	40 %	30 %	43 %
2001	25 %	25 %	25 %
2002	25 %	25 %	25 %

* ab 2001 gelten die niedrigeren Steuersätze nur für nicht entnommene (thesaurierte) Gewinne. Ansonsten gelten die normalen Einkommensteuersätze von 51 % für 2001 bzw. 48,5 % ab 2002

734 Was ändert sich für Kapitalgesellschaften, Aktionäre und GmbH-Gesellschafter?

Steuerermäßigungen und vereinfachte Steuerveranlagung ab 2001/2002

735 Ab 2001 sollen ausgeschüttete und einbehaltene Gewinne von Kapitalgesellschaften einheitlich mit 25 Prozent besteuert werden. Die Steuerbelastung soll zusammen mit der Gewerbesteuer nicht mehr als 38 Prozent betragen. Dies ist vor allem für die einbehaltenen Gewinne eine erhebliche Steuererleichterung.

Der einheitliche Steuersatz von 25 Prozent ist eine Definitivsteuer, die der Gesellschafter nicht mehr wie bisher bei seiner Einkommensteuerveranlagung anrechnen kann. Somit wird das Besteuerungsverfahren für Kapitalgesellschaften erheblich erleichtert, da komplizierte Anrechnungsverfahren und Gliederungsberechnungen entfallen. 736

Halbeinkünfteverfahren beim Gesellschafter

Dividenden (Gewinnausschüttungen) sollen künftig nur zur Hälfte abzüglich der Werbungskosten und des Sparerfreibetrages bei den Einkünften aus Kapitalvermögen des Gesellschafters angesetzt werden. Der Restbetrag unterliegt dem persönlichen Einkommensteuersatz des Anteilseigners. 737

Beispiel: Die XY-GmbH schüttet am 10. 12. 2001 an ihren Gesellschafter Schmitz 80 000 DM Gewinne aus. Hiervon muss die GmbH 25 Prozent Definitivsteuer zahlen (20 000 DM). Von den verbleibenden 60 000 DM sind wie bisher 25 Prozent (15 000 DM) Kapitalertragsteuer zu zahlen, sodass noch 45 000 DM an Herrn Schmitz ausgeschüttet werden können. 738

Einkommensteuerbelastung für Herrn Schmitz: 739

Nettodividende		45 000 DM
auf die ESt anrechenbare Kapitalertragsteuer	+	15 000 DM
Einkünfte aus Kapitalvermögen § 20 EstG		60 000 DM
Werbungskostenpauschbetrag (oder nachgewiesene Beträge)	./.	100 DM

Einkünfte vor Abzug des Sparerfreibetrages		59 900 DM
diese werden nur zu 50 % als Einkünfte berechnet		29 950 DM
Sparerfreibetrag nach § 20 Abs. 4 EStG	./.	3000 DM
zu versteuernde Einkünfte aus Kapitalvermögen		26 950 DM
hierauf zu zahlende Einkommensteuer (ohne KiSt und Soli) 50 %		13 475 DM
hierauf anrechenbare Kapitalertragsteuer	./.	15 000 DM
Einkommensteuererstattung		**1525 DM**

740 Bei einer Gewinnausschüttung im Jahr 2000 würde eine Einkommensteuernachzahlung 450 DM betragen.

KAPITEL 15

Das Börsen-ABC

Abwertung

Verminderung des (Außen-)Wertes einer Währung gegenüber einer anderen Währung durch Heraufsetzen des Wechselkurses. **741**
Beispiel: Das Austauschverhältnis (der Wechselkurs) zwischen DM und US-Dollar beträgt 2 : 1, das heißt, ein Dollar kostet 2 DM. Wird beispielsweise die Mark um zehn Prozent abgewertet, ist ihr Wert gegenüber dem Dollar entsprechend geringer. Das Austauschverhältnis ist dann 2,20 : 1, ein Dollar kostet dann 2,20 DM. Durch Abwertung werden die Importe, die das Land in heimischer Währung bezahlt, verteuert und die Exporte, die in ausländischer Währung bezahlt werden, verbilligt. Die Abwertung einer Währung gilt als währungspolitisches Instrument, sie kann eine Ankurbelung der Exportwirtschaft bewirken und damit Arbeitslosigkeit und Zahlungsbilanzdefizit gegensteuern.

Access Point

Technischer Zugangsknoten, beispielsweise der Anschlussknoten zu den elektronischen Systemen Xetra und Eurex. Darüber können professionelle Börsenhändler ihre Wertpapiergeschäfte tätigen. **742**

Agio

Aufschlag bei Wertpapieren. Differenz zwischen Ausgabepreis bei Neuausgabe (z. B. 5 oder 50 DM) und Nennbetrag im Börsenhandel, bildet zusammen mit dem Nennwert den Kurswert einer Aktie zum Zeitpunkt ihres Börsenstarts. **743**

Aktie

744 Wertpapier, das einen Anteil am Vermögen einer Aktiengesellschaft verbrieft. Der Eigentümer ist damit Teilhaber des Unternehmens und hat Anspruch auf eventuell ausgezahlte Dividende und, falls er Inhaber einer Stammaktie ist, auf Wahrnehmung seines Stimmrechts auf der Hauptversammlung.

Aktiengesellschaft

745 Unternehmen, dessen Grundkapital in Form von Aktien verbrieft wird. Die einzelnen Aktionäre sind nicht nur Miteigentümer der Gesellschaft, sondern auch Mithafter, allerdings nur mit dem Nennwert der Aktie.

American Depositary Receipt (ADR)

746 Es gibt börsenrechtliche Bestimmungen, nach denen manche ausländische Aktien nur in Form von ADRs an US-Börsen gehandelt werden dürfen. ADRs sind Aktienzertifikate über nichtamerikanische Aktien, die von bedeutenden US-amerikanischen Banken ausgestellt und bei ihnen hinterlegt sind. In der Regel werden ADRs im Verhältnis 1 : 1 für 100 Stück Auslandsaktien ausgestellt, gelegentlich auch für weniger. Mit den ADRs kann der Handel beschleunigt, erleichtert und auch verbilligt werden.

Amtlicher Handel

747 Hier gelten für den Handel mit Wertpapieren die strengsten gesetzlichen Vorschriften. Die Geschäfte wickeln amtliche Makler ab. Die Emittenten werden nur zugelassen, wenn sie etwa einen Zulassungsprospekt auf der Grundlage dreier Jahresabschlüsse vorlegen, Zwischenberichte veröffentlichen, einen voraussichtlichen Mindestgesamtkurswert von 2,5 Millionen DM nachweisen und eine Bank als Mitantragsteller nennen, die zum Börsenhandel zugelassen ist.

Anleihe

Sammelbegriff für alle festverzinslichen Wertpapiere, ausgegeben von der öffentlichen Hand oder Unternehmen, die damit Investitionen finanzieren. Eine Anleihe ist praktisch ein Schuldschein: Während der Laufzeit (von z. B. zehn Jahren) werden regelmäßig garantierte Zinsen ausgezahlt, am Ende wird das eingezahlte Kapital zurückgezahlt; anderer Name dafür: Rentenpapier. 748

Annuität

Jährlicher und planmäßiger Rückzahlungsbetrag einer Anleihe, bestehend aus Tilgung und Verzinsung. 749

Asset Allocation

Verschiedene Anlageformen werden nach einem bestimmten Konzept angeordnet; Beispiel: Ein Wertpapierdepot wird nach einer besonderen Struktur zusammengestellt. 750

Aufwertung

Gegenteil von Abwertung, Heraufsetzung des Außenwertes einer Währung durch Änderung des Wechselkurses. Durch eine Aufwertung der heimischen Währung werden die Importe, die in der heimischen Währung bezahlt werden, billiger, die Exporte, die in ausländischer Währung berechnet werden, jedoch teurer. Die Importe werden dann erfahrungsgemäß steigen, die Exporte sinken. Ein Land beseitigt damit seine Zahlungsbilanzüberschüsse und wehrt eine importierte Inflation ab. 751

Baisse

Starke Kursrückgänge an der Börse über einen längeren Zeitraum. 752

Bären

Schwarzseher an der Börse, die mit dem baldigen Crash rechnen. 752a

Basis Point

753 Der Basispunkt ist die allgemeine Bezeichnung für ein Hundertstel eines Prozents (0,01 Prozent). Damit werden Unterschiede in z. B. Rendite, Preis oder Kurs bezeichnet.

Basket

754 Mit dem englischen Wort für »Korb« wird die Zusammenstellung von Werten bezeichnet, wobei die Anordnung nach verschiedenen Vorgaben erfolgen kann. So werden beispielsweise Aktien verschiedener Unternehmen einer Branche zusammengestellt.

Benchmark

755 Orientierungspunkt, Richtgröße. Beispiel: Der Anlageerfolg (Wertentwicklung) eines deutschen Aktienfonds wird mit der Benchmark des DAX verglichen.

Berichtigungsaktie

756 Wenn eine Aktiengesellschaft offene Rücklagen in gezeichnetes Grundkapital umwandelt, werden die zusätzlichen Aktien an die Altaktionäre ausgegeben. Der Anteil für jeden Aktionär bleibt auf diese Weise konstant, verteilt sich jedoch auf eine größere Zahl von Aktien (auch Zusatz- oder Aufstockungsaktie genannt).

Bestens

757 Zusätzliche Beschreibung beim Auftrag, Wertpapiere oder Devisen zu verkaufen. Es bedeutet, dass zum höchstmöglichen Kurs (bestens) verkauft werden soll. Im Gegensatz dazu siehe billigst.

Bezugsrecht

758 Recht des Aktionärs, bei der Erhöhung des Grundkapitals einer AG entsprechend seinem bisherigen Anteil berücksichtigt zu wer-

den. Dieses Bezugsrecht kann wahrgenommen oder an der Börse verkauft werden (Bezugsrechthandel).

Bilanz

Für die Bilanz werden am Ende des Geschäftsjahres aktive und passive (Soll und Haben) Posten einander gegenübergestellt, und so wird der tatsächliche Vermögensstand eines Unternehmens ermittelt. **759**

Billigst

Zusatz beim Auftrag an ein Kreditinstitut, Wertpapiere oder Devisen zum niedrigstmöglichen Kurs zu kaufen. **760**

Blue Chips

Amerikanischer Börsenbegriff für solide Standardwerte mit hoher Anlagequalität, heute eine international übliche Bezeichnung für die großen, bekannten Standardwerte des Aktienmarkts. Hinter Bluechip-Aktien steht meist ein substanz- und ertragsstarkes Unternehmen. **761**

Bogen

Gehört zu jeder Aktie und zu jedem festverzinslichen Wertpapier. Bei Fälligkeit der Dividende oder Zinsen wird ein Abschnitt (Kupon) »abgetrennt«. Ein Erneuerungsschein (Talon) berechtigt zum Bezug eines neuen Bogens. Die Verwahrung und Verwaltung von Bogen und Mantel (siehe dort) erfolgt im Allgemeinen durch die Banken. **762**

Bond

Eine international verwendete Bezeichnung für (fest)verzinsliche Wertpapiere, meist für die langfristig laufenden. Kurzfristige Papiere laufen unter dem Begriff Notes. **763**

Bonus

764 Außerordentliche Zahlungen an die Aktionäre, resultierend beispielsweise aus Sondererträgen, über die Dividende bzw. die festgelegten Zinsen hinaus.

Bookbuilding

765 Platzierungsverfahren, bei dem Investoren unmittelbar in die Preisfindung eingebunden werden. Der Konsortialführer erstellt eine computerisierte Übersicht mit den Zeichnungswünschen der Anleger und deren Preisvorstellungen.

Boom

766
1. Eine Phase im Konjunkturzyklus, in der die Kapazitäten voll ausgelastet sind. Erheblicher Nachfrageüberhang und kräftige Preissteigerungen sind typisch.
2. An der Börse anhaltend kräftiger Kursanstieg, Hausse.
3. Allgemein: unvermittelt starker Geschäftsaufschwung.

Börse

767 Bestimmte Handelsplätze für Wertpapiere, der Ort, an dem Angebot und Nachfrage zugelassener Wertpapiere zusammentreffen. Der börsliche Präsenzhandel (Parketthandel) gliedert sich in drei Teilmärkte:
amtlicher Handel, geregelter Markt und Freiverkehr.
Zunehmend findet der Handel über die Computerbörse Xetra statt. In Deutschland stehen die Wertpapierbörsen unter staatlicher Aufsicht, der Börsenvorstand entscheidet über die Zulassung von Personen zum Börsenhandel.

768 **Börsenindex**

Index, der die Kursänderungen der Aktien und anderer Wertpapiere sowie der Notierungen börsengängiger Edelmetalle und anderer Produkte wiedergibt. Der bekannteste Börsenindex ist der Dow-Jones-Index.

Break-even-Kurs

Bei Optionsgeschäften derjenige Kurs des Basiswertes, ab welchem unter Berücksichtigung der gezahlten Optionsprämie eine verlustfreie Ausübung des Optionsrechts möglich ist. **769**

Briefkurs

Kurs, zu dem Wertpapiere oder Devisen verkauft werden sollen. **770** Ein »B« im Börsenteil der Tageszeitung bedeutet, dass zu diesem Kurs Verkaufsangebote vorlagen, sich jedoch keine Käufer fanden. Gegensatz: Geldkurs, der den Kaufpreis angibt. Für den Anleger stellt sich der Briefkurs regelmäßig höher dar als der Geldkurs.

Broker

Englischer Ausdruck für Börsenmakler. Der Broker schließt nicht **771** auf eigene Rechnung Wertpapiergeschäfte ab, sondern im Auftrag anderer gegen Provision.

Bullen

Optimisten an der Börse, Gegenteil von Bären. **772**

Bundesanleihekonsortium

Bankenkonsortium, das die Emission von Anleihen für den Bund **773** und seine Sondervermögen übernimmt.

CDAX

C ist hier die Abkürzung von Composite und bedeutet eine An- **774** zahl von Aktienindizes aus einer bestimmten Branche. Dementsprechend schließt beispielsweise der CDAX-Elektro alle Aktien von Unternehmen ein, die aus der Elektrobranche stammen. Der CDAX-Gesamtindex dagegen fasst alle Branchenindizes zusammen und berücksichtigt sämtliche Aktien, die an der Frankfurter Börse amtlich notiert werden.

Call

775 Kaufoption, Begriff aus dem Optionsgeschäft. Mit einem Call legt der Käufer vertraglich fest, dass er eine bestimmte Anzahl der zu Grunde liegenden Basiswerte zu einem festgelegten Kurs bis zu einem bestimmten oder an einem bestimmten Zeitpunkt kaufen will. Ein Call muss sich aber nicht immer auf eine physische Lieferung beziehen, er kann auch für einen Barausgleich gelten, dann erhält man zu einem festgelegten Zeitpunkt die Differenz zwischen Tagesendbewertungskurs des Basiswertes und Ausübungspreis. Der Gegensatz zu einem Call ist Put, siehe dort.

Cap

776 Mit einem Cap kann man sich gegen steigende bzw. fallende Zinsen versichern. Versicherungsgeber ist der Verkäufer, Versicherungsnehmer der Käufer. Gegen Zahlung einer Prämie wird dem Cap-Käufer während der Laufzeit des Cap garantiert, dass die Zinsbelastung aus der variabel verzinslichen Verbindlichkeit eine festgelegte Zinsobergrenze (Strike) nicht übersteigt. Von fallenden Zinsen profitiert der Käufer gleichzeitig. Steigen die Zinsen über die festgesetzte Zinsobergrenze, so ist der Cap-Verkäufer verpflichtet, die Mehrbelastung durch Zahlung an den Versicherungsnehmer auszugleichen. Das Gegenstück zum Cap ist der Floor, siehe dort.

Cashflow

777 Kennzahl, die etwas über den Liquiditätsüberschuss (Umsatzüberschuss, Finanzüberschuss) eines Unternehmens aussagt –

nach Steuern. Hier spielen vor allem Jahresüberschuss, Rückstellungen und Abschreibungen eine wichtige Rolle. Der Cashflow hilft somit, ein Unternehmen unter anderem nach seiner Investitionskraft, Vorsorge und Dividendenausschüttung zu beurteilen und damit die von ihm ausgegebenen Aktien zu bewerten. Der Cashflow wird dem Jahresabschluss eines Unternehmens entnommen.

Chart

Schaubild, das den Kursverlauf z. B. einer Aktie ersichtlich **778**
macht. Aus der graphischen Darstellung wollen Anleger Rückschlüsse darauf ziehen, wie sich ein bestimmter Kurs fortan entwickeln wird. Kritiker halten Charts allerdings für ebenso zuverlässig wie die Früherkennung des Wetters am kommenden Wochenende aus dem Kaffeesatz von vorgestern.

Clearing

Forderungen und Verbindlichkeiten werden zentral verrechnet, **779**
mit dem Ergebnis, dass nur die sich zugunsten oder zulasten eines jeden Teilnehmers ergebenden Salden gutgeschrieben bzw. belastet werden.

Collar

Kombination aus dem Kauf eines Cap und dem Verkauf eines **780**
Floor.

Commercial Papers (CP)

Schuldtitel, oft in diskontierter Form mit Laufzeiten zwischen ei- **781**
nem Tag und 270 Tagen, manchmal auch länger, die auf den Inhaber lauten. Commercial Papers werden von bonitätsmäßig einwandfreien Schuldnern in hohen Beträgen und mit hohen Mindestnennwerten am Geldmarkt emittiert.

Cost-Average-Effekt

782 Durchschnittskosteneffekt. Bei einer Anlage in Investmentfonds mit einem Sparplan unter Einzahlung fester Beträge werden in schlechten Börsenzeiten wegen des niedrigeren Kurses mehr Anteile erworben, in guten Börsenzeiten dagegen weniger. Auf lange Sicht ist der Kaufdurchschnittskurs deshalb niedriger als die Anlage ausschließlich in Hochphasen.

Courtage

783 Provision, die ein Börsenmakler für die Vermittlung von Börsengeschäften erhält.

Crash

784 Plötzlicher starker Kurseinbruch an der Börse mit anhaltender Abwärtsentwicklung.

DAX

785 Der Deutsche Aktienindex (DAX) gibt als so genannter Performanceindex Auskunft nicht nur über den Kurs-, sondern auch über den Ertragsverlauf der dreißig wichtigsten Aktien in Deutschland entsprechend ihrer kapitalmäßigen Gewichtung. Die Zahl 1000 entspricht dem Jahresschlussstand von 1987. In der Praxis nimmt der Index also einen Anleger an, der am 31. 12. 1987 einen Betrag von 1000 DM gewichtsmäßig auf die Art in sämtliche Aktientitel investiert hat, wie sie im DAX zusammengesetzt sind. Der DAX zu einem bestimmten Zeitpunkt gibt den absoluten DM-Wert an, den die Anlage seitdem angenommen hat, wenn alle Erträge wieder angelegt werden.

Deflation

786 Die Kennzeichen einer Deflation sind kräftiges Absinken der Gesamtnachfrage nach Gütern, Arbeitslosigkeit und ungenutzte

Produktionskapazitäten. Die Wirtschaft ist mit Geld unterversorgt, die Preise sinken durch mangelnde Nachfrage.

Depot

Mit Depot bezeichnet man den Ort, wo eine Bank für ihre Kunden Wertpapiere aufbewahrt und gegebenenfalls in deren Auftrag verwaltet. Man kann in diesem Zusammenhang von einem Wertpapierkonto sprechen. Die Wertpapiere eines Kunden können gesondert (Streifbanddepot) oder bei einer Wertpapiersammelbank (Girosammeldepot) aufbewahrt werden. Stets sind die Kundendepots jedoch getrennt von den Eigenbeständen der Bank zu halten. 787

Depression

Verschärfte, andauernde Rezession. Kennzeichen: hohe Arbeitslosigkeit, Unternehmenszusammenbrüche, Verringerung des Bruttosozialprodukts, Schrumpfen des Welthandels und soziale Unruhen. 788

Derivate

Unter Derivaten versteht man Finanzgeschäfte, die aus anderen Geschäften »abgeleitet« sind. Dazu gehören z. B. alle Formen von Termingeschäften. Bei diesen Geschäften wird der Handel zwar zu festgelegten Konditionen sofort abgeschlossen, die entsprechenden Leistungen und Gegenleistungen erfolgen aber zu einem späteren Zeitpunkt. 789

Designated Sponsor

Neuer Begriff für Betreuer, Banken oder Finanzdienstleister an der Börse, die verbindliche Kauf- und Verkaufsangebote für einen bestimmten Wert in das Orderbuch stellen und damit die Handelbarkeit des Werts steigern. 790

Devisen

791 Ausländische Zahlungsmittel in Form von Guthaben bei ausländischen Kreditinstituten, einschließlich der Guthaben bei Zentral- und Notenbanken, sowie Wechsel und Schecks. Auf fremde Währung lautende Münzen und Banknoten sind keine Devisen, sondern Sorten.

Disagio

792 Abgeld bei Wertpapieren. Differenz zwischen Ausgabepreis bei Neuausgabe und Nennbetrag. Gegensatz zu Agio.

Dividende

793 Ausschüttung des Unternehmensgewinns an die Aktionäre. Die Dividende bildet zusammen mit dem Kursgewinn die Rendite; sie wird jedes Jahr auf der Hauptversammlung der Aktionäre neu festgesetzt und kann bei schlechten Geschäften auch ausfallen.

Dow Jones

794 Dieser erste und bekannteste Index wird seit 1897 börsentäglich vom amerikanischen Verlagshaus Dow, Jones & Co. ermittelt und ist unter dem schlichten Namen Dow Jones geläufig. Die korrekte Bezeichnung lautet Dow Jones Industrial Average (DJIA). Er umfasst die dreißig wichtigsten Titel auf dem amerikanischen Aktienmarkt und berücksichtigt im Gegensatz zum DAX ausschließlich den Kurs der einzelnen Aktie.

Effekten

795 Alle an der Börse handelbaren Wertpapiere.

Effektivverzinsung

796 Tatsächliche Verzinsung eines Kapitals, siehe auch Rendite.

Einführungskurs

Kurs bei der ersten amtlichen Notiz von Wertpapieren an der Börse. **797**

Electronic Banking

Mit Electronic Banking sollen Bankgeschäfte für Privat- und Geschäftskunden bequemer sein, mit EDV-Unterstützung werden Daten automatisch erfasst, verarbeitet, transportiert und zur Verfügung gestellt. **798**

Electronic Cash

Elektronisches, bargeldloses Zahlungsverfahren im Handel auf Basis der EC-Karte oder Bankkundenkarte mit Geheimzahl. Im europäischen Ausland wird diese Zahlungsform von den Kreditinstituten unter der Bezeichnung »edc« (electronic debit card) angeboten. **799**

Emission

Emission nennt man die Ausgabe oder den öffentlichen Verkauf von Wertpapieren. Emittenten und Emissionskonsortien, die die neuen Wertpapiere und deren Verkauf übernehmen, veröffentlichen die Zeichnungsangebote. Darin sind neben den Preisen auch die Emissionsbedingungen enthalten, zu denen Verkaufskurs, Bezugsrecht sowie – bei Rentenwerten – Verzinsung, Tilgung und Rückzahlung gehören. **800**

Emissionskurs

Ausgabekurs, zu dem der Emittent neu aufgelegte Wertpapiere zum Kauf anbietet. **801**

Emittent

Herausgeber von Wertpapieren. **802**

Equity

803 Englischer Begriff für Anteile an einer Gesellschaft, insbesondere für Aktien.

Eurex

804 Terminbörse mit Sitz in Frankfurt, es gibt die Eurex Deutschland und die nach Schweizer Recht bewilligte Terminbörse mit Sitz in Zürich, die Eurex Zürich. Die Eurex-Börsen verfügen über eine vollelektronische Handelsplattform für den Abschluss von Termingeschäften, insbesondere von standardisierten Terminkontrakten wie Optionen und Futures. Die in das System von Eurex eingegebenen Aufträge und Quotes werden dort automatisch zugeordnet und zusammengeführt. Die Aufsicht über die Eurex Deutschland wird von der zuständigen obersten Landesbehörde des Landes Hessen ausgeübt.

Euro

805 Offizielle und einzige Währungseinheit der Euro-Zone. Der Euro wird die Währungen der teilnehmenden Mitgliedstaaten bis spätestens Juli 2002 vollständig ersetzt haben.

Euro Bonds

806 Anleihen, die meist auf gewichtigen Währungen wie US-Dollar, DM, Yen und Pfund Sterling laufen, von einem internationalen Konsortium herausgegeben und gleichzeitig in mehreren Ländern platziert werden. Emittenten sind Staaten, internationale Institutionen und Großunternehmen.

Euro Commercial Papers

807 Commercial Papers, die an internationalen Geldmärkten (Euro-Geldmärkten) emittiert und gehandelt werden.

Euro Notes

Kurz laufende Geldmarktpapiere, die von Nichtbanken an den Euro-Markt gegeben werden, deren Zinssatz an eine Geldmarktreferenz gebunden ist. Im Gegensatz zu den Euro Commercial Papers ergibt sich daraus eine Laufzeitstandardisierung von etwa einem, drei oder sechs bis zwölf Monaten. **808**

Euribor

European Interbank Offered Rate (Euribor) heißt der neue repräsentative Zinssatz, der die nationalen Referenzzinssätze der an der Europäischen Währungsunion teilnehmenden Länder ersetzt. Der Referenzzinssatz spielt eine wichtige Rolle in zahlreichen Verträgen, insbesondere bei Wertpapieren und Derivaten. **809**

Europäische Zentralbank (EZB)

Die Europäische Zentralbank trägt die Verantwortung für die Geldpolitik in der Europäischen Währungsunion. Die EZB überwacht die Einführung der Euro-Banknoten und -münzen in der Währungsunion, sie ist das ausführende Organ des Europäischen Systems der Zentralbanken, zu dem die bestehenden nationalen Zentralbanken der teilnehmenden Länder gehören. **810**

Exercise Price

Ausübungspreis; Basispreis, zu dem ein Optionsschein bezogen werden kann bzw. auf dessen Basis der auszuzahlende Differenzbetrag berechnet wird. **811**

Factoring

In den USA entwickelte Finanzierungsform, durch die sich Unternehmen Liquidität beschaffen können. Ein Kunde tritt Forderungen aus Warenlieferungen an eine Factoring-Gesellschaft ab und erhält einen Teil der Forderung als Vorschuss. **812**

Floater

813 Floating Rate Notes (FRN) sind Schuldverschreibungen mit variablem Zins, der etwa alle sechs Monate an die Geldmarktverhältnisse angepasst wird. Die Laufzeit beträgt fünf bis zehn Jahre.

Floor

814 Der Zins-Floor ist das Gegenstück zum Cap (siehe dort). Gegen Zahlung einer Prämie wird dem Floor-Käufer eine festgelegte Zinsuntergrenze (Strike) garantiert.
Fallen die Zinsen unter diese Grenze, so ist der Floor-Verkäufer verpflichtet, den Differenzbetrag automatisch zu zahlen.

Fonds

815 Unter besonderer Verwaltung stehendes Finanzvermögen. So ist z. B. der Internationale Währungsfonds (IWF) eine gemeinsame, zentral verwaltete Reserve an internationaler Liquidität der am Fonds beteiligten Länder oder deren Notenbanken. Siehe auch Investmentfonds.

Fortlaufende Notierung

816 In der Börsensprache auch unter variabler Notierung bekannt. Ausgehend vom Einheitskurs des Vortages wird der Kurs innerhalb der Börsenstunden fortwährend ermittelt. Notierungen zu fortlaufenden Kursen setzen jeweils einen Mindestumsatz von fünfzig Aktien voraus, siehe auch Schlusskurs.

Frankfurter Börse

817 Wichtigster deutscher Handelsplatz für Wertpapiere (etwa achtzig Prozent Marktanteil in Deutschland), fünftgrößte Börse der Welt. Im Jahr 1999 wurden dort Aktien für 1,353 Billionen Euro (ohne Xetra-Umsätze) an- und verkauft. Gehandelt wird mon-

tags bis freitags (außer feiertags) jeweils von 10.30 bis 13.30 Uhr. Neben dem Haupthandelsplatz Frankfurt gibt es außerdem in Berlin, Bremen, Düsseldorf, Hamburg, Hannover, München und Stuttgart kleinere Börsen – die aber spielen, anders als die Frankfurter Börse, international keine Rolle.

Free Float

Der Anteil der Aktien einer Aktiengesellschaft, die nicht in festem **818**
Besitz sind – gemessen an der Gesamtzahl der ausgegebenen Aktien.

Freie Makler

Unter dem Begriff Freimakler versteht man in der Börsensprache **819**
zum Handel an der Börse zugelassene Kaufleute, die (im Gegensatz zu den amtlichen Kursmaklern) nichts mit der Kursfestsetzung zu tun haben, jedoch Wertpapiergeschäfte vermitteln. Sie handeln auf eigene Rechnung.

Freiverkehr

Markt für Papiere, die den gesetzlichen Anforderungen für den **820**
amtlichen Handel oder für den geregelten Markt nicht genügen. Das Börsengesetz hat für diese Form des börslichen Handels keine besonderen Vorschriften vorgesehen. Das heißt aber nicht, dass die Geschäfte ungeordnet abgewickelt werden. Vielmehr wird der Handel durch die jeweilige Börsenordnung geregelt und von einem Kontrollausschuss überwacht. Wie beim geregelten Markt wickeln freie Makler die Geschäfte ab.

Front End

Rechnersystem, das auf der Seite des Börsenteilnehmers steht **821**
und die Schnittstelle zwischen Teilnehmer- und Börsensystem bildet.

Fungibilität

822 Veräußerbarkeit einer Anlage, die entscheidenden Einfluss auf die Liquidität hat. Wertpapiere, die zum Börsenhandel zugelassen sind, haben normalerweise eine höhere Fungibilität als nicht standardisierte Anlagen.

Futures

823 Standardisierte Terminkontrakte (hinsichtlich Menge, Qualität und Liefertermin), bei welchen zu einem bestimmten zukünftigen Zeitpunkt ein dem Geld- und Kapital-, Edelmetall- oder Devisenmarkt zugehöriges Handelsobjekt zum börsenmäßig festgesetzten Kurs zu liefern bzw. abzunehmen ist. Nicht selten fallen bei solchen Kontrakten Ausgleichszahlungen an, um die bestehende Verpflichtung zu erfüllen.

Geldkurs

824 Gegensatz zu Briefkurs, siehe dort.

Genuss-Schein

825 Wertpapier, das Vermögensrechte, z. B. Gewinnanteile, an einer Gesellschaft gewährt.

Geregelter Markt

826 Die gesetzlichen Zulassungsvoraussetzungen sind hier weniger streng als beim amtlichen Handel. So ist keine Prospektveröffentlichung erforderlich. Stattdessen genügt ein aktueller Unternehmensbericht.

Der Mitantragsteller muss kein Kreditinstitut sein, es kann sich um ein Unternehmen handeln, das fachlich geeignet und in der Lage ist, die Zuverlässigkeit des Emittenten nachzuweisen. Den Handel selbst führen keine amtlichen, sondern freie, vom Börsenvorstand bestellte Makler durch.

Globalisation

Entwicklung zum grenzüberschreitenden Geld- und Kapitalverkehr mit einer fortschreitenden Integration nationaler in die internationalen Finanzmärkte. Dieser Strukturwandel im Bankgeschäft wird auch als Internationalisierung der Finanzmärkte bezeichnet. **827**

Going Public

Umwandlung einer Personengesellschaft in eine Aktiengesellschaft (AG). Gleichzeitig werden Aktien an der Börse ausgegeben bzw. Aktien zugelassen, die bisher nicht an einer Börse notiert waren. **828**

Gratisaktie

Siehe Berichtigungsaktie. **829**

Grundkapital

Mit Grundkapital bezeichnet man das Kapital, das in der Satzung einer Aktiengesellschaft festgesetzt wird und in dessen Höhe die Aktien ausgegeben werden. **830**

Harte Währung

Währung, die frei konvertierbar (in andere Währungen frei tauschbar) ist und nicht zur Abwertung, sondern eher zur Aufwertung neigt. **831**

Hauptversammlung

Unter Hauptversammlung versteht man die Versammlung aller Aktionäre, die mindestens einmal jährlich abzuhalten ist. Hier werden z. B. Vorstand und Aufsichtsrat entlastet, Beschlüsse über die Verwendung des Gewinns und Änderungen der Satzung gefasst und der Aufsichtsrat gewählt. **832**

Hausse

833 Spürbare Kurssteigerungen an der Börse über einen längeren Zeitraum.

Hedge Fonds

834 Mithilfe von Fremdkapital legen diese Fonds ein Vielfaches ihres Eigenkapitals z. B. in Devisen, festverzinslichen Wertpapieren, Aktien oder Rohstoffen an.

Hedging

835 Portefeuilles werden gegen Preisrisiken abgesichert, z. B. durch Futures, Swaps oder Optionen (Derivate).

Heritage Stocks

836 Meist Standardwerte mit hohen Wachstumsraten, die sich ausgezeichnet für langfristige Anlagen eignen und über die sich eventuell noch die nachfolgende Generation freut, deshalb mitunter auch als Erbschaftswerte bezeichnet.

High Yield Bonds

837 Unternehmensanleihen und Staatsanleihen von Ländern, die aufgrund ihrer besonderen Risikostruktur deutlich über den Renditen des Marktdurchschnitts liegen.

Hochkonjunktur

838 Boom – die gesamtwirtschaftliche Nachfrage übersteigt das Gesamtangebot an Gütern und Dienstleistungen.
Typisch:
starke Preissteigerungen und verlängerte Lieferzeiten.

Holdinggesellschaft

839 Gesellschaft, die als Spitze eines Konzerns Anteile an anderen Ge-

sellschaften besitzt und nur oder hauptsächlich die Aufgabe hat, diese zu verwalten.

IASC

Freiwilliger, privater Zusammenschluss von über hundert mit Rechnungslegungsfragen befassten Berufsverbänden aus achtzig Ländern. Die IASC formuliert und veröffentlicht Rechnungslegungsgrundsätze und -regeln (IAS), die bei der Aufstellung von Jahresabschlüssen beachtet werden sollen. Ihr Ziel ist es, deren weltweite Akzeptanz zu fördern. **840**

Illiquidität

Mangel an flüssigen, das heißt kurzfristig in Geld oder Barguthaben verfügbaren oder umsetzbaren Mitteln. **841**

Immobilienfonds

Treuhandvermögen, bestehend aus Grundstücken und Gebäuden, über das Anteilscheine ausgegeben werden. Man unterscheidet offene und geschlossene Immobilienfonds. Offene Immobilienfonds sind dadurch gekennzeichnet, dass die Anzahl der Zertifikatsinhaber nicht begrenzt ist und Anteilscheine jederzeit zum angegebenen Rücknahmepreis zurückgegeben werden können. Sie unterliegen im Gegensatz zu den geschlossenen Immobilienfonds dem Gesetz über Kapitalgesellschaften, in dem Vorschriften über die Anlagepolitik, die Überwachung und Prüfung festgelegt sind. **842**

Index

Kennzahl, mit deren Hilfe Veränderungen wichtiger Daten (z. B. Kurse und Erträge) ausgedrückt werden. Oft wird dazu der Wert eines Kurses zu einem bestimmten Zeitpunkt als Bezugsgröße genommen und z. B. gleich 100 (wie beim TOPIX, Tokio Stock **843**

Price Index) oder 1000 (DAX) gesetzt. Der jeweils neu errechnete Wert wird dann dazu ins Verhältnis gesetzt.

Inflation

844 Die gesamtwirtschaftliche Nachfrage übersteigt das gesamte Angebot bei gegebenen Preisen. Damit geht häufig eine Geldmengenerhöhung oder eine erhöhte Umlaufgeschwindigkeit des Geldes einher. Die hohe Nachfrage führt zu Preissteigerungen und einer Verschlechterung des Geldwertes.

Inhaberaktie

845 Ohne weiteres übertrag- und handelbare Aktie ohne Namensangabe des Besitzers. Gegensatz: Namensaktie, die nur die Ansprüche des namentlich genannten Aktionärs verbrieft.

Initial Margin

846 Sicherheitsleistung, die bei der Aufnahme eines Future-Geschäfts zu hinterlegen ist.

Initial Public Offering

847 IPO, in der Übersetzung »erstes öffentliches Angebot«, meint die Erstinanspruchnahme des inländischen Aktienmarktes im Zuge einer Kapitalerhöhung oder Umplatzierung. Bei einem IPO werden erstmals Aktien eines Unternehmens interessierten Anlegern zum Kauf angeboten. Börsenzulassung des Aktienkapitals und die Aufnahme der Börsennotierung gehen damit einher.

Insider

848 So werden im Börsengeschehen Personen genannt, die aufgrund ihrer Stellung einen Informationsvorsprung haben (z. B. leitende Mitarbeiter des Unternehmens). Es ist bei Strafe verboten, diese Informationen zum eigenen Vorteil auszunutzen.

Internet Banking

Zur Abfrage von Konto- und Wertpapierdepotinformationen und zur Erteilung von Zahlungsverkehr- und Wertpapieraufträgen wird das Internet genutzt. **849**

Investment Banking

Hauptsächlich auf Emissions- und Wertpapiergeschäfte spezialisierte Finanzinstitute. **850**

Investmentfonds

Gemeinsames Vermögen vieler Anleger, das von einer Kapitalanlagegesellschaft (KAG) verwaltet wird. Sie investiert das Geld ihrer Anleger in Aktien, Renten oder Immobilien. Entsprechend spricht man von Aktien-, Renten- oder Immobilienfonds. Der Anleger erhält Anteile (Investmentzertifikate) dieser Fonds und ist damit am Ertrag beteiligt. Möglich sind auch gemischte Fonds. Ferner unterscheidet man zwischen offenen und geschlossenen Fonds. Bei offenen Fonds – sie sind in Deutschland die Regel – können die Gesellschaften nach Belieben neue Anteile ausgeben, müssen aber auch die verkauften Anteile wieder zurückkaufen. Beim geschlossenen Fonds ist die Anzahl der Anteile von vornherein begrenzt. Außerdem gibt es keine Rücknahmeverpflichtung. Die Vorschriften beispielsweise über Organisation, Beschaffenheit des Portfolios und Steuerbehandlung der Investmentgesellschaften sind im KAGG (Gesetz über Kapitalanlagegesellschaften) geregelt. Die Gesellschaften selbst unterliegen in Deutschland der Kontrolle durch das BAK (Bundesaufsichtsamt für das Kreditwesen). **851**

Investmentzertifikat

Wie eine Aktie einen Anteil an einer Aktiengesellschaft verbrieft, dokumentieren Investmentzertifikate einen Anteil am Vermögen eines Investmentfonds. **852**

Jahresabschluss

853 Zum Jahresabschluss gehören Bilanz sowie Gewinn- und Verlustoffenlegung eines Unternehmens. Dies erledigt bei einer Aktiengesellschaft normalerweise der Vorstand unter Kontrolle des Aufsichtsrates und eines staatlich vereidigten Wirtschaftsprüfers.

Junk Bonds

854 Wertpapiere, deren Schuldner sich in wirtschaftlichen Schwierigkeiten befindet. Als Ausgleich wird dem Anleger eine wesentlich höhere Rendite als bei sichereren Wertpapieren mit hoher Bonität (z. B. Bundesanleihen) versprochen. Dafür muss er aber auch das sehr viel höhere Risiko tragen; deshalb werden die Papiere Junk Bonds (»Ramschanleihen«) genannt.

Kapitalerhöhung

855
1. Allgemein: die Erhöhung des Nominalkapitals eines Unternehmens.
2. Die Aktiengesellschaft: Erhöhung des Grundkapitals durch Ausgabe neuer Aktien entweder durch Zufluss neuer Mittel oder durch Finanzierung aus Rücklagen.

Eine Kapitalerhöhung ist normalerweise mit einer Dreiviertelmehrheit von der Hauptversammlung zu beschließen und im Handelsregister einzutragen. Jeder Aktionär hat ein Bezugsrecht auf die neuen Aktien.

Kapitalmarktzins

856 Zinsniveau für langfristiges Kapital; durchschnittliche Effektivverzinsung längerfristiger Schuldverschreibungen und anderer Kapitalmarktpapiere.

Kassakurs

857 Einheitskurs, der nur einmal in jeder Börsensitzung, gewöhnlich

um 12.00 Uhr, bestimmt wird. Alle Geschäfte, bei denen es um Aufträge unter fünfzig Stück (bei Fünf-Mark-Aktien unter hundert Stück) geht, werden nur zu diesem Kurs abgewickelt. Gegensatz: fortlaufende Notierungen beim variablen Handel. Hier werden für jedes abgewickelte Geschäft die Preise einzeln bestimmt und gegebenenfalls als Kurs notiert.

Kassamarkt

Markt für Wertpapiere, Devisen und Waren, die nur im Kassageschäft gehandelt werden. **858**

Konjunktur

Wirtschaftliche Entwicklung gemessen an der Auslastung der volkswirtschaftlichen Produktionsmöglichkeiten. **859**

Konvertierbar (Konvertibilität)

Meist spricht man von »frei konvertierbar«, das bedeutet übersetzt: »in seiner Bewegungsfreiheit nicht eingeschränkt«. Auf die Währung bezogen heißt das: Jeder kann jederzeit mit inländischem Geld jede beliebige Währung kaufen. Es existiert keine Devisenbewirtschaftung. **860**

Konvertierung

Umwandlung, Änderung der Bedingungen von Schuldverschreibungen. **861**

Krise

Zusammenbruch der Wirtschaftstätigkeit eines Unternehmens, einer Branche, einer Volkswirtschaft oder der maßgeblichen Industrieländer (Weltwirtschaftskrise). Eine Krise ist gekennzeichnet durch Absatzstockungen, Arbeitslosigkeit, Konkurse, Kursstürze an den Wertpapierbörsen, Preiseinbrüche. **862**

Kupon

863 Zur Aktie gehörendes Wertpapier (Dividendenschein), auf dessen Vorlage die Dividende gezahlt wird.

Kurs

864 Jeweiliger Börsenpreis eines Wertpapiers, der sich aus Angebot und Nachfrage ergibt. Wird der Kurs während der Börsenstunden nur einmal ermittelt, bezeichnet man ihn als Einheitskurs, wird er laufend ermittelt, bezeichnet man ihn als variablen Kurs (variable Notierung).

Kurs-Gewinn-Verhältnis (KGV)

865 Gibt an, ob der Kaufpreis einer Aktie im Verhältnis zu Dividendenzahlungen billig (niedriges KGV, kaufen) oder teuer ist.

Lead-Manager

866 Auch Konsortialführer. Steht in engem Kontakt mit dem Emittenten, leitet das Konsortium und übernimmt alle zentralen Arbeiten im Zusammenhang mit der Emission. Dazu gehören z. B. die Erstellung eines Prospektes, die Beantragung auf Börsenzulassung und die Marktpflege. Der Lead-Manager platziert die von den Altgesellschaftern und/oder aus einer Kapitalerhöhung stammenden Aktien bei privaten und institutionellen Anlegern.

Leitwährung

867 Währung mit weltweiter Bedeutung, mit der im Welthandel abgerechnet wird und die andere Länder als Währungsreserve bevorzugen. Früher war besonders das englische Pfund Leitwährung, seit dem Zweiten Weltkrieg ist es der Dollar.

Leverage-Effekt

868 Der Leverage-Effekt ist auch als Hebelwirkung bekannt. Im Op-

tionsgeschäft bezeichnet er das Verhältnis zwischen der größten prozentualen Kursänderung einer Option zur prozentualen Kursänderung des zu Grunde liegenden Basiswertes. Die Hebelwirkung kann nicht kleiner sein als eins, die Folge: Bei Optionsgeschäften ist der absolute Gewinn/Verlust bei gleichen Anlagebeträgen immer größer als das Aktiengeschäft selbst.

Limit

Preisgrenze beim Auftrag zum Kauf oder Verkauf von Wertpapieren. **869**

Liquide

Zahlungsfähig; die Liquidität eines Unternehmens ergibt sich aus **870** dem Verhältnis der sofort verfügbaren Mittel zu den kurzfristigen Verpflichtungen.

Long Position

Mit dem Kauf eines (noch) nicht in Besitz befindlichen Wertpa- **871** piers hat der Käufer eine Long Position in diesem Papier, gerechnet wird also mit steigenden Kursen.

Mantel

Wertpapierurkunde der Aktie oder Anleihe, wird durch den Bo- **872** gen (siehe dort) ergänzt.

Marge

Spanne zwischen An- und Verkaufskursen und zwischen Zinssät- **873** zen, auch Differenz zwischen Nominalwert und Beleihungswert einer Kreditsicherheit.

Market Maker

Marktteilnehmer, der verbindliche Angebots- und Nachfrage- **874** preise stellt und damit für Marktliquidität sorgt. Die Preise werden z. B. für Aktien, Renten, Devisen oder Optionen gemacht.

Market Making

875 Kursstellung und Handel durch spezialisierte Händler.

M-DAX

876 Die nach den dreißig DAX-Werten weiteren siebzig umsatzstärksten Aktienwerte.

Mergers & Acquisitions

877 Vermittlung von Käufen und Verkäufen von Unternehmen oder Unternehmensteilen.

Mid Caps

878 Aktien von Unternehmen mit einer mittelgroßen Marktkapitalisierung.

Mitgliedstaaten

879 Staaten, die die Europäische Union bilden. Der Begriff »teilnehmende« Mitgliedstaaten bezeichnet die Staaten, die an der Wirtschafts- oder Währungsunion teilnehmen. Die EU-Mitgliedstaaten sind Belgien, Dänemark, Deutschland, Finnland, Frankreich, Griechenland, Großbritannien, Irland, Italien, Luxemburg, Niederlande, Österreich, Portugal, Schweden und Spanien.

Mortgage Backed Securities

880 Durch Hypothekenforderungen gedeckte Wertpapiere.

Nachemission

881 Ausgabe von Wertpapieren zu denselben Bedingungen wie bei der vorangegangenen Emission.

Naked Warrants

Optionsscheine, die ohne gleichzeitige Emission einer Options- 882
anleihe begeben werden. Dabei können es sowohl Call- als auch Put-Optionsscheine sein. Naked Warrants werden vor allem von Banken und Wertpapierhandelshäusern emittiert, sie stehen nicht im Zusammenhang mit Finanzierungsvorhaben von Unternehmen. Statt der Abnahme/Lieferung des Basiswertes gibt es bei Naked Warrants häufig einen Barausgleich. Covered Warrants sind eine Untergruppe der Naked Warrants.

Namensaktie

Eine auf den Namen des Inhabers ausgestellte Aktie. Die Eigentü- 883
mer werden in das Aktienbuch der betreffenden Gesellschaft eingetragen und bei Verkauf der Aktie wieder gelöscht. Nur die namentlich genannten Aktionäre können ihre Rechte geltend machen. Auf diese Weise bleibt kontrollierbar, wer sich an der Gesellschaft beteiligt, woraus wiederum zum Teil erkennbar wird, ob (ungewollte) Mehrheiten entstehen. Der Handel mit Namensaktien ist umständlicher als der mit Inhaberaktien.

Nebenwerte

Für gewöhnlich verbergen sich hinter diesen Aktien kleinere Un- 884
ternehmen oder solche, die erst vor kurzem an die Börse gegangen sind. Hier können bereits einzelne umfangreichere Aufträge den Kurs maßgeblich beeinflussen. Deshalb winken hohe Renditen, allerdings ist auch das Risiko größer.

Nennkapital

Anderer Begriff für Grund- oder Stammkapital. 885

Nennwert

Derjenige Betrag, der auf einer Aktie aufgedruckt ist. Definiert 886 den Anteil, mit welchem der Aktionär am Vermögen der Gesellschaft beteiligt ist. Bei Rentenwerten steht der Nennwert für die Höhe der Forderung.

Nettokurs

887 Bei der Emission festverzinslicher Wertpapiere der Verkaufskurs abzüglich der Bonifikation an Großabnehmer, wie z. B. Kreditinstitute und andere Kapitalsammelstellen.

Neuemission

888 Siehe Emission. Ein Unternehmen, das bis dahin noch nicht an der Börse notiert wurde, gibt erstmals Aktien aus. Normalerweise wird die Neuemission im Zusammenwirken des Unternehmens mit einem Bankenkonsortium bewerkstelligt. Der Anleger erhält dann während der so genannten Zeichnungsfrist Gelegenheit, die Aktie zu erwerben.

Nikkei

889 Index der Börse Tokio.

Nominalzins

890 Auf den Nennwert bezogener Ertrag eines Wertpapiers.

Nonvaleurs

891 Bezeichnung für wertlose oder wertlos erscheinende Effekten.

Notierung

892 Feststellung und Veröffentlichung der ermittelten amtlichen Kurse.

Obligation

1. Teilschuldverschreibung. 893
2. Schuldschein.

Obligo

Verpflichtung, Verbindlichkeit. 894

Offshore Fonds

Investmentfonds, die aus steuerlichen Gründen oder um den üblichen Aufsichtsbestimmungen zu entgehen, ihren Sitz in Ländern ohne spezielle Investmentgesetzgebung begründen. Zu diesen Ländern zählen beispielsweise die Bahamas und Liechtenstein. 895

Offshore-Märkte

Internationale Finanzplätze mit besonders günstigen Standorteigenschaften, vor allem steuerlicher und/oder aufsichtsrechtlicher Art. 896

Open Interest

Zahl der nach einer Börsensitzung nicht glattgestellten Kontrakte. 897

Option

Berechtigt zu Kauf (Call) oder Verkauf (Put) z. B. von Aktien zu festgelegtem Kurs und Zeitpunkt, gedacht auch zur Absicherung von Aktiengeschäften. 898

Wird oft als reines Spekulationspapier erworben, um auf steigende oder fallende Kurse zu wetten. Verändert seinen Wert bei Kursbewegungen stärker, als der Kursausschlag selbst ist. Als Spekulationspapier geeignet für hundert Prozent Gewinn oder Totalverlust.

Optionsanleihe

899 Anleihe mit Zusatzrechten; Schuldverschreibung eines Emittenten mit einem befristeten Bezugsrecht auf Aktien, wobei das Schuldverhältnis auch nach der Ausübung des Bezugsrechts weiter besteht.

Optionsgeschäft

900 Börsentermingeschäft, in dem der Käufer einer Option das Recht erwirbt, vom Verkäufer der Option jederzeit innerhalb einer festgesetzten Frist die Lieferung oder die Annahme einer bestimmten Anzahl von Aktien zu dem im Voraus vereinbarten Preis zu fordern.

Order

901 Kundenauftrag zum Kauf oder Verkauf von Wertpapieren an der Börse; wird der Bank erteilt und von Maklern abgewickelt. Kann mit Kursangabe (Kauf bis ... oder ab ...) erteilt werden oder pauschal als »best« (für Verkauf) bzw. »billigst« für Kauf.

Outperformance

902 Bezeichnung für die im Vergleich zu einer anderen Aktie oder einem Index bessere Wertentwicklung.

Over the Counter (OTC)

903 Wörtlich übersetzt: »über den Schalter«. Mit OTC werden Geschäfte in Finanztiteln bezeichnet, die außerhalb der Börse, vorwiegend unter Banken, getätigt werden.

Parität

904 In der Bedeutung der gleiche Ausdruck für Wechselkurs, also das Wertverhältnis zweier oder mehrerer Währungen zueinander unter Zugrundelegung einer bestimmten Bezugsgröße.

Pensionsgeschäft
Verkauf von Wertpapieren oder Forderungen mit der Verpflichtung zum Rückkauf zu einem im Voraus vereinbarten Preis und Termin. 905

Performance
Trifft Aussagen über die Rendite-Risiko-Relation einer Anlage. 906
Kann in Kennzahlen oder Schaubildern ausgedrückt werden und erleichtert unter Umständen dem Anlager die Wahl, der sich beispielsweise zwischen zwei Fonds mit gleicher Rendite für den mit dem niedrigeren Risiko entscheiden kann.

Portfolio
Auch Portefeuille. Die gesamten Anlagen eines Investors. Kann 907
sich aus verschiedenen Anlageobjekten (Assets) zusammensetzen. Das ist sogar empfehlenswert, um durch Streuung das Risiko zu minimieren.

Portfolio-Management
Steuerung der Zusammensetzung von Wertpapierdepots, im wei- 908
testen Sinn die Vermögensverwaltung, die auch über Investmentfonds erfolgen kann.

Private Placement
Aktien- oder Anleiheemission, die ohne öffentliche Ausschrei- 909
bung direkt bei ausgewählten Investoren platziert wird.

Prolongation
Verlängerung der Fälligkeit von Krediten einschließlich Wechseln 910
im Einverständnis mit den Gläubigern.

Prospekt

911 Bericht, der für die Beurteilung eines Wertpapiers wesentliche Angaben enthält und vor der Börseneinführung dieses Wertpapiers zu veröffentlichen ist.
Ein Prospekt muss auch bei Kapitalerhöhungen und Konvertierung vorliegen.

Protektionismus

912 Außenhandelspolitik, die inländische Produzenten durch Zölle und Einfuhrbeschränkungen vor ausländischer Konkurrenz abschirmt.

Publikumsgesellschaften

913 Aktiengesellschaften, die im Besitz einer großen Anzahl von Aktionären sind.

Put

914 Verkaufsoption mit dem Recht, in der Zukunft pro Option eine bestimmte Menge eines Finanzobjektes, auch Underlying oder Basisgut genannt, zu einem beim Kauf festgelegten Preis, dem so genannten Basispreis, zu verkaufen. Dafür erhält der Verkäufer der Option ein Entgelt, die Optionsprämie.

Quant Funds

915 Der Begriff stammt aus den USA und beschreibt Aktienspezialitätenfonds, deren Manager mithilfe spezieller Analyseverfahren einen Marktindex schlagen wollen.
Bei Quant Funds konzentrieren sie sich auf einige wenige Titel, achten darauf, dass die Portfolios hinsichtlich Risiko und Rendite ungefähr mit dem zu Grunde liegenden Index übereinstimmen, und kaufen große Volumina (quantities) der ausgewählten Papiere.

Quotenaktien
Aktien, die nicht auf einen bestimmten Nennbetrag lauten, sondern auf einen bestimmten Anteil an dem Unternehmen. **916**

Quotierung
Zulassung eines Wertpapiers zum offiziellen Handel an der Börse. **917**

Ratenanleihe
Anleihe, die in jährlichen, nachschüssigen Raten von gleicher Höhe getilgt wird. **918**

Rating
Bonitätsbewertung hinsichtlich des Risikos in Wertpapieranlagen. Die bekanntesten Agenturen, die solche Einschätzungen vornehmen, sind Moody's und Standard & Poors (S & P). **919**

Remittent
Wechselnehmer. **920**

Remote Access
Fernzugang von Börsenteilnehmern zu einer Börse in einem anderen Land. Oft gehört dazu eine so genannte Remote Membership, also Fernmitgliedschaft. **921**

Rendite
Jährlicher Ertrag eines Wertpapiers, angegeben in Prozent des Kaufpreises, unter Einbeziehung aller relevanten Faktoren (Dividende, Laufzeit, Kurs usw.). **922**

Rentabilität

923 Abgeleitet aus rentabel: zinsbringend, einträglich; erklärt die Ertragssituation eines Unternehmens.

Renten

924 So genannt, da die Zinserträge und Auszahlungstermine sich wie regelmäßige Renten verhalten. Dahinter verbergen sich festverzinsliche Wertpapiere (Staats-, Kommunal- oder Industrieanleihen, Obligationen usw.). Sie versprechen hohe Sicherheit, die nur von der Bonität des Schuldners abhängt.

Rentenanleihe

925 Staatsanleihe ohne Tilgungszwang, das heißt, der Staat verpflichtet sich lediglich zur Zahlung der Zinsen auf unabsehbare Zeit, Gegensatz siehe Tilgungsanleihe.

Rentenfonds

926 Gehört zu den Investmentfonds, siehe dort. Bei den Rentenfonds wird das Geld der Anleger in festverzinsliche Wertpapiere angelegt.

Rentenmarkt

927 Börsenhandel mit festverzinslichen Wertpapieren wie z. B. Staats-, Kommunal- oder Industrieanleihen.

Rentenwerte

928 Sammelbegriff für alle festverzinslichen Wertpapiere. Auch sie werden an den Börsen gehandelt. Doch im Gegensatz zur Aktie, die einen Anteil an einer Gesellschaft verbrieft, lauten sie über eine Geldschuld, die mit einem festen Satz verzinst wird. Die Tilgung erfolgt innerhalb eines bestimmten Zeitraumes oder zu einem bestimmten Zeitpunkt.

Repartierung
Zuteilung, Rationierung; Recht des Maklers, vorliegende Aufträge im Börsenhandel nur prozentual zu bedienen. **929**
Das heißt, bei einer Überzeichnung einer Anleiheemission kann die Zuteilung der Wertpapiere pro Käufer beschränkt (repartiert) werden.

Repo-Geschäft
Rückkaufsvereinbarung bei Wertpapiergeschäften; Wertpapierpensionsgeschäft. **930**

Reservewährung
Währung, die von den Zentral- und Notenbanken vieler Länder neben Gold als Währungsreserve gehalten wird, da sie weitgehend als internationales Zahlungsmittel gilt. **931**

Rezession
Nicht ausgelastete Kapazitäten und hohe Arbeitslosigkeit sind typisch für diese Phase des Konjunkturzyklus. In der Rezession verlangsamen sich die Preissteigerungen. **932**

Roll-over-Kredite
Finanzierungsform, die vor allem am Euro-Markt üblich ist. Roll-over-Kredite sind längerfristige Kredite, deren Zinssatz kurzfristig, meist im Sechsmonatsrhythmus, der Marktentwicklung angepasst wird. **933**

Rücklagen
Kapitalreserven; neben den für Aktiengesellschaften vorgeschriebenen gesetzlichen Rücklagen bestehen so genannte freie Rücklagen. Sie bilden zusammen mit dem Grundkapital das ausgewiesene Eigenkapital. **934**

Same Day Settlement (SDS)

935 Abwicklungszyklus im elektronischen Wertpapierhandel, wobei noch am Tag der Auftragserteilung eine Stücke- und Geldregulierung erfolgt.

Schlusskurs

936 Letzter während der Börsenstunden für ein bestimmtes Papier mit fortlaufender Notierung (siehe dort) festgesetzter Kurs.

Schuldverschreibung

937 Urkunde, in der sich der Aussteller den Inhabern gegenüber zur Rückzahlung der geliehenen Geldsumme und einer fortlaufenden Verzinsung oder einer sonstigen Leistung verpflichtet. Schuldverschreibungen dürfen grundsätzlich nur mit staatlicher Genehmigung in den Verkehr gebracht werden.

SEC

938 Securities and Exchange Commission. Oberste Wertpapier- und Börsenkommission der USA, gegründet 1934. Beaufsichtigt den gesamten Wertpapiermarkt, ist außerdem mit Sanktionsbefugnissen ausgestattet.

Secondary Offering

939 Aktien von bereits an der Börse zugelassenen Unternehmen werden erneut öffentlich zum Kauf angeboten. Normalerweise werden dabei Anteile aus Festbesitz, wie Großaktionärs- oder Familienbesitz, umplatziert.

Securitisation

940 Zertifizierung, Verbriefung. Forderungen werden handelbar gemacht, indem sie papiermäßig unterlegt und abgesichert werden.

Beispiel: Internationale Großkredite werden in Anleihen umgewandelt.

Shareholder Value

Amerikanischer Begriff für die Wert- bzw. Profitsteigerung zugunsten der Inhaber und Aktionäre (englisch: Shareholder). Der Begriff wurde von dem amerikanischen Wirtschaftsprofessor Alfred Rappaport erfunden, der in seinem 1986 erschienenen Buch mit dem gleichnamigen Titel die Selbstversorgungsmentalität der Manager anprangerte und sie aufrief, in erster Linie an den Profit der Anteilseigner zu denken. Nach dem Shareholder-Value-Ansatz hat das Unternehmen vorrangig die langfristige Vergrößerung des Aktionärsnutzens zum Ziel, das Aktionärsvermögen ist die dauerhafte Zielgröße der Unternehmensführung. **941**

Short Position

Durch Verkauf eines (noch) nicht in Besitz befindlichen Wertpapiers hat der Verkäufer eine Short Position in diesem Papier. **942**

Small Caps

Aktien von Unternehmen mit einer niedrigen Marktkapitalisierung. **943**

Sorten

Auch Valuta; ausländische Münzen und Banknoten, die sich im Besitz von Inländern befinden, im Unterschied zu Devisen. **944**

Spekulation

Geschäft, das in der Erwartung eines nicht sicher kalkulierbaren Gewinns abgeschlossen wird. Eine Spekulation ist immer mit einem Risiko verbunden. **945**

Spekulationsfrist

946 Zeitraum, innerhalb dessen der Ertrag aus Wertpapierkauf und -verkauf versteuert werden muss. Nach dieser Frist (in Deutschland zurzeit zwölf Monate) bleibt der Gewinn steuerfrei.

Spezialwerte

947 Aktien aus bestimmten Branchen, z. B. Transport und Maschinenbau. Grundsätzlich sind Spezialwerte qualitätsmäßig ähnlich zu beurteilen wie Standardwerte.

Spin-off

948 Ein Unternehmensteil wird durch Ausgliederung abgespalten; Buy-out oder Neugründung einer Gesellschaft. Häufig geht ein Spin-off mit einem Börsengang einher.

Splitting

949 Ein Splitting (Stock Split) stellt ein wichtiges Instrument zur Steuerung des Aktienkurses dar, damit z. B. die Aktie bei Kurshöhenflügen auch für Normalanleger attraktiv bleibt. Für die alten Aktien werden in einem festgelegten Verhältnis neue in vermehrter Anzahl ausgegeben. Da das Stammkapital dabei nicht verändert wird, sinkt der Nennwert der neuen Aktien entsprechend. Ein Splitting von zwei zu eins würde also bedeuten, dass statt 10 000 alter Aktien zu einem Nennwert von 100 Euro (entspräche einem Grundkapital von 1 Million Euro) 20 000 neue Aktien zu einem Nennwert von 50 Euro auf dem Markt sind. Kurs und Ertragskraft jeder neuen Aktie sinken in solchen Fällen regelmäßig.

Spot Price

950 Aktueller (Tages-)Kurs eines Wertpapiers oder Rohstoffs.

Spread
Dieser Begriff beschreibt verschiedene Zusammenhänge: die Differenz zwischen zwei Zinssätzen, zwischen An- und Verkaufspreisen, das Prämiengeschäft im US-Wertpapierhandel, den Aufschlag auf einen bestimmten Zinssatz, die Kombinationen von bestimmten Termin- bzw. Optionsgeschäften. 951

Squeeze-out
Squeeze-out ist der Begriff für die Möglichkeit, einen sehr kleinen Rest von Aktionären mittels Barabfindung aus der Gesellschaft herauszudrängen. 952

Stagflation
Stagflation ist ein aus den Begriffen Stagnation und Inflation zusammengesetztes Wort zur Kennzeichnung eines gesamtwirtschaftlichen Zustandes, in dem Preissteigerungen zeitlich mit der Stagnation (siehe dort) der gesamtwirtschaftlichen Produktion zusammentreffen. 953

Stagnation 954
Konjunkturphase, in der das Wachstum des realen Bruttosozialprodukts zum Stillstand gekommen oder sogar rückläufig ist. Sie ist durch Rückgang der Auftragseingänge, Schmälerung der Unternehmensgewinne, geringe Investitionstätigkeit usw. gekennzeichnet.

Stammaktie 955
Mit Stimmrecht verbundene Aktie.

Stammeinlage 956
Der Beteiligungsanteil eines Gesellschafters am Stammkapital einer GmbH.

Stammkapital

957 Nominalkapital einer GmbH, das sich aus der Summe aller Stammeinlagen der Gesellschafter der GmbH zusammensetzt.

Standard & Poors 500

958 US-Aktienindex, der mehr Werte als der Dow Jones berücksichtigt und deshalb wegen des umfassenderen Überblicks zum Kursgeschehen von zahlreichen Anlegern bevorzugt wird.

Standardwerte

959 Aktien, die hohen Umsatz und breite Streuung aufweisen und z. B. in Deutschland vom DAX erfasst werden. Siehe auch Blue Chips. Es handelt sich um relativ sichere Anlagen, wobei fast nur noch das allgemeine Marktrisiko zu tragen ist. Gemeint sind z. B. Aktien von Allianz, BASF, Daimler-Benz, Deutsche Bank.

Stimmrecht

960 Mit ihm nimmt der Inhaber von Stammaktien auf der Hauptversammlung Einfluss auf die zu fassenden Beschlüsse. Die Anzahl der Stimmen hängt von der Zahl der in der Hand des Aktionärs befindlichen Aktien ab. Das Stimmrecht ist übertragbar.

Stock

961 Im angelsächsischen Sprachraum Bezeichnung für Aktie. Inhaber von Aktien heißen dementsprechend Stock- oder Shareholders. Eine Aktiengesellschaft ist jedoch keine Stock Company, sondern eine Corporation. Die wichtigste Börse in den Vereinigten Staaten ist die NYSE (New York Stock Exchange).

Stock-Options-Plan

962 Mit diesem Beteiligungsmodell wird üblicherweise dem Management die Option eingeräumt, Aktien der Gesellschaft zu Vorzugs-

konditionen zu erwerben. Vor allem im Zusammenhang mit Börsengeschäften wird der Stock-Options-Plan aufgestellt.

Strike Price

Basispreis, Ausübungspreis im Optionsgeschäft. 963

Stripped Bonds

Anleihen, bei denen der Zinskupon getrennt vom Kapital gehan- 964
delt werden kann.

Swaps

Tauschtransaktionen, eine Alternative zu direkten Finanzierun- 965
gen (Anleihe, Festsatzkredit) an den internationalen Finanzierungsmärkten. Zins- und Währungs-Swaps stehen für kostengünstiges festverzinsliches Fremdkapital. Beim Zins-Swap werden Zinszahlungsverpflichtungen in einer Währung für eine bestimmte Laufzeit ausgetauscht. Dabei unterliegen die auf den gleichen Ausgangsbetrag zu leistenden Zinsen unterschiedlichen Zinsberechnungen. Beim Swap entstehen keine gegenseitigen Kapitalforderungen.

Tafelgeschäft

Wertpapiere (effektive Stücke) werden direkt am Bankschalter 966
erworben und vom Anleger selbst verwahrt. Er spart auf diese Weise zwar Depotgebühren, ist aber voll für die Wertpapiere eigenverantwortlich. Gegen Vorlage von Abschneidekupons werden am Bankschalter Erträge bar auf die Hand ausgezahlt – das Finanzamt erfährt davon nichts. Allerdings werden bei Tafelgeschäften gegebenenfalls höhere Kapitalertragsteuern fällig.

Talon

Erneuerungsschein. Wird bei der Ausgabe einer Aktie zusammen 967 mit den Dividendenscheinen (Kupons) des Bogens ausgehändigt. Berechtigt zum Bezug neuer Kupons.

Taxe

968 Kursschätzung, wenn wegen fehlender Marktbewegung kein Kurs ermittelt werden konnte.

T-Bill

969 Treasury Bills. Es handelt sich um kurzfristige Wechsel, mit denen sich die US-Regierung verschuldet. Die Scheine werden abgezinst, das heißt diskontiert verkauft und zum Ende der Laufzeit zum Nennwert zurückgekauft.

Telefonhandel

970 Form des Wertpapierhandels, der außerhalb der Börse stattfindet und zum ungeregelten Freiverkehr gehört. Infolgedessen gelten für diese Geschäfte auch keine gesetzlichen Vorschriften oder Börsenzeiten. Wie der Name schon andeutet, wird der Telefonhandel überwiegend telefonisch abgewickelt. Für den Verkehr kommen grundsätzlich alle Wertpapiere in Betracht. Es gibt jedoch zahlreiche Kurse, die ausschließlich über den Telefonhandel gebildet werden. Diese Wertpapiere heißen Telefonpapiere oder Telefonwerte.

Termingeschäfte

971 Waren-, Devisen- und Effektengeschäfte, bei denen die Lieferung bzw. Abnahme und Bezahlung der gehandelten Werte nicht am Tage des Vertragsabschlusses, sondern an einem späteren, beim Geschäftsabschluss vereinbarten Zeitpunkt erfolgt, mit dem zum Abschluss fixierten Preis bzw. Kurs.

Terminkurs

Kurs für Handel mit Waren, Dienstleistungen oder Wertpapieren. Die Lieferung oder Abnahme erfolgt bei einem zuvor vereinbarten Preis erst zu einem späteren Zeitpunkt (Termin). Devisentermingeschäfte werden insbesondere zur Absicherung des Wechselkursrisikos abgeschlossen. **972**

Terminpapiere

Zum Terminhandel an der Börse zugelassene Wertpapiere. **973**

Tilgungsanleihe

Anleihe, die gemäß den Emissionsbedingungen (meist zum Nennwert) zurückzuzahlen ist. Gegensatz siehe Rentenanleihe. **974**

Track Record

Leistungsnachweis; die bisherige Erfolgsbilanz z. B. einer Bank, eines Vermögensverwalters, einer Konsortialabteilung. Dem Nachweis können beispielsweise Performancedaten oder andere statistische Daten zu Grunde liegen. **975**

Tranche

Teilpaket einer Wertpapieremission. Bedeutet, dass nicht alle Aktien eines Unternehmens gleichzeitig zum Kauf angeboten werden, sondern in zwei oder mehreren Zeitabschnitten. **976**

Ultimo

Letzter offizieller Börsentag im Monat oder Jahr. **977**

Underlying

Bezugswert, Basiswert, häufig gebraucht im Optionshandel. **978**

Underwriting

979 Die Konsortialmitglieder verpflichten sich gegenüber dem Emittenten, einen bestimmten Betrag bzw. einen bestimmten Anteil der Emission zu einem bestimmten Preis zu übernehmen und zu platzieren.
Sie beteiligen sich also an der Emission und übernehmen einen bestimmten Teil selbst, falls nicht sämtliche Papiere vom Publikum gezeichnet werden.

Unnotierte Werte

980 Wertpapiere, die nicht in den amtlichen Börsenhandel einbezogen sind.

US-GAAP

981 General Accepted Accounting Principles. Amerikanische Normen für die Rechnungslegung von Unternehmen; wichtig auch für internationale Firmen, die ihre Aktien an der Wall Street einführen wollen.

Value-at-Risk-Konzept

982 Mit diesem Verfahren werden Verlustpotenziale aus Preisänderungen der Handelsposition berechnet. Grundlagen für die Berechnung sind marktorientierte Preisänderungen unter Annahme bestimmter Wahrscheinlichkeiten.

Venture Capital

983 Wagniskapital; Beteiligungskapital für wachstumsträchtige, eher kleine und mittelständische Firmen, die in innovative Technologien wie z. B. Umweltschutz oder Computersysteme investieren.

Vinkulierte Namensaktie

984 Sonderform der Namensaktie. Ein Eigentümerwechsel bedarf

hier der Zustimmung der Aktiengesellschaft, ehe der Erwerber ins Aktienbuch eingetragen werden kann.

Volatilität

Maß für die Schwankungsstärke eines Wertpapierkurses innerhalb eines bestimmten Zeitraums. **985**

Vorzugsaktie

Aktien ohne Stimmrecht, jedoch mit anderweitigen Vorteilen wie z. B. Mindestdividende oder Nachzahlung bei ausgefallenen Dividenden etc. **986**

Währungspolitik

Staatliche Maßnahmen mit der Zielsetzung, eine Volkswirtschaft mit Zahlungsmitteln und Devisen zu versorgen und den Außen- und Binnenwert des Geldes stabil zu halten. **987**

Wandelanleihe

Schuldverschreibung eines Emittenten mit einem befristeten Bezugsrecht auf Aktien, wobei das Schuldverhältnis nach der Ausübung des Bezugsrechts erlischt. **988**
Wenn das Bezugsrecht nicht umgewandelt wird, besteht seitens des Erwerbers Anspruch auf Verzinsung und Rückzahlung zum Ende der Laufzeit.

Wandelobligation

Anleihe, die innerhalb einer festgelegten Frist zu festen Bedingungen gegen eine Aktie des Unternehmens getauscht werden kann. **989**

Wechsel

Urkunde, die ein Zahlungsversprechen dokumentiert, eine verbriefte Schuld. **990**

Wechselkurs

991 Auch Devisenkurs, Parität. Austauschverhältnis zwischen zwei Währungen, Preis einer Währung ausgedrückt in Einheiten einer anderen.

Weiche Währung

992 Währung, die unter Abwertungsdruck steht und/oder der Devisenbewirtschaftung unterliegt. Kapitalflucht und verstärkte Importe sind oft die Folge. Gegenteil: harte Währung.

Wertpapier

993 Urkunde über Vermögensrechte, die an den Besitz dieser Urkunde gebunden sind.

Wiederanlage

994 Erträge z. B. aus Investmentfonds werden nicht ausgeschüttet, sondern verbleiben im Fonds (Thesaurierung). Hier werden sie erneut in Vermögenswerte angelegt.

Window Dressing

995 Die Bilanz wird durch Transaktionen verschönert, diese werden in Hinblick auf einen Bilanzstichtag vorgenommen.

Wirtschafts- und Währungsunion (WWU)

996 1992 offiziell durch den Maastrichter Vertrag ins Leben gerufen, umfasst die WWU jene Länder innerhalb der Europäischen Union, die im Hinblick auf den Euro eine einheitliche Geld- und Währungspolitik verfolgen. Die WWU begann am 1. Januar 1998.

Xetra

997 Abkürzung für Exchange Electronic Trading, die deutsche Com-

puterbörse, die seit November 1997 den IBIS abgelöst hat. Kann nur von Banken, Investmentgesellschaften oder Maklern benutzt werden, um täglich auch außerhalb der normalen Börsenzeiten eine Vielzahl von Aktien, Optionsscheinen oder öffentlichen Anleihen zu handeln.

Yield Curve

Zinsertragskurve, spiegelt die Rendite von Anleihen in Abhängigkeit von der Endfälligkeit wider. **998**

Zahlungsbilanz

Zusammenfassung und systematische Darstellung aller ökonomischen Transaktionen zwischen In- und Ausland. **999**

Zeichnung

Kauf eines Wertpapiers im Rahmen einer Neuemission. **1000**

Zeichnungsangebot

Aufforderung zum Kauf von Wertpapieren. Es wird in der Presse veröffentlicht und gibt Aufschluss über die Zeichnungsbedingungen (Emissionsbedingungen) und die Lage des emittierenden Unternehmens. **1001**

Zentralbank

Bank der Banken, wickelt den Zahlungsverkehr zwischen den Banken ab und dient den Kreditinstituten zur Refinanzierung. **1002**

Zero Bond

Anleihe, bei der der Emittent keine laufende Verzinsung ausschüttet, sondern dem Wert des Papiers hinzurechnet (kann steuerlich von Vorteil sein, weil Wertgewinn anders als Zinsen oft steuerfrei bleibt). Deshalb heißen diese Wertpapiere auch Null- **1003** kupon-Anleihen oder Null-Prozenter. Der echte Zero Bond ist eine Abzinsungsanleihe, das heißt, vom Nominalbetrag wird ein Abschlag vorgenommen und das Wertpapier »diskontiert« verkauft. Am Ende der Laufzeit wird die Anleihe zum Nennwert zurückgegeben.

Zusatzaktie

1004 Siehe Berichtigungsaktie.

Register